Loipersdorf, 28. Sept. 2011

Herzlichst
für
Michaela!

... du kannst &
es darf leicht
gehen :)

Alles Liebe

Felix Gottwald

# Ein Tag in meinem Leben

# Felix Gottwald

Dreifach-Olympiasieger

## Ein Tag in meinem Leben

Hinweis:
Dieses Buch wurde auf chlorfrei gebleichtem Papier gedruckt.
Die zum Schutz vor Verschmutzung verwendete Einschweißfolie ist aus Polyethylen chlor- und schwefelfrei hergestellt. Diese umweltfreundliche Folie verhält sich grundwasserneutral, ist voll recyclingfähig und verbrennt in Müllverbrennungsanlagen völlig ungiftig.

ISBN 978-3-902404-66-4

5. Auflage



Lektorat: Hannes Pfeifhofer
Cover: Karin Essl
Coverfoto: Mirja Geh

Gesamtherstellung: Druckerei Theiss GmbH, A-9431 St. Stefan, www.theiss.at
Printed in Austria

*Für meine Eltern Felix und Eleonore,*
*meine Schwester Eva*
*und für Alexandra*

# Vorwort

**Vorwort**

Die Anregungen, ein Buch über mich und meinen Sport zu schreiben, kamen schon sehr früh. Ich vertröstete die Biographie-Willigen aber allesamt über die Jahre, indem ich ihnen erzählte, im Moment kein Bedürfnis zu verspüren, ein Buch zu schreiben, aber wenn es dann einmal soweit sein sollte, würden sie die Ersten sein, die davon erfahren. Sorry, ihr seid nicht die Ersten, aber immerhin haltet ihr jetzt ein Buch von mir in Händen.
Ein Buch, das ich unbedingt selber schreiben wollte, um auch das rüberzubringen, was mir am Herzen liegt.
Ich habe mir alles sehr gut durch den Kopf gehen lassen und mir so lange Zeit genommen, bis auch mein Bauch ein gutes Gefühl dabei hatte.
Ich wollte keine weitere Sportlerbiographie schreiben, ohne das in irgendeiner Weise abwerten zu wollen. Ich habe schon einige Biographien regelrecht verschlungen, kann man sich doch von jedem erfolgreichen Sportler das eine oder andere abschauen.
Bei einer meiner Fahrten im Sommer 2007 mit dem Auto nach Wien und retour überlegte ich, was ich denn in meinem Buch mitteilen will. Mir kamen viele Gedanken, und als ich schlussendlich auch im Stande war, sie zu ordnen, bekam ich bei diversen Themen eine Gänsehaut.
Gänsehaut ist für mich immer ein Zeichen dafür, dass Energie in vermehrtem Maße fließt, einmal davon abgesehen, wenn mir zu kalt ist. Aber bei dieser Autofahrt konnte ich Letzteres ausschließen, da mir trotz Klimaanlage einfach nur viel zu heiß war.
Daraufhin habe ich mich kurzerhand entschlossen, dieses Projekt in Angriff zu nehmen.

Es galt nun, das Ganze zu strukturieren und zu Papier zu bringen. Zwei nicht ganz leichte Vorhaben für mich. Ich habe zwar grundsätzlich zehn Finger zur Verfügung, aber nicht alle können mich beim Schreiben unterstützen. Das erste Mal, dass ich es fast bereue in Stams das Gymnasium und nicht die Handelsschule besucht zu haben. Die Handelsschüler lernten nämlich – im Gegensatz zu den Gymnasiasten – das Schreiben auf einer Schreibmaschine.

Mit dem Strukturieren ist das auch so eine Sache. Grundsätzlich natürlich unbedingt notwendig, aber ich bin nicht auf Biegen und Brechen einer, der immer alles so macht, wie man es sich von ihm erwartet. Ich hatte gerade in den letzten Jahren nicht mehr das Gefühl, mich in diverse Schablonen drängen zu lassen.

Um dieses Strukturproblem oder besser gesagt, um den roten Faden für dieses Buch zu finden, sind Hubert Neuper und ich aufgebrochen und haben uns ein Umfeld gesucht, in dem wir uns wohlfühlten. Hubert unterstützte mich bei der Umsetzung meines Buchprojekts.

Bei der Suche nach dem geeigneten Umfeld vertraute ich meinem Gefühl, das mich in diesem Fall nicht weit in die Ferne schweifen ließ: Wir quartierten uns beim Eggerwirt in St. Michael im Lungau ein, ein mittlerweile für mich vertrauter Platz, an dem ich mich wohlfühle – die Grundvoraussetzung für das Gelingen eines Projekts.

Abends im Lungau angekommen, begannen wir im Dialog jene Themen auf Band zu sprechen, auf die ich im Buch näher eingehen wollte. Diese wiederum zu transkribieren und auszuarbeiten, war die Anfangsidee für dieses Buch.

Mein Gefühl dabei war aber alles andere als gut. Ich sah keine Chance auf diese Weise das zu vermitteln, was mein Beweggrund war, dieses Projekt in Angriff zu nehmen.
Am nächsten Morgen stand ich sehr zeitig auf, um mir vor dem Frühstück ausreichend Zeit zu nehmen, um zu meditieren. Dabei fühlte ich mich sehr wohl und ich war regelrecht inspiriert.
Bei dieser Meditation wurde mir wieder bewusst, dass alles in allem enthalten ist. Für mich an sich nichts Neues, auch nicht, dass alles mit allem verbunden ist. Mir wurde allerdings auch bewusst, dass das ganze Leben auch immer in einem einzigen Tag enthalten ist.
Und so entschloss ich mich in meinem Buch einen Tag aus meinem Leben ausführlich zu beschreiben. Ich entschied mich für jenen Tag, an dem ich meinen letzten olympischen Wettkampf bei den Olympischen Spielen in Turin 2006 bestritt und Olympiasieger in der Nordischen Kombination im Sprintbewerb wurde. Ich gehe dabei auf Erlebnisse, Erfolge, Rückschläge und schlussendlich Erfahrungen ein, die mir mein Leben bis zu diesem Tag und darüber hinaus als Werkzeug mitgegeben hat. Ich versuche dabei auf meine Einstellung und meinen Zugang zum Leben einzugehen und Einblicke in meine Welt zu geben. Es freut mich sehr, dem Leser mit diesem Buch die Erfahrungen, die ich auf meinem bisherigen Weg gemacht habe, weitergeben zu dürfen.

*Felix Gottwald*
Oktober 2008

# Ein Tag in meinem Leben

## 21. Februar 2006 – Olympisches Dorf Sestriere/Turin (ITA) Zimmer 218 um ca. 05.25 Uhr

Das Piepsen der Pulsuhr muss jeden Moment beginnen. Ich bin gerade munter geworden und im selben Moment auch gleich hellwach. Heute ist der Tag, auf den alles ausgerichtet ist.

Ich habe im Vorfeld oft versucht, mich auf dieses Aufwachen vorzubereiten, um vielleicht zu erahnen, was mich möglicherweise erwarten beziehungsweise welche Gefühle dieses besondere Aufwachen wohl mit sich bringen wird. Ist dies doch für mich die letzte Möglichkeit, mein sportliches Ziel raus aus den Gedanken und rein in die Realität zu holen. Im Augenblick des Erwachens fühle ich erhöhten Puls und gleichzeitig eine fast beunruhigende Gelassenheit. Ähnlich wie zu meinen besten Schulzeiten –, die es aber eigentlich nie gab. Es ist vielmehr wie das Aufwachen an jenen Schultagen, an denen man sofort wusste, dass eine entscheidende Prüfung ansteht, an denen man immer gleich wusste, heute entscheidet es sich, ob man schöne Sommerferien haben oder diese Nachprüfung immer mit ins Schwimmbad nehmen wird. Der einzige Unterschied besteht diesmal darin, dass ich so gut vorbereitet bin wie nie zuvor.

Weder habe ich den Lernstoff auf gut Glück gekürzt, noch habe ich in den letzten Tagen noch schnell irgendetwas in mein Kurzzeitgedächtnis gestopft.

Nein, ich war – was die Vorbereitung auf diese Olympischen Spiele angeht – ein absoluter Streber. Ich habe mir vor genau vier Jahren dieses konkrete Ziel gesetzt und begonnen, dafür zu arbeiten; ich habe dabei stets versucht mich weiterzuentwickeln und schlichtweg für meinen Sport gelebt.

Vor vier Jahren, nach drei Bronzemedaillen bei den Olympischen Spielen von Salt Lake City 2002, hatte ich den Entschluss gefasst, einmal in einem Einzelbewerb in der Nordischen Kombination Olympiasieger werden zu wollen. Es ist schön mit drei Bronzemedaillen von Olympischen Spielen nachhause zu kommen. Noch

schöner und folglich sportlich vollendet würde es aber sein, mit einer olympischen Goldmedaille nachhause zu kommen. Ein Ziel, das nicht gerade ohne ist, weiß man doch als Sportler so gut wie kein anderer, wie viel an diesem einen Tag zusammenpassen muss.
Ich ordnete diesem Ziel alles unter und versuchte aus jedem einzelnen Tag alles herauszuholen. Nachdem ich den Entschluss gefasst hatte, alles zu geben, um mein Ziel, Olympiasieger zu werden, auch zu erreichen, sprach ich dieses Ziel nicht einmal mehr mir selbst gegenüber aus. Schon gar nicht redete ich in der Öffentlichkeit darüber. Ich widmete meinem Ziel gedanklich eine Pflanze, die ich hingebungsvoll betreute. Es war spannend mit anzusehen, wie sich diese Pflanze Tag für Tag entwickelte. Doch es gab auch Tage, an denen sie den Kopf ganz schön hängen ließ, und genau an diesen Tagen war es wichtig, sich noch intensiver um sie zu kümmern und ihr mein Vertrauen entgegenzubringen. Diese Pflanze täglich gedanklich zu betreuen, war von nun an eine von vielen Aufgaben.

## 05.30 Uhr

Die Pulsuhr läutet. Es war mittlerweile ihre einzige Funktion, die sie bei mir noch erfüllen durfte, abgesehen davon, dass sie mir immer wieder sehr verlässlich sagte, wie ich gerade in der Zeit lag.
Die Pulsanzeige benutzte ich schon seit geraumer Zeit nicht mehr, ich vertraute da nur noch meinem Gefühl und widmete der Trainingswissenschaft nicht mehr meine Aufmerksamkeit. Die Zeit, die sich die Wissenschaft nimmt, Dinge zu entwickeln, will ich mir als Sportler nicht nehmen, ganz abgesehen davon, dass ich sie als Sportler auch nicht habe. Mein Ziel war es zu gewinnen, und für dieses Ziel ist es notwendig zumindest eine Nasenlänge vor den Gegnern zu sein. Mit der Wissenschaft bin ich bestenfalls Zweiter und somit erster Verlierer. Ich habe beschlossen mich weiterzuentwickeln – auch auf die Gefahr hin, dabei immer wieder einmal auf die Nase zu fallen.

Die Pulsuhr beiseite zu legen und meinem Gefühl vertrauen zu lernen, war nur ein Teil meines Weges. Die Herausforderung bestand darin zu hören, was mir mein Körper täglich zuflüsterte, manchmal zwar so leise, dass ich es fast überhörte, ein anderes Mal jedoch klar und deutlich, so deutlich, dass es nicht möglich war, seine innere Stimme zu ignorieren.
Jahrelang schrieb ich leidenschaftlich meine eigenen Trainingspläne. Zum Glück hatte ich all die Jahre einen Trainer an meiner Seite, der das auch zuließ und für gut befand.

## Vom Trainingsplan zur Intuition

Für das Österreichische Bundesheer mussten wir neben den Jahrestrainingsplänen jeden Montag einen detaillierten Plan abgeben, der auswies, was wir wann und wo in der kommenden Woche trainieren würden. Diesen Plan zu erstellen, war für mich die größte Freude, da ich danach ziemlich genau wusste, was in den nächsten Tagen so auf mich zukommen würde. Ich konnte mich spielen in der Gestaltung meines Berufes, den ich im Übrigen nur sehr selten als solchen empfand. Es war vielmehr meine Leidenschaft, mir Woche für Woche zu überlegen, was ich trainieren werde.
Eines Sonntagabends saß ich in Rif in meiner kleinen Wohnung und wollte wieder so einen Wochentrainingsplan erstellen. Es gab dafür eigene Formulare seitens des Heeres-Leistungs-Sport-Zentrums (HLSZ), die darauf warteten, am nächsten Morgen dem Chef übergeben zu werden. An diesem Abend kam ich aber auf keinen grünen Zweig. Es fiel mir einfach nichts Vernünftiges, nichts den Grundregeln der Trainingswissenschaft Entsprechendes ein. Und der Wochentrainingsplan, den ich gerade erstellt hatte, widersprach wirklich allem Erlernten. Ich trainierte Schnelligkeit nach langen Ausdauereinheiten, ich setzte meine Kraftreize nach intensiven Belastungen im Ausdauerbereich und ich trainierte Technik und Koordination im ermüdeten bis erschöpften Zustand. Allesamt Trainingsreize, die laut

Wissenschaft damals und zum Großteil auch noch heute nur im erholten Zustand gesetzt werden sollten. Ich benötigte an jenem Abend sehr viel Zeit, um dieses Papier auszufüllen und am Ende kam dennoch nichts Vernünftiges dabei heraus – zumindest nichts, was man auch hätte abgeben können. Am nächsten Morgen wachte ich auf und es war ein sehr schöner Tag. Ich wusste, noch bevor ich meine Füße aus dem Bett hob, dass ich sofort nach der Dienstbesprechung – bei der ich übrigens meinen Wochentrainingsplan schuldig blieb – auf den Untersberg hinauflaufen würde. Gesagt getan: An diesem Vormittag erlebte ich ein unvergessliches Panorama und fühlte mich seit langem wieder frei. Ich saß nach einem anstrengenden Berglauf überaus zufrieden auf dem Gipfel und blickte nach unten zum Sportzentrum Rif. Es war ein Gefühl, als ob eine neue, sehr spannende Zeit für mich begonnen habe. In diesem Augenblick beschloss ich, die Erfahrung des Vorabends als solche anzunehmen und von jetzt an nur mehr meiner Intuition zu folgen und somit automatisch das Optimum aus jedem Training herauszuholen. Ich ließ mich von mir selbst leiten und genoss diesen Zugang.

Es waren durchaus Trainingsabläufe darunter, die total konträr zu allem gelernten und gelehrten Wissen standen, doch ich hatte dabei schlichtweg ein gutes Gefühl. Es war dies der Punkt, an dem ich mich in einigen Bereichen von Erlerntem verabschiedete. Natürlich versuchte der Verstand immer wieder die Macht zu übernehmen. Manchmal gelang es ihm auch – jedoch bei weitem nicht mehr so oft wie früher.

Ich ging laufen, weil ich unbedingt laufen wollte, und ich lief schneller, wenn ich das Gefühl hatte, dass es gut für mich und die jeweilige Situation war. Ich machte mir von da an nie wieder Gedanken, ob ich zu schnell oder zu langsam trainierte, ich vertraute mir selbst. War ich müde, reduzierte ich Umfang und Intensität, fühlte ich mich großartig, nützte ich die Gunst der Stunde und verausgabte mich dementsprechend mehr. Wer sollte mich nach all den Trainingsjahren, die ich mittlerweile am Buckel hatte, besser kennen als ich mich selbst? Noch etwas Positives hielt dieser neue Zugang für mich bereit: Alles,

was ich machte, war auf einmal wieder interessant und spannend. Es gibt für einen Athleten nichts Langweiligeres, als schon heute zu wissen, welche Einheit beispielsweise am Montagvormittag in sechs Wochen auf ihn zukommen wird.
Für mich war jeder Tag wieder voll mit Überraschungen und am Abend, wenn ich vor dem Einschlafen in Gedanken den Tag noch einmal Revue passieren ließ, dachte ich mir oft, wie froh ich bin, frei entscheiden zu können. Mit dieser Möglichkeit der freien Entscheidung übernahm ich Eigenverantwortung. Und diese Eigenverantwortung ließ keinen Platz mehr für Ausreden. Ein gesteigertes Selbstvertrauen war die Folge.
Ich war nun mein eigener Chef, ich brauchte mir keine Gedanken mehr über etwaige für mich mehr oder weniger glaubwürdige Ausreden zu machen und konnte meine ganze Aufmerksamkeit auf mich und mein Training lenken.
Für Tipps und Ratschläge von außen war ich natürlich offen. War ich von mir selbst nicht ganz überzeugt, wurden auch die Stimmen von außen lauter, die mir wiederum einen viel besseren, effektiveren Weg nahe legen wollten. In solchen Situationen häuften sich jene Stimmen, die mir dreinredeten. Die meisten meinten es gut mit mir, aber die wenigsten verstanden, worum es mir ging. Ich wollte einfach wissen, ob dieser Weg, der mein ganz persönlicher Weg war, zum Erfolg führen würde. Der Spitzensport kennt in dieser Richtung keine Schattierungen: Gewinnst du, machst du alles richtig, verlierst du, wird alles in Frage gestellt.

## Erfahrungen der Heimweltmeisterschaft 1999

In der Vorbereitung auf die nordische Heimweltmeisterschaft 1999 in Ramsau am Dachstein verzichtete ich erstmals komplett auf eine sportmedizinische Betreuung. Mir dauerten damals die Auswertungen zu lange, um aus den diversen Tests auch den nötigen Nutzen ziehen zu können. Folglich zog ich es vor, anstatt zu testen, einfach zu trainieren. Ich erwähnte damals gegenüber meinen Trainern auch, dass ich für mich selbst die Verantwortung übernehmen möchte und auch wisse, dass im Falle des Misserfolgs mir genau dieser Alleingang angekreidet werden würde. Gedacht, gesagt und wie könnte es auch anders sein – auch eingetreten.

Ich zahlte während dieser Weltmeisterschaften sehr viel Lehrgeld. Der absolute Tiefpunkt war der Teambewerb, in dem ich kollabierte und somit alle Medaillenchancen zunichte machte. Nur einen Tag nach dem Ende dieser Weltmeisterschaften folgte ich den Anweisungen des Skiverbandes. Man legte mir nahe, mich einer umfassenden gesundheitlichen und sportmedizinischen Untersuchung zu unterziehen. Nachdem ich das über mich ergehen hatte lassen, stellte sich heraus, dass meine Werte in Ordnung waren. Medaille bekam unsere Mannschaft dadurch aber auch keine mehr.

Gewinnst du, wollen viele am Kuchen mitnaschen und für den Erfolg mitverantwortlich sein. Verlierst du, bist du ohnehin auf dich allein gestellt, denn wer will sich schon mit Verlierern umgeben. Wichtig dabei war für mich immer, mein persönlicher Sieger zu sein. Auch wenn ich noch so auf die Nase fiel; ich suchte stets den tieferen Sinn, der hinter Rückschlägen oder Niederlagen steckte. Ich war davon überzeugt, dass mir diese Steine oder Felsen inmitten meines Weges etwas zeigen wollten. Es ist auch ungleich effektiver gewisse Erfahrungen am eigenen Leib zu spüren, als bloß von außen davon zu hören. Die gleichen Fehler zweimal zu machen verträgt sich allerdings nicht mit der Effektivität, mit der man seinen Weg gehen will.

Manchmal drangen aus der Mannschaft schon Stimmen an mein Ohr, die meinten, dass bei mir ja immer alles für irgendetwas gut sei, und wenn ich auf den Vorbau diverser Schanzen springe, wäre das auch noch für was gut. Ich sah es tatsächlich so, nur missbrauchte ich diesen Zugang nie als Ausrede, sondern sah es als Anreiz noch aufmerksamer an mir zu arbeiten. Ich sah jede einzelne Niederlage auch als Test, wie es um meine Zuversicht und meine Geduld steht. Eine Niederlage, ein schlechter Sprung oder ein verhunzter Lauf waren für mich Anlass genug, noch akribischer zu arbeiten und an mich und den richtigen Moment zu glauben. In solchen Momenten aufkommende Zweifel und Ängste zu verabschieden, darin sah ich die Herausforderung.

## Vom Trainer und Weggefährten zum Freund

Diese Erfahrungen machte ich nicht von heute auf morgen. Sie entwickelten sich aus jahrelanger Arbeit an mir selbst und aus der Zusammenarbeit mit einem Menschen namens Günther Chromecek. Ein Mann an meiner Seite, der offiziell unser Cheftrainer im Skiverband war, für mich aber war er mehr als mein Trainer. Er war von Beginn an ein Mensch, zu dem es mich einfach hinzog. Als er noch Trainer der Schweizer Nordischen Kombinierer war, das war 1995, versuchte ich schon so oft wie möglich an seinem Tisch zu essen. Ganz abgesehen von den unendlich vielen Witzen, die ich dort hörte – leider oder auch zum Glück konnte ich mir nur wenige merken –, fühlte ich mich einfach wohl in seiner Umgebung. Ich war noch sehr jung und hatte immer das Gefühl, etwas lernen zu können. Ja sogar etwas zu versäumen, wenn ich nicht an seiner Seite war.

Nach der Saison 1995/96 kam es in unserer Mannschaft zu einem Trainerwechsel. Die Chance, den gerade für ein Jahr pausierenden Jacky, wie Günther von jedem in der Szene genannt wird, zu unserem Trainer zu machen, war so gut wie nie.

Von uns Athleten brauchte es nicht viel Überredungskunst Wilfried Vettori, er war damals Referent für die Nordische Kombination im Österreichischen Skiverband, zu überzeugen.

„Dad“, wie wir den Vater der Nordischen Kombination in Österreich liebevoll nannten, leitete sofort alles in die Wege, um Jacky im Frühjahr 1996 als unseren neuen Trainer zu engagieren.

Jackys Ziel war von Beginn an klar: Er wollte uns zu mündigen Athleten machen. Zu Athleten, die am Ende des Weges genau wissen, worum es geht, nicht nur im Sport – sondern vor allem im Leben.

## 05.31 Uhr Zimmer 218

Nachdem der Alarm meiner Uhr nur kurz gepiepst hatte, genoss mein langjähriger Zimmerkollege Michael Gruber die verbleibenden Minuten, die ihm bis zu seinem Weckzeichen bleiben würden. Nach der kurzen aber sehr intensiven Phase des Aufwachens führte mich mein erster Weg ins Badezimmer.

Ich tappte im Dunkeln vorbei an einer Kommode, auf der mein Gewand lag. Auch meine Medaillen der beiden ersten Bewerbe lagen in einer der Schubladen: Einerseits die Silbermedaille aus dem Gundersen-Bewerb, bestehend aus zwei Sprüngen und einem 15-Kilometer-Rennen, und andererseits die Goldmedaille aus dem Teambewerb mit Christoph Bieler, Michael Gruber und Mario Stecher.

Sehr beruhigend, dass da schon was drinnen lag, aber für mich war die Mission Turin noch nicht zu Ende. Ich stieg über meine Taschen in Richtung Flur und musste nur noch den Sessel, der mittlerweile die Funktion eines Kleiderständers inne hatte, passieren, um in das Badezimmer vordringen zu können.

Ich hatte unser Zimmer im olympischen Dorf in Sestriere mittlerweile schon lieb gewonnen, auch wenn es mich anfangs an eine Baustelle erinnerte.

Ja, wir hatten es uns richtig gemütlich gemacht, den Umständen entsprechend eben.

## Ankunft

In der ersten Nacht, jetzt auch schon wieder vor 16 Nächten, hatten wir ein Zimmer im Keller zugeteilt bekommen. Nicht wirklich freundlich so ganz ohne Tageslicht, aber zumindest auf Details wie Nachtkästchenlampen wurde bei der Einrichtung Wert gelegt. Die Lampen waren zwar noch in einer Schachtel, standen aber immerhin schon auf dem für sie vorgesehenen Platz.

Und ehrlich gesagt, ich war bei unserer Ankunft zu müde, um mich über den mangelnden Komfort aufzuregen. Wir kamen erst gegen 02.00 Uhr morgens an, nachdem wir noch den ganzen Tag in Wien bei der offiziellen Olympiaverabschiedung verbrachten und erst um 21.00 Uhr von Wien Richtung Turin flogen. Beim Einschlafen hörte ich zwar noch den einen oder anderen aus unserer Mannschaft sich über die Zimmer lautstark äußern, doch ich versuchte mich nicht von den berühmten Kleinigkeiten irritieren zu lassen. Zu wichtig waren mir die kommenden Aufgaben. Ich habe schließlich nicht die letzten vier Jahre trainiert, um gut zu wohnen, sondern um gute Leistungen zu bringen. Im Übrigen waren wir das Wohnen auf engstem Raum über einen relativ langen Zeitraum hinweg bereits gewöhnt. Wir sind ja nicht umsonst im Sommer fast drei Wochen mit Wohnmobilen in Skandinavien herumgefahren und haben dabei einen sensationellen Trainingskurs abgehalten. Ich habe auch mehr als genug Nächte auf den heimischen Bergen in diversen Hütten verbracht. Heizung und Strom waren dort ebenso Mangelware wie hier in diesem Zimmer das Tageslicht. Es wäre aber Zeit- und Energieverschwendung, sich über Tatsachen aufzuregen, die man nicht ändern kann. Annehmen und das Beste aus der Situation machen, ist das einzig Richtige.

Und das Schicksal meinte es auch gut mit uns Athleten. Am Morgen, nach dem Frühstück, sind wir vom Keller ins Erdgeschoß „upgegraded“ worden. Dort bekamen wir ein sonniges Zimmer, das uns im Vergleich zu unserem Souterrain fast schon als Suite vorkam.

Vom ORF organisierten wir uns einen Fernseher, um auch etwas von den anderen Entscheidungen mitzubekommen. So konnten wir nicht nur unsere Neugierde befriedigen, sondern auch einiges über das Streckenprofil, etwaige Taktiken und die Tücken des sehr langen und leicht ansteigenden Zieleinlaufs erfahren.

## Lehren aus der Vergangenheit

Taktische Überlegungen, welche ich bei den Weltmeisterschaften in Oberstdorf 2005 (GER) nicht ausreichend angestellt hatte. Damals war ich von einem Angriff am Schlussanstieg überzeugt. Dass meine Verfolger in der folgenden Abfahrt aber auch dann noch von meinem Windschatten profitierten, nachdem ich sie bereits ein schönes Stück abgehängt hatte, hatte ich damals nicht bedacht. Das Tempo war sehr hoch und dementsprechend fielen oben zehn bis 15 Meter Rückstand nicht ins Gewicht, um unten problemlos mit einem Geschwindigkeitsüberschuss auf die Zielgerade zu kommen. Dadurch hatte ich eingangs der Zielgeraden förmlich das Gefühl, im Vergleich zu Ronny Ackermann und Björn Kircheisen (beide GER) fast rückwärts zu laufen. Ich gewann damals hinter Ronny Ackermann und Björn Kircheisen noch die Bronzemedaille. In Zukunft wollte ich solche Unachtsamkeiten meinerseits aber ausschließen und für alle Eventualitäten gerüstet sein.
Diese Geschichte reichte in Turin mehr als aus, um vom ORF einen Fernseher geliehen zu bekommen.

## Das Spiegelbild im Badezimmer

Ich putzte mir meine Zähne, wusch mir mein Gesicht und stellte fest, dass nicht mehr viele Reserven von mir übriggeblieben waren. Ich schaute wirklich sehr zäh aus dem Spiegel und auch die Waage zeigte nicht mehr als 66,4 kg an. Für mich schon sehr wenig, aber ich fühlte mich ja ausgezeichnet und so schenkte ich diesem Wert keine besondere Aufmerksamkeit, außer dass ich nun – auch was das Körpergewicht betraf – für meine Verhältnisse alles ausgereizt hatte. Laut Reglement dürfte ich mit meiner Größe von 179 cm 59,5 kg haben, um noch mit der maximalen Skilänge von 261 cm springen zu können. Das entspricht einem Body-Mass-Index von 18,5, um die vollen 146 Prozent der Körpergröße bei der Skilänge ausreizen zu dürfen. Ein Gewicht, das ich mir beim besten Willen nicht vorstellen kann. Und zum Glück ist hungern bei uns Kombinierern im Vergleich zu den Skispringern eher die Ausnahme. Als Kombinierer muss man ohnehin essen was geht, um nicht noch leichter zu werden. Zudem brauchen wir ja unseren Oberkörper, um beim Langlaufen kräftig anschieben zu können.

Ich sah mich also im Spiegel und schaute mir dabei selbst tief in die Augen. Heute ist der Tag, an dem ich alles, was ich mir in meinem Leben antrainiert habe, loswerden darf, dachte ich. Es wird höchste Zeit, das los zu werden und mich von meinem Potenzial endlich zu befreien. Das Dürfen war in diesem Moment – vom Gefühl her – das Entscheidende.

Nicht zu müssen, sondern sich darüber im Klaren zu sein, dass ich mir diese Aufgabe, diese Prüfung selbst gestellt habe. Ich wollte diese Herausforderung, und nun ist sie in ihrer ganzen Größe da.

Gedanken der Angst und des Zweifels reflektierte der Spiegel in diesem Moment nicht. Zu groß waren die Erlebnisse und die Eindrücke, die mich in den letzten Jahren begleitet hatten. Ich hatte das Gefühl, dass es keinen gab, der so bereit war wie ich, in diesen Wettkampf zu gehen. Diesen Zustand am Wettkampftag zu spüren, war ein Ziel meiner Vorbereitung; sich an dem Tag der Entscheidung nichts, aber auch wirklich nichts vorwerfen zu müssen; alles getan zu haben und frohen Mutes in den Tag zu starten, war ein gutes Gefühl. Es gab wohl nur sehr wenige, die diesen Sport so sehr lebten wie ich. Diese Wenigen gilt es heute zu schlagen. Mit meiner Form muss ich auch nichts Außergewöhnliches im Wettkampf zeigen. Genau das aber wollen viele an einem so entscheidenden Wettkampftag. Dieser Schuss geht dann meist nach hinten los und nach dem Rennen stellt man fest, wie einfach es doch heute gewesen wäre, diesen Wettkampf oder diese Medaille zu gewinnen.

All diese Komponenten zu wissen, hilft einem nicht weiter; zu fühlen schon eher, doch auch dabei ist es wichtig, wieder nur den Moment zu leben.

Ich trockne mir mein Gesicht ab und wasche mir den Schlaf aus den Augen. Ich gehe leise zu meinem umfunktionierten Kleiderständer, schlüpfe in meine Jogginghose und ziehe einen warmen Rolli und darüber eine schwarze Fleece-Jacke und nicht zu vergessen meine Stricksocken an. Socken, ohne die ich im Winter, es sei denn beim Training, fast nie anzutreffen bin. Am Morgen ist mir prinzipiell immer kalt, je länger der Tag aber dauert und je mehr Bewegung ich mache, desto mehr Wärme entwickle ich und abends kommt es schon vor, dass ich förmlich glühe. Trainiere ich spät oder genieße einen Ruhetag, ist mir oft den ganzen Tag kalt. In solchen Momenten gibt es nichts Besseres als Stricksocken.
Zu dem Zeitpunkt, als ich mir meine Jacke anziehe, mir eine kuschelige Haube schnappe, mir meinen Frühstücksbeutel umhänge und mir mit einer Hand meine Gymnastikmatte unter die Achsel klemme, macht auch Gummi, so lautet der Spitzname von Michael Gruber, erste ernsthafte Anzeichen aufzustehen. Und das bedeutet, dass wir einen weiteren Teilnehmer bei unseren morgendlichen „Evolutionsübungen" ein paar Minuten später haben werden. Leise, vorbei an David Kreiner, der bei diesen Olympischen Spielen zusammen mit Bernhard Gruber als Ersatzmann fungierte, machte ich mich auf, das Zimmer zu verlassen.

David Kreiner und Bernhard Gruber machten in all den Tagen einen hervorragenden Job und testeten unzählige Schliff- und Wachsvarianten. Ein Schliff ist ein auf den Skibelag von einem rotierenden Stein übertragenes Muster. Das Muster wird zuvor mittels eines Diamanten in einen rotierenden Stein eingeschnitten. Möglichkeiten gibt es gleich wie Schneezusammensetzungen unendlich viele. Genau deshalb ist es wichtig ständig zu testen, auf die besten Ski die besten Schliffe zu schleifen und mit der besten Wachsmischung zu ergänzen. Um unsere Technikermannschaft bestmöglich zu unterstützen, lieferten David und Bernhard ständig Rückmeldungen von der Laufstrecke. Sie halfen mit, als ob sie sich selbst auf den jeweils anstehenden Wettkampf vorbereiten würden. Sie unterstützten dadurch unsere gesamte Mannschaft, und ihre Leistung, die sie über all die Tage ohne Aussicht auf einen Wettkampfeinsatz in Turin erbracht hatten, war und ist nicht hoch genug einzustufen. Ich bin überzeugt, dass ihnen diese Erfahrungen schon bei den nächsten Großereignissen helfen werden.

David Kreiners Reich war von unserem Wohnbereich getrennt. Er hatte seine eigenen sechs Quadratmeter, jedoch mit Blick durch eine Oberlichte auf den Gang. Der Gang war allerdings die ganze Nacht beleuchtet, und so bemühte sich David die Oberlichte abzukleben. Was ihm auch gelang und er demzufolge den Zeitraum der Olympischen Spiele in einer Art Dunkelkammer verbrachte. Hatte ich das Zimmer von David rechts liegen gelassen, musste ich nur noch Acht geben, nicht in der Wäscheleine hängen zu bleiben oder einen von unzähligen auf der Leine hängenden Socken mit dem Gesicht zu streifen. Eine Begegnung dieser Art ist selbst bei den durchaus guten Waschmöglichkeiten im olympischen Dorf nicht zu empfehlen.
Jetzt ist es nur noch wichtig, sich beim Ausgang des Zimmers die Akkreditierung zu schnappen. Die Akkreditierung, an der ich den Zimmerschlüssel befestigte, ermöglicht ein freies Bewegen im olympischen Dorf. Rein in die Schuhe und schauen, dass ich Meter gewinne, möchte ich doch pünktlich um 05.45 Uhr in den Kraft- und Fitnessräumen sein. Der Platz, an dem wir uns seit Beginn der Spiele immer frühmorgens treffen, um uns eine Stunde für uns selbst Zeit zu nehmen.
Ein Punkt, der gerade bei dem Trubel rund um dieses sportliche Ereignis von erheblicher Bedeutung ist.
Wir trafen uns in dieser Stunde vor dem Frühstück, um die vorher schon kurz angesprochenen Evolutionsübungen zu machen. Jeder, der da ist, ist herzlich willkommen und bringt seinen Teil ein.

## Qi Gong als Werkzeug

Ich habe im Frühjahr 1995 meinen ersten Qi-Gong-Kurs gemacht. Damals, bei der Nordischen Weltmeisterschaft in Thunder Bay 1995 (CAN), hatte ich das Glück Werner Tautermann kennen zu lernen. Werner kam, hervorgerufen durch eine Krebserkrankung, über den Schwarzacher Schulmediziner Dr. Gerhard Wenzel mit Qi Gong in Berührung. Wenzel war derjenige, der Qi Gong nach Österreich brachte und infolgedessen auch praktizierte. Werner ließ der „Virus" Qi Gong, nachdem er damit seine Krankheit erfolgreich besiegt hatte, bis heute nicht mehr los. Er arbeitet bis heute sehr eng mit Spitzensportlern zusammen, was vor allem in den Anfangsjahren zur Folge hatte, dass dieses Thema einer breiten Öffentlichkeit zugänglich gemacht werden konnte.

Ich war als junger Athlet während des Winters sehr oft krank. Da kam es schon vor, dass ich am Ende eines Winters öfters das Bett hüten musste, als dass ich auf Schanzen und Loipen anzutreffen war.

Mein Immunsystem war offensichtlich noch nicht weit genug, um das Trainings- und Wettkampfpensum zu verkraften.

Nun stand ich also inmitten meines ersten Qi-Gong-Kurses und hatte von Beginn an das Gefühl, endlich ein Werkzeug in die Hand zu bekommen, mit dem ich – wenn man so will – wiederum meine Gesundheit in den Griff bekommen konnte. Und es war wie mit den meisten Sachen im Leben: Effektiv wird etwas Neues erst dann, wenn man dieses Neue auch regelmäßig und konsequent übt, es also anwendet.

Im Qi Gong versucht man Bewegung mit Atmung und Vorstellung zu verbinden. Es geht darum, einen Zustand der Harmonie, der Ausgewogenheit und des Qi-Flusses herzustellen, beizubehalten oder eben zu optimieren. Anfangs versuchte ich zu spüren, wie die körpereigene Energie da- und dorthin strömt. Mit dem Spüren ist es aber so eine Sache. In der Gruppe und mit der Begeisterung etwas Neues in Angriff zu nehmen, ist es mir anfänglich sogar recht leicht gefallen, den Energiefluss zu fühlen. Egal ob ich mich einfach darauf konzentrierte, etwas zu spüren oder ob ich es mir nur stark genug einbildete, ich hatte einfach das Gefühl, mich wohl zu fühlen und dass mir diese Übungen gut tun.

Die ersten drei Tage des Kurses können einem den nötigen Impuls geben; sie können der Anstoß zu einem neuen Zugang zum Leben sein. Wir lernten Übungen, die wir zuhause selbstständig üben konnten. Es geht wie bei allem im Leben nur ums Machen.

Wenn ich von etwas überzeugt bin und mir etwas in den Kopf setze, dann ziehe ich das durch. Kompromisse haben dabei keinen Platz.

Bei diesem, meinem ersten Qi-Gong-Kurs bekamen wir die Aufgabe, eine stehende Meditation zu machen.

Wir stehen schulterbreit, lassen die Schultern hängen und bilden mit Daumen und Zeigefinger vor dem Unterbauch ein Dreieck. Die Hände sind einige Zentimeter vom Unterbauch entfernt und berühren sich nicht. Jeder sollte die Augen schließen und ausschließlich durch die Nase atmen. Die Zunge ist am Gaumen und wir atmen gedanklich den Rücken hinauf, Wirbel für Wirbel atmen wir über den Nacken und den Kopf weiter nach oben über die höchste Stelle des Kopfes, von dort atmen wir über die Stirn, die Nase, die Oberlippe, den Gaumen nach hinten, dann den Hals hinunter nach unten über die Brust in den Bauch hinein. Von dort atmen wir in den unteren Teil des Bauches, in das Zentrum des Qi Gong „DANTIAN“, dann weiter nach unten zu der untersten Stelle des Rumpfes.

Das Ganze nennt man den „kleinen himmlischen Kreislauf“. Wenn man die Augen öffnet, soll man sich auf den Boden setzen und warten, bis alle Teilnehmer die Übung beendet haben oder der Kursleiter die Übung beendet.

Ich dachte mir, dass diese Aufgabe mit etwas Selbstdisziplin zu schaffen sein müsste. Ich schenkte dem Atemkreislauf meine Aufmerksamkeit. Dadurch kam ich gar nicht auf die Idee, meine Augen vorzeitig öffnen zu wollen. Nach geraumer Zeit beendete der Kursleiter die Übung und wir durften die Augen wieder öffnen. Ich stellte fest, dass ich der Einzige war, der noch stand, alle anderen

hatten es sich schon auf dem Boden gemütlich gemacht. Der Wille steht fürs Werk und diese Übung bestätigte mir meinen Willen. Ich war der Einzige, der diese halbe, dreiviertel Stunde im Stehen verbracht hatte.
Der Wecker läutete ab diesem Tag immer eine Stunde früher als normal, und diese Zeit war ausschließlich für mich reserviert. Natürlich gibt es nichts Härteres, als ein kuscheliges, warmes Bett am Morgen zu verlassen, vor allem dann, wenn man eigentlich noch eine Stunde länger schlafen könnte. Doch einmal aufgestanden und im Übungsfluss, ist man unendlich froh, das Bett verlassen zu haben. Ich stellte sehr schnell fest, dass mir diese Stunde sehr gut tat. Ich war nicht mehr krank und fühlte mich rundum wohl. Probleme oder Gedanken, die mir während des Übens kamen, belasteten mich den ganzen Tag nicht mehr. Als ob ich all diese Sachen schon in aller Früh aufgearbeitet hätte. Ich bin einfach der Typ, der solche Sachen erst gar nicht mit dem Verstand, der uns ohnehin oft genug einen Strich durch die Rechnung machen will, hinterfragt. Zu fühlen, dass einem etwas gut tut, war mir wichtiger als die Erklärung des Warum. Gründe, weshalb etwas passt oder eben nicht, gibt es immer wie Sand am Meer. Diese Gründe für sich selbst zu finden, ist das Einzige, worum es geht. Oft wurde unsere Qi-Gong-Gruppe belächelt, doch es wurde uns immer unwichtiger, was andere über uns dachten oder sagten. Wir wussten, dass wir das Ganze sowieso nur für uns machten und damit basta. Je neutraler wir mit dem Thema umgingen, desto neutraler ging auch unser unmittelbares Umfeld damit um, was uns wiederum die Ruhe, die wir zum Üben brauchten, sicherte.
Wir übten also fleißig weiter. Wenn wir auf Trainingskurs waren, organisierten wir uns einen Seminarraum oder wir trafen uns in einem Zimmer. Im Sommer gingen wir die meiste Zeit ins Freie und im Winter kam es auch vor, dass wir beispielsweise in Steamboat Springs (USA) bei satten 20 Grad minus ohne Handschuhe inmitten der Siedlungen übten – das war zwar sehr kalt, aber durchaus eine Möglichkeit, frisch in den Tag zu starten.

Es herrschte wirklich eine tolle Stimmung in unserer Mannschaft, und obwohl bei weitem nicht alle bei unseren morgendlichen Übungen mitmachten, gab es in unserer Mannschaft auffällig wenig Krankheiten oder Verletzungen. Diesen Umstand führe ich größtenteils auf unsere Energieübungen zurück. Der harte Kern der „Qi-Gongler“ bestand aus Günther Chromecek, Christoph Eugen, der damals Athlet war, später Masseur im Team wurde und heute Langlauftrainer der Nationalmannschaft der Nordischen Kombination ist und darüber hinaus aus dem Athleten David Kreiner, aus Michael Gruber, der Weltmeister und Olympiasieger im Team wurde und im Frühjahr 2008 seine Karriere beendete und schließlich aus mir selbst.

Wir übten also an allen möglichen Plätzen der Welt und es ging uns gut dabei. Qi Gong wurde zu meinem Lebensinhalt und ermöglichte mir auch meinen Horizont ständig zu erweitern. Meine Motivation war aber nicht, das Ganze für den sportlichen Erfolg zu tun, das möchte ich hier in aller Deutlichkeit sagen, meine einzige Motivation, das Ganze mit Hingabe zu betreiben, war, meine Gesundheit selbst beeinflussen zu können. Ich war davon überzeugt, endlich Ursachenforschung zu betreiben; ich hatte es satt, mich ständig mit den Symptomen herumzuschlagen. Ich hatte durch das regelmäßige Üben sozusagen freien Zugang zu mir selbst. Die Folgen aus dem Ganzen waren natürlich auch sportlicher Natur. Anfangs noch eher schleppend, aber mit Fortdauer sehr effektiv. Leistungen abrufen zu können, wenn es wirklich drauf ankam, war immer öfters der Fall. Und jene Situationen, in denen es wirklich um die berühmte Wurst ging, waren mir mittlerweile die Liebsten. Da wurde ich richtig gefordert; ich durfte mir selbst immer wieder beweisen, unter Druck mein Potenzial abrufen zu können.

Diese Art von Energieübungen machte ich bis Sommer 2001. Zu diesem Zeitpunkt konnte ich mir Qi Gong schlichtweg nicht mehr aus meinem Leben wegdenken.

## Evolutionsübungen

Im Sommer 2001 lernte ich einen weiteren sehr interessanten Menschen kennen.
Ich bekam damals während einer meiner geliebten Waldläufe so starke Knieschmerzen, dass ich nach Hause humpeln musste. Die Schmerzen wurden auch daheim nach einigen Tagen Erholung nicht besser. Ich musste also einen Arzt aufsuchen. In der Praxis des Arztes angekommen, zeigte ich auf die Stelle, an der ich Schmerzen hatte. Diese war knapp oberhalb der Kniescheibe, am Ansatz der Quadrizepssehne. Nach einem kurzen Arzt-Patient-Gespräch bekam ich auf diesen Quadratzentimeter, auf den ich zeigte, eine hoch dosierte Ultraschallbehandlung. Diese sollte entzündungshemmend und durchblutungsfördernd wirken. Mit der Diagnose einer leichten Überbelastung und Reizung der Quadrizepssehne wiederholten wir diesen ca. 15 Minuten langen Vorgang die nächsten vier Tage während deren ich meine unteren Extremitäten sprich „Haxn“ nicht belasten durfte.
Dass man sich mit solchen Reizungen nicht spielen soll, wusste ich und deshalb verlängerte ich meine Zwangspause von vier auf sechs Tage. Das war zwar gut gemeint, half aber nichts. Ich begann wieder zu trainieren und verspürte sofort wieder die gleichen Schmerzen an der gleichen Stelle. Ich musste mir also etwas anderes überlegen. Daraufhin fragte ich um einen Termin bei einem Homöopathen an, der in solchen Fällen natürliche Essenzen in die maroden Stellen injiziert. Im Zuge der Behandlung sollte der Körper, ähnlich wie ein Motor, der geschmiert wird, diese Verklebungen, die wiederum durch leichte Verletzungen entstehen können, lösen und selbstständig abbauen. Bei mir traten diese Verklebungen eben oberhalb des Knies, am Quadrizepssehnen-Ansatz auf. Die Injektion tat ihre Wirkung, ich hatte keine Schmerzen mehr und durfte auch gleich am nächsten Tag wieder trainieren. Leider war diese Wirkung nur von kurzer Dauer; durch eine zweite Behandlung hoffte ich, das Problem endlich in den Griff zu bekommen. Doch auch die zweite Behandlung blieb erfolg-

los, da die mittlerweile altbekannten Schmerzen nicht weggingen. Ich musste mir also wiederum etwas Neues einfallen lassen, wollte ich doch in Zukunft nicht von Spritzen, auch wenn sie noch so „natürliche“ Substanzen enthielten, abhängig sein. Ich ging zu einem Physiotherapeuten, der meine Schmerzen auf muskuläre Dysbalancen zurückführte. Ich investierte sehr viel Zeit in neue Übungen und war auch weitgehend schmerzfrei. Ich musste diese Übungen allerdings mindestens jeden zweiten Tag machen, um auch beschwerdefrei zu bleiben. Machte ich auch nur einmal eine Unterbrechung, verspürte ich sofort wieder das Stechen im Quadrizepssehnen-Ansatz. Ich hatte den Eindruck, dass man einen ganz schönen Aufwand betreiben müsse, um in Wahrheit jene Schmerzen, die man verspürt, erst gar nicht erst zu beseitigen, sondern sie lediglich hinter einer täglich erforderlichen Behandlung zu verstecken. Es war Jacky, der bemerkte, dass ich an dieser doch recht harmlosen Verletzung überdurchschnittlich lange laborierte und feststellte, dass ich mittlerweile schon fast mehr Zeit in vorbeugendes Gesundheitstraining investieren müsse als trainingsspezifisch arbeiten zu können.
Daraufhin erzählte er mir von einem gewissen Martin Weber, den er erst vor kurzer Zeit kennen gelernt hatte. Wie es der Zufall so wollte, ausgerechnet zuhause bei Werner Tautermann in St. Martin im Tennengebirge. Martin fragte damals Jacky bereits nach kurzer Zeit, ob er ihn mal „anschauen“ dürfe, wogegen Jacky nichts einzuwenden hatte.
Martin behandelte daraufhin ein altes Wehwehchen Jackys, welches sich nur durch ein Ziehen im rechten Bein bemerkbar machte, wenn er länger laufen ging oder Tennis spielte. Seit dieser Behandlung hatte Jacky diese Schmerzen nicht mehr. Was er allerdings hatte, war die Telefonnummer von Martin Weber, den ich daraufhin anrief. Ich fuhr nach Oberösterreich, nachdem ich mir telefonisch einen Termin vereinbart hatte. Ich war sehr neugierig und freute mich, diesen Menschen kennen zu lernen. Bei ihm angekommen, überkam mich ein vertrautes Gefühl. Und irgendwie hatte ich auch den Eindruck, diesen Menschen schon einmal getroffen zu haben.

Ich schilderte Martin meine Geschichte und versuchte ihm zu erklären, wobei und wann ich das erste Mal diese Schmerzen verspürte. Das alles schien ihn aber nicht wirklich zu interessieren.
Die Stelle, die mir ständig diese lästigen Schmerzen verursachte, interessierte ihn ebenfalls nicht sonderlich. Er fragte mich aber, ob er mich berühren dürfe, und ich dachte: Na dafür bin ich ja eigentlich hergekommen. Martins erste und einzige Berührung war, dass er mir mit seinem Zeigefinger in die Galle drückte. Wobei drücken in diesem Zusammenhang die reinste Verniedlichung ist; Martin bohrte mir seinen Finger regelrecht in die Galle. Die Schmerzen waren enorm, aber auch die Wirkung. Gerade nach einer längeren Autofahrt, wie ich sie soeben hinter mir hatte, fiel es mir schwer, den rechten Fuß richtig zu belasten: Treppen zu steigen oder aus einer tiefen Hocke aufzustehen, war unmöglich. Jetzt nicht mehr. Ich machte einbeinige Kniebeugen und Wechselsprünge auf der Holztreppe, die in den Behandlungsraum führte.
Ich habe diese Schmerzen bis heute nie mehr verspürt. Der Hund lag also in der Galle begraben, was sich wiederum in meinem rechten Knie hartnäckig bemerkbar machte.
Für mich war das im Nachhinein gut nachvollziehbar: Ich gewann einen Winter davor meine ersten Weltcuprennen sowie den Gesamtweltcup. Die Vorbereitungen auf die Olympischen Spiele in Salt Lake City waren in vollem Gange und ich trainierte sehr fleißig, hatte aber viel zu wenig Ruhezeiten und viel zu viele Termine – einen nach dem anderen, einer unwichtiger als der andere. Das Wort Nein verstand ich zu dieser Zeit noch nicht richtig anzuwenden.

Man wollte diesem und jenem einen Gefallen tun, schließlich war das Ganze ja auch eine Art Wertschätzung mir und meiner Sportart gegenüber. Auf Kosten des Trainingspensums ging das Ganze nie, sehr wohl aber auf Kosten der Regenerationszeiten.
Im Normalfall trainierte ich von Montag in der Früh bis Samstagmittag, ab Samstagmittag war Regeneration bis Montag angesagt. In diesem Jahr kam es aber sehr oft vor, dass ich ein- bis zweimal am

Abend unter der Woche wohin musste und dabei schon das erste Defizit aufriss. Termine am Wochenende waren die Regel, und so kam ich auch da nicht mehr dazu, mich auszurasten. Der Krug geht eben so lange zum Brunnen, bis er bricht, und der Körper versucht eben durch eine Verletzung zu einer Auszeit zu kommen. In meinem Fall bedeuteten aber die Versuche, meine Verletzung in den Griff zu bekommen, nur zusätzlichen Stress und verfehlten somit ihr Ziel.

Die mentale Belastung einerseits sich selbst eine Auszeit zu genehmigen, sich andererseits aber trotzdem auf den kommenden – nicht unwichtigen – Olympiawinter vorbereiten zu wollen, erdrückte mich förmlich.

Ich hatte den Kern des Problems also aufgespürt und veränderte von da an konsequent mein Zeitmanagement. Anders gesagt: ich lernte Nein zu sagen.

Von diesem Augenblick an fühlte ich mich Martin Weber sehr verbunden. Wir haben viel miteinander erlebt und er war auch immer für mich da, wenn ich einen Rat brauchte. Er gab mir sehr oft Impulse, mit denen es mir möglich war, die Ursachen diverser Wehwehchen aufzuspüren. Er gab mir nie den Schlüssel zum Problem direkt in die Hand, sehr wohl aber die nötigen Impulse, mit deren Hilfe es mir immer wieder möglich war, den Schlüssel und auch das dazugehörige Schloss zu finden.

Er ist entgegen vieler anderer Behauptungen kein Heiler, heilen können wir uns immer nur selbst. Den Anstoß zu einer Heilung hat er mir mittlerweile schon oft gegeben.

Eine Abhängigkeit ist dabei jedoch nie entstanden, auch wenn viele eine solche immer wieder gerne hineininterpretierten. Im Gegenteil, ich lernte noch mehr Eigenverantwortung zu übernehmen. Ich ging meinen Weg immer überzeugter und löste mich zunehmend von Einsagern. Ich wollte für mich die volle Verantwortung tragen. Ich sah zwar das umfangreiche Angebot für uns Athleten im Skiverband, wollte aber frei entscheiden, worauf ich zugreife und worauf ich gerne verzichten wollte. Zum Teil wird versucht, dem Athleten jegliche Verantwortung abzunehmen. Verantwortung, die aber auch der beste Verband nicht übernehmen kann und soll. Die Athleten sollen selbst entscheiden, für welchen Weg sie sich entschließen. Niemand außer uns selbst kann beispielsweise die Verantwortung für ein Kniegelenk übernehmen, nicht der Skiverband und auch nicht die Schulmedizin, die sich ja nachweislich – sprich mit der Unterschrift des Patienten oder jener der Angehörigen – der Verantwortung entzieht.

Trotz allem fanden viele Sportler immer wieder den Weg zu Martin. Er konnte ihnen auch sehr oft helfen, jedoch nur dann, wenn sie auch dafür bereit waren, die Ursache ihres Problems zu sehen, anzuerkennen und dementsprechend aufzuarbeiten.

Dass diese Art von Behandlungen natürlich oft nicht auf die Unterstützung des Verbandes stieß, ist auch klar. Gilt es doch eine Ärzte-Lobby zu verteidigen; darüber hinaus gilt nur als relevant, was auch wissenschaftlich belegbar ist. Die Erfolge der Athleten sind aber zum Glück immer gern gesehen.

Die Zeit ist reif, dass sich Schulmedizin und Alternativmedizin endlich effektiv ergänzen und zusammenarbeiten. Keine von beiden braucht davor Angst zu haben, sich gegenseitig den Rang abzulaufen. Vielmehr ist gemeinsames Wachsen angesagt.

Niemand bestreitet, dass die Schulmedizin in vielen Fällen Sensationelles leistet, trotzdem hoffe ich natürlich auf ihre Dienste auch in Zukunft weitgehend verzichten zu können.

Ich bin aber auch davon überzeugt, dass man als Patient zum Teil als gewöhnlicher Kunde gesehen wird. Das Geschäft funktioniert ja nur, wenn es dementsprechend ausgelastet ist. Es ist demnach an der Tagesordnung entweder zu schneiden oder die Menschen mit Medikamenten zuzuschütten. Ich habe oft den Eindruck, dass die Krankenbetten der Spitäler, ähnlich wie die der Hotels, ausgelastet sein müssen, um die ökonomische Sinnhaftigkeit zu gewährleisten.

Würde eine gesunde Gesellschaft dem Staat überhaupt in den Kram passen? Vielleicht ist ja auch das ein Grund, weshalb man sich von offizieller Seite so gar nicht bemüht, unseren Kindern ausreichende Bewegungsmöglichkeiten zu bieten.

## Ein weiter Weg zur täglichen Sportstunde

Kinder, die von klein an mit Sport nicht viel am Hut haben und den Großteil ihrer Zeit im Sitzen verbringen, werden wohl auch später nur sehr schwer einen Zugang zum Sport finden. Dass darunter Gesundheit und Wohlbefinden leiden, ist offenkundig. Die so gepriesene tägliche Sportstunde bleibt Rhetorik und passt offensichtlich nicht ins System. Abgesehen davon ist der Großteil der verantwortlichen Personen nur an Projekten interessiert, die sich auch in einer Legislaturperiode – wenn es dabei bleibt – umsetzen lassen. Mit erfolgreichen Projekten, die über diesen Zeitraum hinaus gehen, könnte sich ja ein Nachfolger profilieren und womöglich noch die Früchte des Erfolges ernten.
Es liegt also zum Glück bei uns, dem eigenen und dem Bewegungsdrang unserer Kinder nachzukommen und infolgedessen die Grundlage für ein gesundes und zufriedenes Leben zu schaffen. Veränderung beginnt immer beim Einzelnen.

## Von Gelehrtem und Gelerntem verabschieden

Ich redete natürlich mit Martin viel über Qi Gong und darüber, dass ich großen Gefallen an dieser Energiearbeit gefunden hatte. Er hingegen versuchte mir zu erklären, dass es auch bei Energiearbeit wesentlich sei, intuitiv zu arbeiten. Klingt logisch, bedeutet aber auch, mich von meinen angelernten Übungen ebenso zu verabschieden wie von meinen geliebten Trainingsplänen.
„Wie soll denn dann künftig meine Stunde vor dem Frühstück inhaltlich aussehen?", fragte ich Martin.
Martin meinte, ob ich mir diese Frage auch im täglichen Trainingsprozess stelle? Nein, nicht mehr, dachte ich und entschied schon am nächsten Morgen, mich gedanklich fallen zu lassen – mich „auszuklinken". Sich ausklinken in diesem Zusammenhang meint loslassen und spüren. Hatte ich das Gefühl, mich bewegen zu wollen, bewegte

ich mich, hatte ich das Gefühl, mich auf den Boden zu legen, legte ich mich hin. Ich folgte ganz einfach meiner Intuition. Das äußerte sich teilweise in Verrenkungen, die nicht wirklich harmonisch aussahen, ging oftmals zu Übungen über, die ich aus dem Qi Gong kannte und endete meist mit einer Meditation.
Das machte ich, je nach Lust und Laune, im Stehen, Sitzen oder Liegen.
Das Ganze hatte den Vorteil, dass unsere Stunde am Morgen wieder spannend wurde. Übten wir in der Gruppe, behandelten wir uns gegenseitig, immer mit dem Gefühl: Behandle ich jemanden anderen, behandle ich auch mich selbst.
Für Außenstehende muss das durchaus interessant ausgesehen haben, aber das Wichtigste war, dass wir „Männer" wussten, zu wem wir uns wirklich hingezogen fühlten. Abgesehen davon machten wir ja auch diese Übungen für uns selbst und nicht dafür, dass sie andere für sehenswert empfanden.

## Zur Morgenstunde

Ich gehe also den langen Gang hinunter und biege am Ende des Ganges rechts ab, wo über ein paar Treppen eine Tür ins Freie führt. Dort lag ein blauer Filzteppich auf dem Boden, der sich im Laufe des Tages durch Sonneneinstrahlung in Morast verwandelte. Dieser blaue Filzteppich war auch der Grund dafür, dass wir uns im olympischen Dorf ohne Gummistiefel bewegen konnten.
Es war, eigentlich wie jeden Tag, sehr frisch in der Früh. Der Wind war kaum spürbar, was ich als gutes Zeichen wertete. Ist der Wind doch im Skispringen die große Unbekannte. Ein Quäntchen Glück kann man auch im Skispringen immer gut gebrauchen. Es reicht oft schon ein Hauch, um davon zu profitieren. Will man dem Glück etwas auf die Sprünge helfen, funktioniert das nur, wenn man mit sich im Reinen ist oder, wie ich lieber sage, ich in „meiner Mitte" bin. Zielstrebig und doch gelassen gehe ich in Richtung Kraftraum

des olympischen Dorfes. Nach ein paar Schritten erreiche ich den runden Turm, in dem sich das Treppenhaus befindet. Ich richte schon einmal meine Akkreditierung her, um die Arbeit des Kontrolleurs zu erleichtern. Er kannte uns mittlerweile. Um diese Zeit gehen nicht viele Athleten in den Kraftraum trainieren, wird er sich gedacht haben. Wir gingen auch nicht in den Kraftraum, um zu trainieren. Wir gingen hin, um den Tag unserem Empfinden nach optimal zu beginnen. Nachdem ich die zwei Stockwerke nach unten getrabt war, schnappte ich mir ein Handtuch, das ich mir auf meine nicht mehr allzu saubere Gymnastikmatte lege. Das war auch nicht weiter verwunderlich, wenn ich an die vielen Orte denke, an denen sie schon überall im Einsatz war.
Ein fleißiger Trainierer war oft schon vor uns da, und wenn er nicht schon vor uns da war, dann dauerte es nicht lange, die Tür öffnete sich und er stieg aufs Laufband.
Es handelte sich dabei um den, wie wir ihn nannten „finnischen Innauer". Er hieß Janne Marvaila und hatte im finnischen Skiverband dieselbe Direktor-Position, zuständig für Sprunglauf und Nordische Kombination, inne, wie bei uns Toni Innauer – Skisprung-Olympiasieger 1980 von Lake Placid. Zu meiner Zeit lag Toni Innauers Aufmerksamkeit im Skiverband schon vermehrt bei den Skispringern. Mich persönlich störte das nicht. Für unsere Positionierung innerhalb des ÖSV und in weiterer Folge auch bei der FIS (Internationaler Skiverband) war das natürlich nicht optimal. Auf unsere Arbeitsweise im Team wirkte sich das hingegen mit Sicherheit positiv aus. Als sehr guter Beobachter bemerkte Toni schon sehr bald unseren trainingsspezifischen Freigeist und wollte sich diesem auch nicht in den Weg stellen, zumal meist die Erfolge für uns sprachen.
Jedenfalls lief Marvaila wieder brav am Laufband und hatte dabei über 14 Tage lang die Möglichkeit, uns sehr genau zu beobachten. Anfangs schaute er noch ein wenig auf uns herab, war jedoch mit der Zeit von unserer Morgeneinheit recht angetan. Das hängt wohl auch damit zusammen, dass es gerade Hannu Manninen (FIN) – er brachte es in seiner Karriere als Nordischer Kombinierer auf

45 Weltcupsiege – nicht gelang, die Medaillen, die für ihn laut Papier zum Abholen bereitlagen, auch zu gewinnen. Am Ende der Spiele, so hatten wir jedenfalls den Eindruck, war der finnische Sportdirektor schon knapp davor, mit uns mitzumachen, um einem möglichen Geheimnis auf die Spur zu kommen.

Als ich an diesem Morgen in den hinteren Teil des Kraftraums ging, entdeckte ich dort bereits Christoph Eugen. Gilo, wie er von uns genannt wird, war mit mir schon in Stams in der gleichen Trainingsgruppe. Er war wie ich Kombinierer und begleitete mich eigentlich meine ganze Karriere über. Wir gewannen gemeinsam auch zwei Teammedaillen bei Weltmeisterschaften: Bronze in Trondheim (NOR) 1997 und Silber in Lahti (FIN) 2001. Anfangs waren wir noch beide Athleten, später wurde er ein sehr wichtiger Betreuer für mich. Als besonders wertvoll empfand ich seine oft sehr treffenden Rückmeldungen. Wir verbrachten unzählige Trainingsstunden gemeinsam und lernten uns dadurch klarerweise auch sehr gut kennen. Gilo war beim Skiverband zu diesem Zeitpunkt als Masseur angestellt. Das war zumindest seine Tätigkeit in den Abendstunden. Tagsüber war er natürlich mit auf der Schanze und begleitete uns zu den verschiedenen Trainingseinheiten. Sehr wertvoll und unverzichtbar waren auch seine Dienste, die er beim Skitesten leistete.

Wenn ich dann am Ende eines langen Tages bei ihm auf der Liege lag, behandelte er mich nicht wie man sich das von einem gewöhnlichen Masseur vielleicht erwarten würde. Wir arbeiteten immer ganzheitlich, und meistens kam dabei auch irgendeine Erkenntnis heraus, die mir in den verschiedensten Situationen immer wieder weiterhalf. Oft war es auch nur seine Aufgabe, etwas bereits Erarbeitetes neuerlich hervorzuheben und auf diese Art zu unterstreichen. Ich fühlte mich jedenfalls in seinen Händen sehr gut aufgehoben und hatte vollstes Vertrauen in seine Arbeitsweise.

Gilo war ein verlässlicher Kandidat bei unseren Evolutionsübungen, was er mit seiner Anwesenheit jetzt wieder einmal unterstrich. Kurz nach mir kamen auch David und Gummi, um sich auszuklinken. Ich hängte meine Jacke über eine Hantelstange und steckte meine

Haube, wie ich es gewohnt war, in die Kapuze. Danach stellte ich meinen Frühstücksbeutel – darin befanden sich immer jene Sachen, die ich für mein Frühstück brauchte, um gefeit vor den Überraschungen des Buffets zu sein – auf den Boden.
Einer fehlte mir noch in unserer Runde – Jacky. Er hatte gestern wohl eine lange Nacht. Unsere Skispringer holten die Goldmedaille im Mannschaftsspringen, und da ist es normal, dass man mit den anderen Spartentrainern im Österreicher-Haus feiert. Gestern dürfte es wohl etwas länger gedauert haben. Normalerweise war Jacky immer schon vor uns da. Egal, dachte ich, er wird schon noch kommen.

## Zeit – zu genießen

Ich stellte mich zu Beginn in die Mitte meiner blauen Matte und ließ mich gedanklich fallen.
Ich versuchte dabei meine Gedanken, die in dieser Sekunde in einer bis dato selten zuvor erlebten Intensität auf mich einprasselten, zumindest halbwegs zu ordnen. Ich hatte wirklich ein sehr gutes Gefühl, wusste aber, dass ich nun schleunigst versuchen sollte, mich etwas runterzubringen. Zuviel Unruhe war in mir, Unruhe, die in meiner jetzigen Situation nicht förderlich war. Mein ganzer Körper war in Bewegung. Ich sagte mir, dass ich alles getan habe, um mich optimal auf diesen Tag vorzubereiten und dass es jetzt an der Zeit sei, das Ganze zu genießen.
Mein Atem beruhigte sich. Ich legte mich auf den Rücken und bewegte meine Arme, was einen großen Energiefluss zur Folge hatte, den ich auch versuchte zu lenken; er ließ sich aber nicht so leicht unter Kontrolle bringen. Ich merkte, dass es auch gar nicht notwendig ist, diesen Strom unter Kontrolle zu bringen, sondern vielmehr wunderbar, dass so viele Empfindungen da sind. Ich kannte diese Gefühlslage von früheren Tagen vor wichtigen Wettkämpfen. Jedoch das Energiepotenzial, das ich in diesem Augenblick erlebte, war da-

mit nicht vergleichbar. Ich lag also auf meiner Matte, unter mir ein weißes Handtuch und hörte die Laufschritte des finnischen Funktionärs dumpf im Hintergrund – und Schritte, die immer näher kamen. Sie waren sehr leise. Jetzt waren die Schritte ganz nah und ich merkte sofort, dass nun Jacky zu uns gestoßen war. Ich fühlte seine Anwesenheit. Ich war in diesem Moment gerührt und freute mich, dass er mit uns diesen Morgen verbringen würde. Ich hatte ein sehr vertrautes Gefühl in diesen Minuten, es war, als ob er mir noch einmal gut zuredete, obschon er kein Wort sagte. Es war, als ob er mir sein volles Vertrauen ausspräche, obwohl ich dieses ohnehin schon über viele Jahre in Anspruch nahm. Ich spürte Jacky in diesem Moment wirklich auf eine ganz besondere Art. Ich war emotional berührt und merkte auch wie intensiv er sich mit mir auf die bevorstehende Aufgabe vorbereitete.
Ich habe mein Ziel ihm gegenüber nie ausgesprochen. Aber es bestand zwischen uns eine Art stille Übereinkunft, sodass wir nie darüber sprechen mussten. Wir wussten wohl auch beide, dass Dinge etwas von ihrer Kraft verlieren, wenn man sie ausspricht. Das war mit ein Grund, weshalb dieses Thema zwar einen fixen Platz in meinem Herzen hatte, ich es aber nicht überstrapazieren wollte. Ich äußerte auch mir gegenüber nie den Wunsch, irgendetwas zu erreichen oder zu bekommen, ich wollte lediglich alles dafür tun, um den effektivsten Weg zu gehen. Dieser Weg ist gleichbedeutend, ja viel entscheidender als all die möglichen Folgen, die sich durch das Beschreiten des Weges ergeben. Genau diese Gedanken waren es, die mir ein Gefühl der totalen inneren Zufriedenheit gaben. Ich ahnte, dass, wenn dieser Weg das Entscheidende ist, ich schon all das erreicht hatte, was ich immer erreichen wollte. Ich konnte demnach den letzten olympischen Wettkampf in meiner Karriere ganz gelassen angehen und den Tag genießen. Ich führte mir in diesen Minuten noch einmal vor Augen, wie einfach das Ganze eigentlich ist. Gewinnen ist nicht, wie es oft nach Außen den Anschein hat, so kompliziert. Natürlich müssen unzählige Faktoren zusammenpassen. Doch geht es in meiner Sportart nur darum, möglichst weit zu sprin-

gen und danach möglichst schnell zu laufen. Für beides habe ich das Zeug. Ich habe dafür gearbeitet, ich habe dafür gelebt. Was konnte ich mehr tun?
Irgendwo hat alles seine Grenze. Ich versuchte zwar immer, mich in meinen Möglichkeiten nicht zu limitieren, doch nun hatte ich das Gefühl, dass ich wirklich alles getan hatte, was zu tun war und was ich tun konnte. Und eines war mir klar: Es würde mir nur möglich sein, mein Ziel zu erreichen, wenn es mir auch gelingen würde, die kommenden Momente zu leben und loszulassen.

## Danke Papa

Anders als beispielsweise bei der nordischen Heimweltmeisterschaft 1999 in Ramsau, bei der ich dachte, dass mein Schicksal schon von irgendjemandem gelenkt werden und dieser Jemand für mich die Fäden schon in der Hand haben wird. Doch das war ein Irrtum. Niemand richtet auch nur irgendetwas für einen.
Im Herbst vor der Weltmeisterschaft in Ramsau habe ich meinen Vater verloren. Eine Situation, mit der meine Familie und ich erst umzugehen lernen mussten. Meine Mutter spielte uns Kindern was vor. Meine Schwester mir und ich allen anderen. Tatsache ist, dass ich Zeit brauchte, um den Tod meines Vaters zu verarbeiten. In solchen Situationen hat man das Gefühl: Ach, hätte ich mir nur mehr Zeit genommen. Hätte ich meinen Papa doch mehr an meinem Leben als Sportler teilhaben lassen. Mein Vater ging, nachdem er über 30 Jahre lang gemeinsam mit meiner Mutter eine Autowerkstätte sehr erfolgreich geführt hatte, in Pension. Meine Eltern verkauften ihren Betrieb, weil es keinen Nachfolger gab. Ich ging nicht auf die Schule für Maschinenbau, die für eine Übernahme der Werkstätte notwendig gewesen wäre, sondern entschied mich ins Schigymnasium nach Stams zu gehen. Nach einer kurzen Umbruchphase, in der sämtliches Autowerkzeug sowie unzählige Schrauben fein säuberlich in der Garage unseres Elternhauses sortiert wurden, half mein Vater einem

anderen Autobetrieb in Zell am See Fuß zu fassen. Bei diesen – auch handwerklichen Arbeiten – passierte dann ein Arbeitsunfall. Ein Holzpfosten fiel ihm auf den Kopf. Für ihn, der ein Bluter war, bedeutete das den Tod. Dass mein Vater bei seiner Lieblingsbeschäftigung, dem Arbeiten, verstorben ist, war für uns Angehörige nur ein schwacher Trost. Dennoch kapierte ich mit der Zeit, dass ich für alles, was ich mit ihm, meinem Papa, erleben durfte, einfach nur dankbar sein kann. Ich bekam durch meine Eltern die Chance, etwas aus meinem Leben zu machen. Also Ärmel hochkrempeln und los geht's. Das Leben ist nun mal lebensgefährlich, und zum Glück wissen wir nicht, wann unsere Zeit gekommen ist.
Ich bin der festen Überzeugung, dass es Bestimmung ist, wann es für jeden von uns soweit ist, in eine „andere Ebene“ aufzusteigen. Ich bin aber auch davon überzeugt, dass jeder alles, was er aus seiner tiefsten Überzeugung heraus erreichen will, auch erreichen kann. Die Bereitschaft mit Begeisterung und mit Liebe seine Ziele zu verfolgen und mit Geduld dem persönlichen Weg die Aufmerksamkeit zu schenken, das ist für mich mein Werkzeugkoffer. So gesehen habe ich doch eine Werkstätte übernommen – meine ganz persönliche Werkstätte. Eine, die niemals zu verkaufen ist und unendlich viel Arbeit bereithält.

## Herausforderung Niederlage

Ich dachte mir also bei der Heimweltmeisterschaft in Ramsau, dass das mit dem Erfolg schon irgendwie klappen wird – doch ich war dabei nicht ich selbst. Ich spürte mich selbst nicht in dem Ausmaß, das notwendig gewesen wäre, um mein Leistungspotenzial abrufen zu können. Es war, als ob ich keinen Zugang zu mir selbst hatte. Sicherlich mit ein Grund, weshalb ich im Teamwettkampf kollabierte und folglich die Weltmeisterschaften so gut wie abschreiben konnte. Ich war nicht im Stande, mich an taktische Anweisungen zu halten, und ich war ebenfalls nicht im Stande, das zu machen, was ich im

Training schon zigmal gemacht hatte. Ich befand mich in einem psychischen Ausnahmezustand. Eine Erfahrung, die für mich zwar unglaublich bitter jedoch für alles, was ich danach erleben durfte, absolut notwendig war.

## Fühlen ist mehr als wissen

Ich war mir also im Klaren darüber, dass ich loslassen darf, und ich war mir ebenfalls im Klaren darüber, dass ich den ganzen Zirkus, der bei Olympischen Spielen einfach da ist und dem man sich auch nicht wirklich entziehen kann, auf eine bestimmte Art anzunehmen hatte. Ich legte meine Aufmerksamkeit auf das, wofür ich auch nach Turin gekommen war – nämlich von der Schanze zu springen und auf der Loipe zu laufen: Zum einen so weit wie möglich, und zum anderen so schnell wie möglich.
Ich war bereit. Daraufhin leitete ich das Ende meiner Evolutionsübungen ein. Dabei atmete ich tief ein, fuhr mit meinen Armen bis weit über den Kopf und führte sie beim Ausatmen nach unten. Das wiederholte ich einige Male. Bei jedem Ausatmen begleitete mich eine angenehme Gänsehaut. Es dauerte nicht lange, und der Alarm von Gilo's Uhr ging ab. Das war das Zeichen an alle, die Übungen abzuschließen.
Bei mir sah das immer so aus, dass ich mich für alles, was ich erleben durfte, bedankte und darum bat, gesund und zufrieden zu sein. Die Betonung legte ich auf sein, weil Begriffe wie werden oder bleiben in diesem Zusammenhang bedeuten würden, dass ich es momentan entweder nicht bin oder aber Bedenken habe, dass es vielleicht nicht so bleiben könnte. Das Schöne an meinem Abschluss war, dass dieser immer gleich ablief. Und er änderte sich auch nicht mit der Aufgabe, die mich heute erwartete.
Ich setzte mich auf und öffnete die Augen. Ich sah die Augen von Jacky, die zwar nicht ausgeschlafen wirkten, die aber genau das ausstrahlten, was ich in der vergangenen viertel oder halben Stunde spürte. Auch Gilo gab mir das Gefühl, dass alles, was ich mir für

heute vorgenommen hatte, leicht gehen darf. Eine sehr treffende Zusammenfassung der letzten Minuten, empfand ich. Gummi und David machten ebenfalls einen sehr gefassten Eindruck. David war sich bewusst, dass er sich bei den heutigen Materialtests noch einmal hundertprozentig ins Zeug legen sollte und Gummi freute sich schlichtweg auf den Wettkampf, ohne sich großartig viel Druck zu machen. Der Druck lag auch nicht auf seinen Schultern. Das Schöne dabei war, dass ich ebenfalls keinen Druck empfand. Egal, ob er nun da war oder nicht; ob ich ihn schlichtweg ignorierte, ausblendete oder überspielte. Hauptsache ich spürte ihn nicht.

## Ernährung und mehr

Ich nahm das Handtuch, rollte meine Matte zusammen und befestigte die Rolle mit einem Band. Ich nahm meine Mütze aus der Kapuze, streifte mir meine Jacke über, griff nach meinem Frühstückssack und verließ den Kraftraum. Ein Kraftraum, in dem ich in den letzten zwei Wochen mitunter viel Zeit verbracht hatte. Sei es in der Früh oder am späten Nachmittag, als ich oft zum Auslaufen, zur Gymnastik oder zum Aktivieren hier war. Aktivieren bedeutet gerade nach Ausdauereinheiten noch ein paar schnellkräftige Bewegungen zu machen, um die Muskulatur daran zu erinnern, dass sie auch schnell und nicht nur ausdauernd sein soll. Ich verließ den Raum, der mir in den letzten Tagen viel Ruhe gab. Ich war gerne hier unten am Laufband; ich steckte mir die Ohrstöpsel in die Ohren und relaxte bei Musik aus meinem iPod, während ich mich laufend vom Tag erholte. In der freien Natur höre ich während des Trainings nie Musik. Viel zu wichtig ist mir die Wahrnehmung meiner Umgebung. In geschlossenen Räumen ist Musik aber doch eine Möglichkeit, die Effektivität des regenerativen Trainings zu steigern.
Minuten beziehungsweise Stunden, die gleich wie die am Morgen für mich reserviert waren. Ich war beim Hinausgehen dankbar für

diese morgendliche Oase der Ruhe, in der untertags jedoch immer viel Betrieb herrschte. Auch das gefiel mir, da man die Gelegenheit bekam, viele Sportler und Sportlerinnen bei deren unterschiedlichen Trainingseinheiten zu beobachten. Während wir uns schon auf das Frühstück freuten, lief unser finnischer Freund immer noch. Ich war schon wieder sehr hungrig, was – dieser Meinung ist zumindest meine Freundin Alexandra – immer ein Zeichen für meine gute Form ist. Sie weiß heute noch anhand meines Appetits, wie es um meine Form bestellt ist. Je unbändiger der Appetit, desto besser meine Verfassung.

Wir gingen wiederum die zwei Stockwerke nach oben und mussten abermals ins Freie. Es war bereits hell geworden – das Wetter war ausgezeichnet. Das Frühstück nahmen wir in einem großen Zelt ein, in dem ich komischerweise nie den Eindruck hatte, auch wirklich in einem Zelt zu sitzen. Das Essen war gut, für jeden Geschmack war etwas dabei. Für mich war vor allem wichtig, dass ich ausreichend Nudeln bekam. Zwar nicht zum Frühstück, aber zu jeder anderen Mahlzeit, dafür war in einem Asia-Corner ausreichend vorgesorgt. Es gab auch eine italienische Ecke, doch nur mit Pizzen und keiner Pasta. Mit scharfen Saucen zubereitet, schmeckten die Nudeln vorzüglich, und essen konnte man zum Glück so viel man wollte.

Beim Frühstück gab es vieles und das auch in großen Mengen, doch nicht in der Qualität, die ich brauchte, um mich optimal zu ernähren. Typische italienische Semmeln, aber kein Schwarzbrot, Cornflakes, aber kein Müsli – und Honig gab es nur in den kleinen Frühstücksportionen, die wir aus diversen Hotels kennen. Alles andere als hochwertige Produkte und folglich für mich auch nicht nahrhaft genug. Ein Buffet dieser Art war allerdings zu erwarten gewesen, deshalb auch mein Frühstücksbeutel.

Darin war Honig aus dem Pinzgau, den aus der Ramsau hatte ich schon in der ersten Woche aufgebraucht. Vollkornbrot besorgte uns Erich Wagner, Pressebetreuer im ÖSV für die Nordische Kombination, immer frisch aus dem Österreicher-Haus. Ein Dienst, für den ich ihm neben all den vielen anderen Aufgaben, die er uns immer wieder abnahm, sehr dankbar bin. Jeder weiß, dass hochwertiges Brot zu einer ausgewogenen Ernährung beiträgt. Doch es war in diesem Fall eben immer notwendig, am Vorabend das Brot auch dementsprechend zu organisieren, am nächsten Morgen nicht zu vergessen und obendrein auch noch pünktlich beim Frühstück zu erscheinen. Ohne Frühstück mit frischen Früchten, Müsli und Honigbrot bin ich nur ein halber Mensch.

Wie wertvoll ein hochwertiges Frühstück ist, merkte ich in jenen Jahren gerade dann, wenn ich an Fasttagen zu Voll- und Neumond, an denen ich nur Wasser und Tee trank und trotzdem ganz normal trainierte, am nächsten Morgen wieder frühstückte. Ganz abgesehen davon, dass wir bei Neumond am besten entschlacken und bei Vollmond am besten von unseren Reserven zehren, ist ein solcher Fasttag auch eine gute Willensschulung, besonders dann, wenn man seine Mannschaftskollegen beim Essen beobachtet. In den Wintermonaten drehte ich den Spieß um, um bei Vollmond meine Kohlehydratspeicher aufzutanken.

Den Kaffee als Erstgetränk zum Frühstück habe ich mir weitgehend abgewöhnt; ich bin mittlerweile ein leidenschaftlicher Teetrinker geworden. Kräutertees aller Art; Früchtetees sind nicht unbedingt meins. Am besten schmeckten mir immer die von Jacky selbst gepflückten Kräuterteemischungen. Es ist ja bekanntlich gegen vieles ein Kraut gewachsen, und Kräuter haben ja auch eine hervorragende vorbeugende Wirkung.

Ich beginne mein Frühstück mit Müsli mit Naturjoghurt und frisch geschnittenen Früchten, eine Banane darf da auf keinen Fall fehlen. Wenn es die Möglichkeit gibt, einen so genannten „Boretsch" (Zutaten: Wasser, Milch, Haferflocken, Banane und nach Bedarf etwas Honig) zu bekommen, bevorzuge ich diesen gerade in der kalten Jahreszeit. Das hat den Vorteil, den Tag mit einer warmen Mahlzeit zu beginnen. Zudem ist das Ganze leicht verdaulich und sehr reich an Kohlehydraten. Beides Faktoren, die gerade in den Ausdauersportarten von großer Bedeutung sind. Dazu ein frisches Brot mit

wenig Butter, nicht wegen der Kalorien, sondern weil mir dünn aufgestrichene Butter auf dem Brot eindeutig lieber ist als eine zu dicke Schicht.
Ich habe mir allerdings die Butter nie ganz vom Brot nehmen lassen, auch wenn man gerade in Skispringerkreisen das Butterbrot weitgehend vom ohnehin kargen Speiseplan gestrichen hat.
Das Wichtigste aber ist, einen guten heimischen Honig auf das Brot zu streichen. Im Honig sind so viele wertvolle Inhaltsstoffe enthalten, dass sämtliche Erzeuger von Zusatzernährungsprodukten einpacken können. Zudem ist Honig ein genialer Energielieferant, der die zugeführte Energie dosiert an den Körper abgibt. Und es war von mir nie nur eine Geschichte, dass mir zwischen Springen und Langlaufen ein Honigbrot genügt. Ein Honigbrot kann man auch noch knapp vor dem Start essen, um so die ohnehin nach dem Springen noch so gut wie vollen Speicher nochmals bis an den Rand anzufüllen. Brote konnte ich zum Frühstück relativ viele verdrücken. In Phasen des Grundlagenausdauertrainings (lange Ausdauereinheiten mit geringer Intensität), kam es schon vor, dass ich den Brotkorb, egal wie viele Scheiben mir Alexandra heruntergeschnitten hatte, einfach leer gegessen habe. Auch ein Marmeladebrot mit einer Scheibe Käse oben drauf esse ich sehr gerne, auch wenn mich heute immer noch Leute ob dieser doch so seltsamen Kombination erstaunt anschauen.
Wurst und Eierspeis oder sonstige eher deftige Speisen kommen nur ganz selten auf den Teller, es sei denn, ich bin irgendwo auf Urlaub und versuche ein paar Kilos mehr auf die Waage zu bekommen. Gerade im Frühjahr dauerte es oft eine ganze Weile, bis ich begann, mir ein wenig Substanz zu sichern, sprich einfach zuzunehmen.
Wichtig sind für mich auch immer die Menschen, mit denen ich am Tisch sitze. Ich sage immer: Das beste Essen kann nicht schmecken, wenn man an einem Tisch sitzt, an dem man sich nicht wohl fühlt. Sich Zeit nehmen, nicht nur fürs Essen, sondern auch für die Zubereitung ist das, was wir schon weitgehend verlernt haben. Viele fin-

den es bereits nicht mehr der Mühe wert, sich fürs Einkaufen und in weiterer Folge für die Auswahl der Lebensmittel Zeit zu nehmen. Die gesunkene Wertigkeit für jene Produkte, aus denen unser Essen besteht, zeigt sich nicht zuletzt daran, dass wir immer öfter Nahrungsmittel statt Lebensmittel sagen. Dass man folglich immer weniger Zeit für deren Zubereitung aufbringen will, ist schon fast zum Normalfall geworden, was wiederum dazu führt, dass man beim Essen nicht mehr darauf schaut, wichtige Nährstoffe aufzunehmen, sondern primär satt werden will. Als verantwortungsbewusster Sportler wird man so einer Ernährung nichts abgewinnen können, ganz abgesehen davon, dass man damit keine Leistung erbringen kann. Natürlich ist es oft einfacher zu den so genannten Nahrungsergänzungspräparaten zu greifen, aber da sind wir erneut bei der Symptombehandlung und weit weg von jeder Ursachenforschung. Man sollte sich am Beginn jeder Mahlzeit fragen: Was braucht mein Körper? Um sich diese Frage ehrlich zu beantworten, ist bereits viel Eigenverantwortung nötig. Wenn man die Möglichkeit hat, selbst zu kochen beziehungsweise sich im Familienverbund einen sinnvollen Umgang mit dem Thema Ernährung angewöhnt, ist es nicht mehr so schwer, gute Voraussetzungen für einen ernährungsbewussten Tag zu schaffen. Wird das Essen mit Liebe zubereitet, wird es auch nahrhaft sein und uns positiv unterstützen. Doch auch wenn man viel unterwegs ist und somit auf unterschiedliche Hotelküchen angewiesen ist, hat man ausreichend Möglichkeiten das zu essen, was einem persönlich passt. Großteils hat man sowieso die Qual der Wahl. Gerade da ist es wichtig, sich selbst zu fragen, wo man Defizite ausgleichen will und was einem weiterhilft und wovon man lieber in diesem Moment die Finger lassen sollte.

Natürlich ist mir bewusst, dass ein Sportler zu seinem Körper einen anderen, viel intensiveren Zugang hat als – sagen wir – ein Büroangestellter, der sich auch nach Dienstschluss lieber bewegen lässt, als dass er sich selbst bewegt. Doch ich setze einmal voraus, dass sich jeder von uns zumindest die Voraussetzungen dafür schaffen

will, Topleistungen bringen zu können. Egal ob im Büro oder auf der Loipe, die Ernährung spielt immer und überall eine ganz entscheidende Rolle.
Es gab Phasen, in denen ich absolut keine Ambitionen hatte Fleisch zu essen. Es gab aber auch Zeiten, da hatte ich großen Appetit auf Fleisch, ich aß dann auch welches und ich hatte das Gefühl, dass es mir gut tat. Diese Entscheidungen kann einem aber kein Ernährungsberater abnehmen. Ernährungsberater können maximal Vorschläge anbieten und uns motivieren, uns insgesamt und auf Sicht gesünder zu ernähren. Letztendlich können wir nur selbst wissen, was wir brauchen und was uns gut tut. Das ist wie beim Training. In einen hineinhorchen kann ein Außenstehender niemals so gut wie die betroffene Person selbst. Natürlich ist es mir ein Anliegen bei dieser Gelegenheit zu erwähnen, dass Sport eine sensationelle Möglichkeit darstellt, sich selbst besser kennen zu lernen, sich intensiver zu spüren und wahrzunehmen. Betreibt man regelmäßig Sport, wird man sehr schnell feststellen, welche Ernährung einem gut tut und dass der Schweinsbraten auf Dauer unsere körperlichen und somit auch geistigen Möglichkeiten mit Sicherheit nicht positiv beeinflusst.

## Sich Zeit nehmen

Sport ist nicht nur Bewegung, Sport heißt auch sich Zeit nehmen. Zeit ist heutzutage einer unserer größten Herausforderer, obwohl jeder von uns ja eigentlich gleich viel davon zur Verfügung hat. Und Prioritäten zu setzen, fällt uns zunehmend schwerer. Beobachtet man sich einmal selbst, fällt einem vielleicht auf, für wen und für welch teilweise unnütze Dinge man sich Zeit nimmt. Zeit, in der man sich ausschließlich einer Sache widmet bedeutet für mich, die Zeit effektiv zu nützen. Sich die Zeit nehmen ein Buch zu lesen – so wie Sie es gerade tun – ohne sich dabei von Radio, Fernsehen oder anderen Nebengeräuschen ablenken zu lassen.

Es gab Momente, da war ich, was den Umgang mit meiner Eigenzeit anging, regelrecht schockiert. Erwischte ich mich doch dabei, am Ende selbst auf der Strecke geblieben zu sein. Natürlich ertappe ich mich noch fast täglich dabei, mit meiner Zeit schlampig umzugehen. Aber wird einem diese Schlamperei erst einmal bewusst, ist das schon der erste Schritt in die richtige Richtung. Intensiv Zeit mit der Familie oder mit Freunden zu verbringen setzt voraus, dass man ausgeglichen, nicht gestresst oder gereizt ist. Und das setzt wiederum voraus, dass man sich ausreichend Zeit für sich selbst gönnt. Tut man das nicht, holt sich der Körper seine Pause selbst: entweder durch Verletzungen oder Krankheiten – garantiert. Effektiver, angenehmer und selbstredend auch viel gescheiter ist allerdings, vorbeugend ein wenig mehr auf sich zu schauen und es erst gar nicht so weit kommen zu lassen, dass man zu einer Auszeit gezwungen wird.
Ich habe mir beispielsweise angewöhnt, mir ab und zu Zeit für eine Golfrunde zu nehmen. Dieser Nachmittag bekam seine fixe Eintragung im Terminkalender. Da konnte kommen was wollte und war das Wetter auch noch so schlecht, was mir blieb, war die Zeit. Golf ist für mich eine geniale Möglichkeit abzuschalten. Gelingt es, habe ich zumindest gute Voraussetzungen mit meinem Spiel große Freude zu haben und gleichzeitig die Gedanken des Alltags hinter mir zu lassen. Um mich zu ärgern extra auf einen Golfplatz zu fahren, ist mir am Ende einfach zu blöd, darum ist es wesentlich effektiver den Moment zu leben und jenem Schlag die Aufmerksamkeit zukommen zu lassen, der gerade an der Reihe ist. Zugegebenermaßen nicht immer einfach – aber eine geniale Übung, bei der man sich sehr gut beobachten kann.

## Zurück am Frühstückstisch

Ich habe nun mein Menü gegessen und muss sagen, dass ich trotz der hohen Anspannung einen sehr guten Appetit habe. Nach dem Frühstück nehme ich mir noch die Zeit, um mir einen Cappuccino zu holen. Noch gemütlich einen Kaffee trinken, bevor dieser Tag – wenn man so will – seine Eigendynamik entwickeln wird. Die letzte Möglichkeit durchzuschnaufen – fernab aller Gedanken an Wettkampf und Druck.

Viele meiner Konkurrenten hatten diese Ruhe nicht mehr. Das fällt einem gerade dann auf, wenn man so viel Zeit in gemeinsamen Hotels verbringt. Die meisten Athleten unterscheiden eben sehr deutlich zwischen Weltcuprennen und diesem Wettbewerb, der nur alle vier Jahre stattfindet.

Weshalb sollte man seinen Ritualen gerade vor einem entscheidenden Wettkampf nicht mehr uneingeschränkt vertrauen? Jetzt in seiner Vorbereitung etwas anders, besser oder gar neu machen zu wollen, ist nur mehr mit dem berühmten Schuss ins Knie zu vergleichen.

Während ich genussvoll meinen Cappuccino trank, merkte ich, wie ruhig und selbstsicher ich war. Natürlich sitze ich heute nicht so entspannt am Frühstückstisch wie das beispielsweise noch gestern der Fall war. Doch im Vergleich mit anderen war ich doch um einiges lockerer – das war zumindest mein Eindruck, und das ist ja bekanntlich der, der zählt.

Es gab auch Athleten, für die diese Spiele schon fast gelaufen waren. Es gab die einen, bei denen es nicht nach Wunsch gelaufen ist und es gab die anderen, die mit ihren Erfolgen schon mehr als zufrieden waren. Eigentlich nicht wirklich nachvollziehbar, steht uns doch das letzte Drittel der Spiele noch bevor, jenes Drittel, das uns die zweite und gleichzeitig auch letzte Möglichkeit innerhalb der nächsten vier Jahre bietet, eine Einzelmedaille bei Olympischen Spielen zu machen. Ich dachte, mir kann das nur recht sein und löffelte den letzten mit Kaffee vermischten Milchschaum aus der Tasse. Es war an der Zeit, meinen Frühstücksbeutel mit den Honigbroten für die Pause zwischen Springen und Laufen einzupacken und mich auf den Weg ins Zimmer zu machen.

## Felix, ein kleiner Monk?

Ich verließ also das Frühstückszelt und machte mich auf den Weg ins Zimmer. Vorbei an den freiwilligen Helfern, die beim Eingang immer unsere Akkreditierungen kontrollierten. Einige Eisentreppen nach unten, und schon hatte ich wieder den schönen blauen Teppich unter den Füßen, der mich bis zu unserem Block begleitete. Nach dem Asphaltieren wirklich die beste Erfindung gegen den von der Sonne aufgeweichten Dreck.

Ich ging ins Stiegenhaus und den langen Gang hinunter in Richtung Zimmer 218. Es war ein gutes Gefühl zu wissen, dass ich schon alles, was ich an diesem Tag brauchen werde, fein säuberlich zusammengepackt hatte. Als Kombinierer sollte man auch logistisches Talent besitzen, will man die komplette Ausrüstung nicht nur dabei haben, sondern sie auch ohne fremde Hilfe tragen können und zudem alles möglichst rasch griffbereit haben. Ein großer Vorteil in diesem Zusammenhang war, dass wir unsere Sprungsachen alle im Container auf der Schanze lassen konnten. Es wäre nicht nur lästig das ganze Zeug immer auf und ab zu transportieren, sondern wir müssten natürlich auch immer alles durch die Sicherheitskontrollen schleusen.

Ich war immer ein Meister der Vorbereitung. Es machte mir auch riesig Spaß, für alle Eventualitäten gerüstet zu sein. Ich stand am Vorabend eines Wettkampfes oft sehr lange vor der in unserem Zimmer montierten Wäscheleine, um alle Sachen in die verschiedenen Wäschesäcke zu packen. Eine Wäscheleine war die einfachste und meist auch einzige Möglichkeit, unsere Sachen zu trocknen. Bei mir spielte sich das Ganze in etwa so ab: Zuerst richtete ich mir diejenigen Sachen her, mit denen ich zur Schanze fuhr. Mein Aufwärmgewand zog ich unterhalb schon an, um dann auch so schnell wie möglich mit dem Einlaufen beginnen zu können. Dann hatte ich unterschiedlich beschriftete Wäschesäcke: Einen mit der Aufschrift SPL-WK, in dem sämtliche Sachen waren, die ich für den Sprungwettkampf brauchte, selbstverständlich für jeden Sprung einen eigenen Unteranzug.

Der nächste Sack war der, den ich nach dem Sprungwettkampf verwendete. Der so genannte UMZ-SPL-Sack. Der kam vor allem dann zum Einsatz, wenn zwischen den Sprüngen oder nach dem Sprungwettkampf genügend Zeit zum Umziehen blieb. Drängt jedoch die Zeit nach dem Springen, hieß es so schnell wie möglich den Sack mit der Aufschrift EL-LL zu entleeren und dessen Inhalt anzuziehen, um mit dem Einlaufen für das Langlaufrennen auch umgehend beginnen zu können. Der vierte Sack war der mit der Aufschrift WK-LL. Darin befand sich all das, was ich fürs Rennen brauchte inklusive Übergewand, das ich immer erst kurz vor dem Start auszog. Der letzte Sack war mir der liebste: Der letzte Sack war der Sack mit der Aufschrift: UMZ-LL. Wenn ich diesen Sack entleere, war das Rennen vorbei und ich konnte mich in aller Ruhe umziehen und trockenlegen. Genuss pur. Es gibt nichts Feineres, als sich – womöglich auch noch nach einem guten Wettkampf, wenn man völlig ausgepumpt, verschwitzt, kurz komplett fertig ist – für einen Moment irgendwohin zurückzuziehen und sich komplett umzuziehen. Irgendwann ist man dann wieder warm eingepackt und fühlt sich einfach nur wohl. Was das anlangt, bin ich heute noch sehr penibel, aber ich mag eben keine nassen Klamotten auf der Haut. Zudem halten sich dadurch meine Verkühlungen in Grenzen.

Bei den diversen Bergtouren, die wir im Zuge unseres Trainings gemacht haben, war ich immer der mit dem größten Rucksack am Buckel. Gestört hat das zwar niemand, weil ich den Rucksack ja schließlich selber trug, für Gesprächsstoff sorgte mein Rucksack aber immer wieder.

Ich erinnere mich an eine Skitour, bei der ich meine Kameraden einmal ganz schön überrascht habe. Wir sind damals im Hochkönig Gebiet unterwegs gewesen. Am Gipfel angekommen, wechselte ich wie gewohnt komplett die Kleidung und genoss danach den herrlichen Ausblick. Nach der Abfahrt beschlossen wir noch einmal zu einer Skihütte auf ein Weizenbier aufzusteigen. Der Aufstieg dauerte ca. 30 Minuten. Dort angekommen, wechselte ich nochmals mein Leibchen, da ich erneut verschwitzt war. Ich war der Einzige, der noch eines mit hatte, allein das löste bereits Verwunderung aus. Es war ein sonniger Frühjahrstag und wir saßen mit dem Rücken zur Hüttenwand. Ich hatte einen schwarzen Rollkragenpullover an, der dementsprechend warm, um nicht zu sagen heiß war. Nach einigen Minuten stand ich wieder auf und ging zu meinem Rucksack. Alle lachten über mich und fragten, ob bei mir schon wieder „Ramadan" sei. Ramadan bedeutete für uns in diesem Zusammenhang soviel wie endloses und für die Beteiligten oft lästiges Herumräumen. Ohne viele Worte räumte ich tatsächlich wieder in meinem Rucksack herum. Nach wenigen Griffen zog ich einen weißen, etwas dünneren Pulli heraus. Jetzt war aber ich – in aller Bescheidenheit – der Chef und wohl der Einzige, dem nicht zu heiß war und der darüber hinaus auch noch ein trockenes Leibchen anhatte.

Ich war allerdings auch der Einzige, der einen begehbaren Rucksack mithatte. Das behaupteten zumindest immer meine Bergkameraden. Eine Anekdote, die mich ganz gut beschreibt. Ich bestreite auch nicht, dass wohl in jedem von uns – in mir sicher – ein kleiner Monk steckt.

Neben all den verschiedenen Säcken, die in meiner Sprungtasche und in meinem Langlaufrucksack verstaut waren, mussten auch noch mein Lunchpaket, mein Trinkgurt und zusätzliche Wasser- und Johannisbeersaft-Flaschen Platz haben.

Meine Trinkflaschen füllte ich mit Wasser oder mit einem Teil Johannisbeersaft und zwei Teilen Wasser. Das Wasser trank ich in Italien vorsichtshalber nicht aus der Leitung. Im olympischen Dorf hatten wir jedoch freien Zugang zu den Getränkeautomaten und somit ausreichend Wasser zur Verfügung. Ein Punkt, worin wir uns in Österreich wirklich glücklich schätzen können. Wasser ohne Bedenken im ganzen Land trinken zu können, empfinde ich als wahren Reichtum.

## Wasser trinken

Genug Wasser zu trinken ist eine Angewohnheit, die, wenn man sie nicht schon hat, sich so schnell wie möglich aneignen sollte. Mir gab dabei das Buch *Wasser, die gesunde Lösung* von *F. Batmanghelidj* einen wichtigen Impuls, sich der Bedeutung des Wassertrinkens von neuem bewusst zu werden. Für mich war es besonders wichtig, über den gesamten Zeitraum der Spiele sehr viel Wasser zu trinken. Bedenkt man die Höhenlage von 2000 Metern, dann kommt man mit dem Trinken ohnehin schwer nach. Umso wichtiger ist es auch am Wettkampftag ausreichend Flüssigkeit zu sich zu nehmen. Wenn wir erst trinken, nachdem wir ein ausgeprägtes Durstgefühl haben, ist es schon reichlich spät. Deshalb sollten wir vorbeugend Wasser trinken. Wasser schwemmt uns herrlich durch und die Flüssigkeit, die der Körper braucht, hält er sich geschickt zurück.
Ich hatte jedenfalls genügend zum Trinken dabei und zudem alles in meinem Gepäck untergebracht.

## Auf geht's!

Ich putze mir noch meine Zähne und creme mir mein Gesicht ein. Frisur passt einwandfrei, vor allem mit Haube oder Helm. Es heißt keine Zeit zu verlieren, will ich doch etwas vor der Abfahrtszeit des Shuttle-Busses an der Haltestelle sein. Erfahrungsgemäß wollen die meisten Athleten zur gleichen Zeit nach Pragelato, was auch verständlich ist, haben sie doch alle ungefähr den gleichen Zeitplan wie ich.
Ich liege gut in der Zeit. Mit meinem Rucksack, wie sich's gehört, auf dem Buckel und der schweren Tasche, die zum Glück Rollen zum Nachziehen hat, mache ich mich auf den Weg zum Bus. Die Sicherheitskontrollen machten uns beim Rausgehen logischerweise keine Schwierigkeiten – es waren auch erst wenige Athleten da. Die Chance auf einen ruhigen Platz im Bus war somit sehr hoch. Für mich war

die Zeit des Busfahrens eine wunderbare Möglichkeit, mich mit etwas Musik einzustimmen. Einstimmen ist vielleicht nicht ganz das richtige Wort, verbrachte ich doch die letzten vier Jahre damit, mich auf den heutigen Wettkampf einzustimmen.
Mein iPod hatte jetzt hauptsächlich die Funktion, meinem Umfeld zu signalisieren, dass ich meine Ruhe haben möchte. Ich wollte in keine Smalltalks verwickelt werden. Ich bin normal ein Typ, der sehr offen ist und sich auch gerne mit Athleten austauscht. In diesem Moment habe ich aber weder Lust auf eine Unterhaltung, noch will ich irgendwelche halblustigen Späße hören. Zu viel steht auf dem Spiel. Die Vorbereitung war zu hart und akribisch, um sich jetzt von seinem Fokus auch nur im Geringsten abbringen zu lassen. Ich jedenfalls bin in meiner Welt, und aus der lasse ich mich auch nicht so schnell herausreißen.
Die Busfahrt war in keiner Weise ein Vor-mich-Hinträumen. Im Gegenteil, ich war mir jeder Sekunde bewusst. Ich näherte mich mit großen Schritten jener Veranstaltung, in die ich so viel Energie investiert hatte – und ich war mir meiner Verfassung bewusst. Ich wusste aber auch, dass es viele Faktoren gibt, die wir nicht zur Gänze in der Hand haben. Darum ist es so wichtig, demütig zu sein und mit Gewissheit an die Sache heranzugehen. Mittlerweile passierten wir das Langlaufstadion. Ich richtete meine Blicke gespannt auf die Fahnen im Zielbereich. Was ich sah, stimmte mich sehr zuversichtlich. Der Wind blies ins Stadion hinein, was sich durch Rückenwind auf der langen, leicht ansteigenden Zielgeraden bemerkbar machen wird: Vor einem Jahr war das noch anders.

## Der härteste Sieg

Es war bei den vorolympischen Wettkämpfen. Eine Woche, bevor die Nordische Weltmeisterschaft in Oberstdorf (GER) 2005 begann, hatten wir an gleicher Stelle hier in Pragelato die große Generalprobe. Es standen ein Teamwettkampf und ein Sprint auf dem Pro-

gramm. Im Teamwettkampf lagen wir zwar nach dem Springen in aussichtsreicher Position, hatten auf der Loipe aber ein sehr hartes Los gezogen. Die Bedingungen änderten sich vor dem Start blitzschnell. Innerhalb weniger Minuten wurde aus einem relativ kompakten ein absolut fauler Frühjahrsschnee. Unser Problem dabei war, dass unsere Mannschaft auf die neuen Bedingungen nicht schnell genug reagierte. Mario Stecher war damals unser Startläufer, und er reklamierte schon während des Rennens, dass die Ski nicht so rutschen würden, wie sie das an und für sich sollten. Doch unser Betreuerstab nahm dies – aus welchen Gründen auch immer – nicht ernst genug. Die Techniker reagierten erst, als auch Christoph Bieler, unser zweiter Läufer, derart langsam unterwegs war, dass man jederzeit Angst haben musste, dass er bergab einen Köpfler in den Schnee machen würde – so stumpf waren seine Ski.
Wir beendeten dieses Rennen auf Platz vier, bekamen also kurz vor der Weltmeisterschaft noch einen ordentlichen, gleichzeitig aber auch sehr wichtigen Dämpfer. Das Gute an der Sache allerdings war, dass uns von diesem Zeitpunkt an das Problem mit dem faulen Frühjahrsschnee bewusst war. Ausgiebige Tests im Frühjahr waren die Folge und das Problem bei diesen eigenartigen und niemals angenehm zu laufenden Verhältnissen gehörte der Vergangenheit an.
Am nächsten Tag stand wie gesagt der Sprintwettkampf auf dem Programm. Es war relativ windig und das Springen zog sich ganz schön in die Länge. Nach einem meinerseits eher mäßigen Probedurchgang hörte ich von unserem Sprungtrainer Andreas Felder durch den Funk eine Meldung, die es in sich hatte. Andi funkte in seiner ehrlichen und geraden Art Jacky an und sagte in seinem Tiroler Dialekt: „Der Felix wird auf einer großen Schanze halt auch nie richtig gut springen!“ Ich registrierte diese Aussage und dachte mir meinen Teil. Irgendwie schaffte es Andi aber immer wieder, mich zu fordern und so musste es auch dieses Mal gewesen sein. Das hatte zur Folge, dass ich ihn postwendend Lügen strafte. Ich gewann das Springen an diesem Tag. Übertrieben viele Springen habe ich in meiner Karriere als Kombinierer nicht gewonnen: Insgesamt gelang mir

dieses Kunststück viermal, und an diesem Tag war es wieder einmal so weit. Ich hatte natürlich auch Glück mit dem Wind, aber ohne dem dazugehörigen Sprung hilft einem auch der beste Wind nichts. Nach dem Springen zu führen, war für mich nichts Alltägliches. Ich war es eher gewöhnt, der Jäger und nicht der Gejagte zu sein.
Ich hatte bei diesem Rennen 49 Sekunden Vorsprung auf meinen nächsten wirklich starken Gegner in der Loipe: Es war Hannu Manninen, der Dominator unzähliger Weltcuprennen. Zum Glück waren die Verhältnisse an diesem Tag komplett anders als jene des Vortags, und ich brauchte mir bezüglich unseres Materials keine Sorgen zu machen.
Ich begann das Rennen relativ zügig, weil ich meinen Verfolgern von Beginn an die Hoffnung nehmen wollte, sich Chancen auf den Sieg zu machen.
Von unseren Betreuern wurde ich auf der Strecke immer genauestens über meinen Vorsprung informiert, und der hatte sich im Verhältnis zu Manninen auch nicht gravierend geändert.
Der letzte Anstieg war einer der giftigsten sprich schwersten im ganzen Weltcupzirkus. Zudem kam erschwerend hinzu, dass wir uns an der höchsten Stelle der Strecke auf 1670 Metern über dem Meeresspiegel befanden. Das wusste ich erst seit diesem Rennen so genau.
Bei diesem Anstieg war ich natürlich schon ziemlich am Limit, und je weiter ich hinaufkam, desto kaputter wurde ich. Doch ich ignorierte meine mittlerweile schon stark übersäuerte Muskulatur. Wäre ich erst einmal oben, dann hätte ich nur noch eine etwas rasantere Abfahrt zu bewältigen und eine lange, leicht steigende Zielgerade hinter mich zu bringen, dachte ich.
Ich kämpfte mich die letzten Meter hinauf und hörte, dass ich noch 40 Sekunden Vorsprung auf Manninen haben würde. Bis dahin hatte ich fast nichts an Zeit eingebüßt, wohl aber an Substanz. Ich klemmte mich in die Hocke, musste aber feststellen, dass ich nicht mehr wirklich locker am Ski stand, und ich zauberte die Abfahrt mehr hinunter als dass ich sie souverän bewältigte. Unten angekommen, wollte ich aus der Hocke aufstehen, musste aber feststellen,

dass ich komplett „blau“ war. Unter blau versteht man im Ausdauersport jenen Zustand, bei dem der Athlet aufgrund muskulärer Übersäuerung keine Leistung mehr bringen kann und ein drastischer Leistungseinbruch Realität wird. Von diesem Zeitpunkt an war mir klar, dass diese letzten 400 Meter ins Ziel noch ein hartes Stück Arbeit werden würden. Unangenehmerweise hatte ich auch noch einen derartigen Gegenwind, sodass ich das Gefühl hatte, gegen eine Wand zu laufen. Was nun folgte, waren die härtesten 400 Meter, die ich je auf Langlaufski zurückgelegt hatte. Und das, obwohl ich im Laufe meiner Karriere einige harte Kilometer absolvierte. Doch nichts war auch nur annähernd so grausam wie die paar hundert Meter, die ich jetzt noch vor mir hatte. Ich war mir bewusst, zu hundert Prozent leer zu sein, doch noch war ich an erster Stelle. Ich kämpfte ums sprichwörtliche Überleben. Meine Beine trugen mich nicht mehr. Ich hatte das Gefühl, aus einem staubtrockenen Handtuch noch einen Tropfen herauswinden zu müssen. Aber selbst das würde nur dann funktionieren, wenn meine Hände, mit denen ich das Handtuch auswinde, wieder zu schwitzen begännen. Ich versuchte auf diese Art das Letzte aus mir herauszuholen.

Die Zielgerade schien endlos. Der Wind, so hatte ich den Eindruck, wurde immer stärker, der Schnee langsamer und die leichte Steigung, eine Steigung, die mit freiem Auge fast nicht erkennbar war, wurde für mich zu einer steilen Wand. Dann registrierte ich plötzlich, wie Betreuer neben mir herrannten und auf mich einschrieen.

Gewinnen war für mich in diesem Moment nicht mehr das Ziel. Ich wollte es nur schaffen, diese rote Ziellinie, die ich mittlerweile ganz verschwommen irgendwo am Horizont erkennen konnte, aus eigener Kraft zu überqueren. Ich konnte mich nicht mehr auf meine Beine verlassen. Es war kein Langlaufen mehr, was ich da betrieb, es kam eher einem Torkeln gleich. Instinktiv entschied ich, mich nur mehr auf meine Armkraft zu verlassen. Auch diese war eigentlich nicht mehr vorhanden, aber ich schaffte es so besser, meine Beine zu stabilisieren. Neben mir lief, besser gesagt ging, Christoph Eugen und peitschte mich verbal ins Ziel. Ich hatte vielleicht noch zehn

Meter bis zur Ziellinie. Ich hörte Christoph nur dumpf schreien. Er klang wirklich besorgt. Irgendwie schaffte ich es mit allerletztem Willen – von Kraftreserven konnte in dieser Situation nicht mehr die Rede sein – mich mit Doppelstockschüben über die Ziellinie zu retten. Manninen war zu diesem Zeitpunkt vielleicht noch 20 Meter hinter mir. Er war aber noch im Vollbesitz seiner Kräfte und rauschte hinter der Ziellinie an mir vorbei. Ich lag am Boden und war zu diesem Zeitpunkt zwar körperlich am Ende wie nie zuvor, doch ich freute mich auf eine ganz besondere Art und Weise. Weniger darüber, dass ich einen weiteren Weltcup gewonnen hatte. Nein, ich war stolz, dass ich dieses Rennen mit Hilfe meines Willens beendet hatte.

Doch ich hatte noch ein Problem.

Nach der Ziellinie gibt es ja noch eine Linie, und erst hinter dieser Linie ist es erlaubt, die Ski abzuschnallen. Ich hatte diese Linie noch nicht überquert. Ich lag immer noch ungefähr zwei Meter nach der ersten roten Linie. Aufzustehen war zu diesem Zeitpunkt für mich undenkbar, und so griff ich zur Bindung und öffnete einen Ski, um zumindest irgendwann wieder aufstehen zu können. Das war der Zeitpunkt, an dem ich wieder viele Stimmen wahrnahm, die mir alle irgendetwas zuriefen. Ich hatte aber nicht wirklich ein Ohr für sie, war ich doch mehr als genug mit mir selbst beschäftigt. Als mir plötzlich David Kreiner meine Bindung wieder zumachte, kapierte ich erst, was sie von mir wollten. Es ist ja, wie wir seit Hermann Maier Val d'Isère (FRA) 1998 wissen, nicht erlaubt, seine Skier vor dieser ominösen zweiten roten Linie auszuziehen. Ich war jetzt auch wieder halbwegs zurechnungsfähig und stolperte die restlichen Meter in diesen Bereich, wo mittlerweile viele Athleten lagen, die allesamt auch sehr gezeichnet waren. Ein Protest eines finnischen Funktionärs, mich zu disqualifizieren, wurde zum Glück abgelehnt und ich hatte diesen Weltcup nun tatsächlich gewonnen.

Meine Nieren schmerzten nach so einer Ausbelastung sehr, sie waren wohl damit beschäftigt, das hochdosierte Laktat in meinem Körper abzubauen. Wasser zu trinken und ausreichend Kohlehydrate zu mir zu nehmen, obwohl mir nach dem Rennen nur selten nach Essen war,

hatte jetzt höchste Priorität. Nach einiger Zeit schaffte ich es sogar noch ein bisschen auslaufen zu gehen. Dieses Auslaufen war zwar mehr ein Ausgehen, aber es tat mir unheimlich gut. Immerhin hatten wir in genau einer Woche den ersten Wettkampf bei den Weltmeisterschaften in Oberstdorf. In den nächsten Tagen war also Regeneration angesagt, um bis zum nächsten Wettkampf wieder mit vollen Speichern an den Start gehen zu können.
Was ich aus dieser Erfahrung mitnahm, war mehr als nur ein unglaublich hartes Rennen. Ich wusste, ja eigentlich spürte ich, dass es für die Olympischen Spiele in Turin von immenser Bedeutung sein würde, sich im Training intensiv mit der Höhenlage zu beschäftigen. Die Loipen in Pragelato sind zwar nicht übertrieben hoch gelegen, dennoch würde es entscheidend sein, sich auf diese Anforderungen speziell und mit viel Fingerspitzengefühl vorzubereiten.
Dieses Erlebnis aus den vorolympischen Wettkämpfen prägte meine Vorbereitungen während des Sommers. Ich hatte großen Respekt vor den Bedingungen, die uns Athleten dort erwarten würden. Die Erfahrungen, die Gefühle und die Leidenschaft, die ich auf dieser Langlaufstrecke schon jetzt gemacht habe, sollten mich an jedem einzelnen Trainingstag begleiten.

## Hohe Reize

Ich absolvierte unzählige Einheiten in der Höhe. Dazu musste ich nur aus der Ramsauer Wohnung gehen und 400 Höhenmeter hinter mich bringen, um auf der gleichen Höhe zu sein, in der auch die Spiele stattfinden würden. Ich machte den Sommer über ganz bewusst keine Höhentrainingsblöcke, weil ich als Kombinierer natürlich auch immer mein Sprungpotenzial im Auge behalten wollte. Ich wollte so oft in der Höhe trainieren, bis es für meinen Körper nichts Außergewöhnliches mehr sein würde, sich in Höhen von 1600 bis 2000 Metern zu bewegen. Es machte mir Spaß, mich mit diesen Inhalten und vor allem mit mir zu beschäftigen. Es waren genau diese Akzente, die

mein Training so interessant machten und bei denen ich immer das Gefühl hatte, dass ich mich besser als alle meine Konkurrenten vorbereitete.
In diesem Jahr verbrachte ich auch einige Zeit auf den schönen Almen und Hütten unserer unglaublichen Bergwelt. Ich fühlte mich fernab der vielen Eindrücke, die tagtäglich unten im Tal auf mich einprasselten, sehr wohl. Oft hatte ich das Gefühl, dass der Stress des Alltags ab einer gewissen Höhe nicht mehr mitkonnte. Je höher ich hinaufkam, desto ruhiger und gelassener wurde ich. Ich konnte mich in den Bergen aufladen und dabei Trainingsreize setzen, von denen ich später enorm profitieren würde, davon war ich überzeugt. Gedanklich abzuschalten und in der Natur unterwegs zu sein, das war meine Devise in den Bergen. Einmal entschied ich mich, mich für eine Woche auf einer Hütte zu verschanzen. Ich erzählte damals Andreas Schifferer davon, ein unglaubliches Skitalent, dem es in der Saison 1997/98 auch gelang, den Abfahrtsweltcup zu gewinnen. Schiffi, wie ihn die meisten nennen, wohnte zu dieser Zeit auch gerade in Ramsau und wir gingen manchmal gemeinsam in die Berge.
Er war von meinem Vorhaben sofort begeistert und auch gleich mit von der Partie.
Wir nannten das Ganze „Bewusstseinserweiterndes Training“ und warteten, bis wir gutes Wetter erwischten. Wir entschieden uns für die Hohen Tauern und landeten schließlich auf der Keinprechthütte. Diese Hütte liegt auf 1850 Metern, war also geradezu perfekt, um mich auf kommende Taten einzustimmen. Wir packten unsere Rucksäcke und machten uns auf den Weg. Der Aufstieg zu der Hütte ist nicht besonders lang, dafür aber sehr beeindruckend. Vorbei an einem reißenden, vor Energie strotzenden Bach. Kein Wunder, lebt das Wasser doch auch von Bewegung und die hatte es in dem Fall mehr als genug.
Von der Bewegung leben auch wir Menschen. Sich körperlich zu bewegen heißt für mich auch, dass Bewegung im Geist stattfindet. Ich bin in meinem Leben unzählige Stunden in den Bergen herum-

gelaufen. Eine der einfachsten Übungen, seine Aufmerksamkeit auf das Hier und Jetzt zu lenken.

## Das Jetzt – die Heimat der positiven Gedanken

Läuft man nämlich über Wege, ist es notwendig, hellwach zu sein. Wohin der nächste Schritt gesetzt wird, ist stets spontan zu entscheiden. Oft ertappte ich mich dabei, dass mir meine Gedanken abhauten und in die Ferne schweiften. Daraus entstanden auch immer wieder tolle Ideen, und ich nützte diese Gelegenheiten, um mich inspirieren zu lassen. Interessanterweise ist es auch oft so, dass es mir eine kleine Verwarnung aufzeigt, wenn mich meine Gedanken in eine Richtung lenken, die aktuell nicht förderlich ist. Das äußert sich dann meist durch eine kleine Unsicherheit, ja es kam auch schon vor, dass ich plötzlich dalag. Diese Gedanken, nachdem ich wieder sicheren Schrittes unterwegs bin, noch einmal aufzurollen, ist fast schon zu einer Art Spielerei von mir geworden. Unglaublich, welche Gedankensprünge ich in solchen Situationen schon gemacht habe. Immer wieder stellte ich fest, dass es fast ausschließlich negative Gedanken waren, die für diese Verwarnungen verantwortlich waren. Diese Symptome sprich Unsicherheiten im Keim zu ersticken, gelingt nur dann, wenn man seine Gedanken beziehungsweise seine Aufmerksamkeit wirklich im Jetzt hält. Das Jetzt ist für mich die Heimat der positiven Gedanken.

Vor allem in Wegpassagen, die mir als unproblematisch erschienen, erwischte ich mich oft dabei, gedanklich abzuschweifen. An den Stellen, an denen man gefordert ist, weil das Gelände beispielsweise sehr abschüssig ist, sagt einem ohnehin der Instinkt, dass es jetzt überlebensnotwendig ist, aufmerksam zu sein. Diese Aufmerksamkeit ließ mich immer wieder gut am Ziel ankommen und ermöglichte mir zudem mit all meinen Sinnen die Umgebung wahrzunehmen.

Auf der Hütte angekommen, waren wir von der Ruhe begeistert und machten uns auch gleich auf den Weg, auf einen der umliegenden

Gipfel zu gehen. Wir trainierten sehr viel in diesen Tagen, doch ich hatte dabei nie das Gefühl, dass es anstrengend wäre. Wie mir in diesen Tagen überhaupt alles sehr leicht von der Hand ging. Auch über die Kondition von Schiffi war ich erstaunt. Er begleitete mich bei all unseren Touren im Laufschritt. Sogar nach vier oder fünf Stunden liefen wir noch gemeinsam die Wege ab.
Nachdem wir oft erst am späten Nachmittag zur Hütte zurückkamen und dort natürlich keine Dusche auf uns wartete, zogen wir es vor, den Bergsee, der nur wenige hundert Meter von der Hütte entfernt lag, für unsere Körperpflege zu nutzen. Diesen wunderschönen türkisen Bergsee als eiskalt zu bezeichnen, wäre eine grobe Untertreibung. Gerade ich, der im Normalfall schon bei 22 Grad Wassertemperatur nur sehr zaghaft ins Wasser kommt, sollte da hinein? Selbstverständlich kühlten wir uns vorher vorsorglich ab, um nicht einen Kälteschock zu riskieren. Es gab allerdings kein zögerliches Hineingehen, das hätte die Sache nur noch schwieriger gemacht. Es war unglaublich. Ich fühlte mich danach wie neu geboren und frisch wie nie zuvor. Die vielen Kühe rund um den See waren mittlerweile auch schon auf uns aufmerksam geworden. Es gab da oben wohl nicht viele, die Ähnliches machten. Sie schauten uns an, als wollten sie uns ihren Respekt bekunden, kann aber auch sein, dass ihr Blick bedeutete: völlig übergeschnappt die beiden.
Am nächsten Morgen, nach einem ausgiebigen Frühstück, liefen wir ins Tal, um unseren gemeinsamen Freund Martin Weber abzuholen. Unten waren wir in weniger als einer halben Stunde. Wir freuten uns sehr, dass auch Martin mit uns ein paar Tage in den Bergen verbringen würde.
Mit ihm im Schlepptau machten wir uns wenig später wieder auf den Weg zur Hütte. Andi und ich entschlossen uns, die Turnschuhe auszuziehen und barfuß zu gehen. Ich bin keiner, der viel barfuß geht und dementsprechend empfindlich sind auch meine Fußsohlen. An diesem Tag jedoch machte mir das nichts aus und wir drei gingen wie Meditierende den Weg nach oben. Ich bin wohl noch nie so achtsam irgendwo hingegangen. Bei dieser Übung gedanklich abzu-

schweifen, hätte mit Sicherheit zumindest mit blauen Zehennägeln geendet. So war ich bis zu den Haarspitzen mit mir beschäftigt. Es vergingen ungefähr eineinhalb Stunden, ehe wir die Hütte erreichten. Auch Martin war von dem Ausblick begeistert und wir waren alle rundum zufrieden.
Gemütlich saßen wir auf der Terrasse und ließen es uns gut gehen. Wir waren wieder einmal bei der Macht der Gedanken angekommen, was viel Gesprächsstoff versprach. Geht nicht, gibt's nicht! – ist ein Grundsatz, der einen zwar auch oft als Dickschädel dastehen lässt, der sich aber auch immer wieder bezahlt macht. All das, was ich mir selbst vorstellen kann, funktioniert und wird auch eintreffen. Der Faktor Zeit spielt dabei eine große Rolle.

## Eine Stunde laufen

Nimmt man sich zu wenig Zeit oder bringt man einfach nicht die nötige Geduld auf, sind die persönlichen Ziele klarerweise gefährdet. Erfolg ist für uns alle ein großer Ansporn. Manche setzen sich für den Erfolg mehr ein und manche versuchen auch mit etwas weniger Aufwand erfolgreich zu sein. Im Spitzensport treffen sich jene, die bereit sind sehr viel, wenn nicht alles, für den Erfolg zu tun. Dieser Punkt war mir von Beginn an klar. Darum wusste ich auch, dass es notwendig sein würde, sich gewisse Sachen intensiver vorzustellen, als dass das die unmittelbaren Konkurrenten tun. Dass Vorstellen allein in diesem Zusammenhang zu wenig sein wird, liegt auf der Hand.
Trainieren, am besten mehr als alle anderen, ist eine Möglichkeit, seinen Zielen näher zu kommen. Zu glauben, dass sich Erfolg über Umfang und Intensität des Trainings definieren ließe, sehe ich jedoch als großen Irrtum an. Es ist wohl viel mehr die Art und Weise, wie man an jede einzelne Einheit herangeht.
Eine Stunde zu laufen ohne Begeisterung für die Sache ist beinahe Zeitverschwendung. Zu laufen und dabei die Gewissheit zu haben,

dass genau diese Einheit einen weiterbringt und man sich genau in dieser Stunde körperlich wie geistig weiterentwickelt, hat schon bedeutend mehr Sinn.
Mit ein Grund, weshalb ich auch nie ein Geheimnis daraus machte, wie viel oder was ich genau trainiere. Kommt es doch nicht auf Zahlen und Diagramme an, die man am Ende eines Jahres im Trainingstagebuch nachlesen kann. Statistiken über Stunden und Kilometer waren nie meine Sache. Ich dokumentierte zwar alles fein säuberlich in meinen unzähligen Trainingsbüchern, doch die Arbeit mich hinzusetzen und alles zusammenzuzählen, war nie die meine. Viel lieber zog ich die Trainingssachen an und ging eine weitere Stunde laufen. Ich empfand es sogar als Affront, eine Stunde laufen mit dem Eintrag 60´ Cross – SB abzuhandeln. War doch diese Einheit von einer Stunde im Stabilisierungsbereich viel mehr wert als diese nichtssagende Zeile im Trainingsbuch. Es war immer wieder ein unvergessliches Erlebnis durch die Wälder zu laufen und sich schlichtweg zu spüren. Dieser Zugang zum Training ist nie unter Routine gefallen. Er wird auch nie zum Selbstläufer. Es ist jedoch immer wieder eine große Herausforderung, sich selbst bewusst zu sein und dabei in einen unvergleichlichen Trainingsfluss zu kommen.
Dieses Gefühl war für mich am einfachsten in den Bergen zu erreichen; wohl auch deshalb verbrachte ich so viele Einheiten in Gebieten, in denen ich dem Himmel näher war.

## Ein Bus voller gleicher Ziele

Die Fahnen, die Richtung Ziel zeigten, hatten wir längst passiert und der Bus näherte sich der Sicherheitskontrolle. Vor diesen Kontrollen ließen uns die Fahrer immer aussteigen, da jeder einzelne Athlet sein Gepäck durch die Kontrollen bringen musste. Diese Kontrollen liefen ähnlich ab wie jene am Flughafen. Nur dass sie nicht mehr so genau waren wie noch zu Beginn der Spiele. Das erleichterte uns den Zugang einerseits und ersparte uns auch sehr viel Zeit andererseits.

Ich war ohnedies meist früh genug an der Schanze. Auf den künstlich erzeugten Stress, um ja keine Zeit zu haben, um zu viel nachdenken zu können, verzichtete ich sehr gerne. Lieber machte ich es mir ein paar Minuten im Container gemütlich oder besuchte noch in aller Ruhe unsere Serviceleute, die mit den letzten Vorbereitungen beschäftig waren. Manche Athleten versuchten auf diese Art auch ihre Nervosität zu verdrängen. Verdrängen kann in diesem Zusammenhang manchmal gut sein und ist auch oft notwendig, auf Dauer aber niemals effektiv.
Ich saß im Bus relativ weit vorn, somit war ich auch einer der Ersten, die ausstiegen und folglich auch einer der Ersten bei den Sicherheitskontrollen. So sparte ich Zeit und Nerven.
Mit meinem Rucksack am Buckel und geschulterter Tasche näherte ich mich dem Zelt, durch das ich durch musste. Die Carabinieri waren diesmal nicht sonderlich motiviert und es dauerte auch nur wenige Minuten, bis ich meine Tasche und meinen Rucksack wieder zumachen konnte.

## Dosis

Natürlich war ich sehr angespannt und es machte sich auch eine gewisse Nervosität in mir breit. Besser gesagt: die Vorwettkampf-Anspannung war nun deutlich spürbar. Irgendwie war ich auch sehr froh darüber, weil ich es im Laufe meiner Karriere auch schon erlebt hatte, auf zu wenig Spannung zurückgreifen zu können. Sich bewusst ruhiger zu machen, ist mir in meiner Karriere immer viel leichter gefallen als mich zusätzlich motivieren zu müssen. Um an seine Leistungsgrenzen gehen zu können, ist eine gewisse Anspannung im Vorfeld notwendig. Die Kunst liegt darin, die optimale Dosierung herauszufinden und auf eine persönliche Steuerung zugreifen zu können. Jetzt war es eher angesagt, etwas herunterzukommen. Das regelte sich meist von ganz allein, wenn ich mit meinem Aufwärmprogramm begann.

## Material

Bevor es so weit war, richtete ich im Container meine Wettkampfausrüstung noch so her, dass nachher nur wenige Handgriffe nötig waren, um in voller Wettkampfmontur dazustehen. Meinen Helm, meine Brille mit neuen Gläsern, meine Sprunghandschuhe und nicht zu vergessen meine Sprungkeile legte ich auf einen Sessel. Letztere steckt man zwischen Wade und Sprungschuhstütze hinein. Sie sind für jene Springer, die solche Keile benützen, wahrhafte Heiligtümer, weil jeder Keil gleichsam ein Unikat ist. Man braucht sie, um sich zum einen in der Hocke wohler zu fühlen und zum anderen die Verbindung nach dem Absprung zum Ski besser und schneller zu finden. Doch nicht jeder Springer verwendet Sprungkeile. Keile sind eher Geschmacksache. Springt man jedoch von Anfang an mit Keilen, ist man sie gewöhnt, und wir alle wissen, wie schwierig es ist, sich von Gewohnheiten zu verabschieden. Ich benutzte sie von klein auf und sie gehörten zu meiner Ausrüstung wie der Sprunganzug oder die Sprungski. Vergessen gibt's nicht und wäre auch nicht empfehlenswert – das Gefühl ohne ist ein komplett anderes.

Der Rest der Ausrüstung beziehungsweise des Gewandes, das ich unter dem Sprunganzug anhatte, lag in meiner Tasche: Unterhose, Sprungsocken und Unteranzug. Bei diesen Unteranzügen hatte sich in den letzten Jahren auch sehr viel getan. Die Zeiten, in denen man mit einem gewöhnlichen Baumwollpullover sprang, gehörten seit dem Aufkommen der professionellen aerodynamischen Entwicklungsarbeit im Skisprungsport (in meinem Fall begann das um 2000) der Vergangenheit an. Heute versucht man sogar mit hautengen, sehr leichten doch luftdurchlässigkeit-reglementierten Unteranzügen die oft entscheidenden aerodynamischen Vorteile herauszuholen.

Zu meinen Anfangszeiten sprang ich mit jenem Sprunganzug, den ich bei der alljährlichen Einkleidung bekommen hatte. Der Verlauf der Saison war mitentscheidend, wie dieser eine und auch einzige Anzug passte. Mit der Zeit jedoch entwickelte sich ein Sprunganzug von einem Kleidungsstück zu einem aerodynamischen Fluggerät. Ich

kann mich noch gut daran erinnern, als sich Toni Innauer vonseiten des Verbandes stark machte und in diese Richtung keine Kosten und Mühen scheute. Anfangs waren es nur kleine Änderungen des Schnittes und ich flog in Bischofshofen auf der Großschanze plötzlich um 20 Meter weiter. Griff ich zum Vergleich wieder zum alten Stangenware-Anzug, machte ich im wahrsten Sinne des Wortes wiederum keine weiten Sprünge. Natürlich stieg mit den neuen Anzügen mit jedem Sprung das Selbstvertrauen und folglich auch die Qualität der Sprünge.
Auslöser, dass diesem Bereich intensive Aufmerksamkeit gewidmet wurde, waren die Erfolge der Konkurrenz. Dass wir uns jedoch dermaßen entwickeln würden, damit hatte wohl auch keine der anderen Nationen gerechnet. Heute ist längst alles stark reglementiert und der Spielraum wesentlich geringer. Es gab aber auch Phasen, da wurde der Sprung des Athleten erst gar nicht mehr analysiert, sondern nur mehr über die Passform und Konsistenz des Anzuges gesprochen. 20 Anzüge pro Wintersaison und Springer waren keine Seltenheit. Es kam auch nicht selten vor, dass ich mit drei Anzügen zur Schanze fuhr, obwohl ich genau wusste, dass ich nur zwei Sprünge machen würde – Probedurchgang und Wertungsdurchgang.

## Übertrieben?

Ich kann mich noch genau an einen Weltcup im Dezember 2003 im norwegischen Trondheim erinnern, bei dem ich nie wirklich ins Fliegen kam. Ich entschied mich bei diesem Wettkampf für ein etwas älteres Anzugmodell. Es war ein roter Anzug, der schon einiges mitgemacht hatte. Nach einem sehr kurzen Wettkampfsprung wurde der Schwarze Peter für den schlechten Versuch interessanterweise vonseiten der Betreuer nicht mir, sondern dem Anzug zugeschoben. Das war zwar ganz fein für mich, meine Aufholjagd im anschließenden Langlaufrennen konnte ich deswegen jedoch auch nicht früher starten. Ein Wochenende später machte der Weltcup in Predazzo (ITA)

Station. Ich entschloss mich noch einmal mit dem alten Anzug an den Start zu gehen. Es gelang mir ein ausgezeichneter Sprung. Beim anschließenden Videostudium war auf einmal nichts mehr von einem nichtflugtauglichen Sprunganzug zu sehen. Der gleiche Anzug, der vor einer Woche noch die Hauptschuld trug, war jetzt wieder ein nahezu ideales Fluggerät. Man kann auch alles übertreiben, schließlich muss man immer noch selbst springen. Von da an konzentrierte ich mich wieder auf die wesentlichen Dinge und fuhr auch ganz gut damit.

Um auf die Unteranzüge zurückzukommen: diese haben schon ihren Sinn. Sie sind dünner, demnach schwitzt man nicht ganz so viel in den warmen Sprunganzügen. Sie sind hauteng, dadurch hat man etwas mehr Bewegungsfreiheit im ohnehin sehr streng reglementierten und folglich sehr engen Sprunganzug. Zudem kann mehr Luft zwischen Unteranzug und Sprunganzug hineinströmen, was wiederum Auftrieb oder bei zuviel Luft Widerstand verursacht. Ich hatte für jeden Durchgang einen Unteranzug, bedeutet doch ein verschwitzter Unteranzug mehr an Gewicht.

Das Augenmerk auf ein paar Gramm mehr oder weniger zu legen, mag übertrieben erscheinen, aber im Spitzensport geht es immer um Nuancen. Wilfried Vettori stellte seinerzeit schon immer den Vergleich mit einer 17 Kilogramm schweren Brieftaube her, die angesichts dieser Masse auch erheblich schwerfälliger fliegen würde – wenn überhaupt.

## Die Liebe zum Detail

Es ist schon verrückt, wenn man sich überlegt, worüber man sich als Sportler den Kopf zerbricht und wie detailverliebt man agiert. Im Leben ist es aber nicht viel anders. Es geht im Leben immer darum, in irgendeinem Detail aufzugehen. Bei aller Liebe zum Detail ist es aber entscheidend, die wesentlichen Dinge des Lebens zu sehen und sich darüber im Klaren zu sein, welches die Komponen-

ten sind, die ein glückliches Leben ausmachen. Es ist nicht das Geld, es sind nicht die materiellen Werte und es ist schon gar nicht die Macht. Es ist die Liebe zu uns selbst. Nur wenn wir uns selbst lieben, können wir Liebe auch weitergeben. Diese Liebe hat mir immer wieder meinen Blick geschärft und nur so konnte ich mich in aller Ruhe und mit größtmöglicher Begeisterung um meine Details kümmern.
Ich weiß, dass der in Kürze zu absolvierende Wettkampfsprung der wichtigste in meiner Karriere sein wird, und doch ist er ein Sprung wie jeder andere auch. Um weit zu springen, kommt es auf die gleichen Faktoren wie immer an.
Die Kunst in den kommenden Minuten wird sein, das auch umzusetzen.
Ich bin jedenfalls gerüstet. Dieses Gefühl, nämlich die Gewissheit in mir zu spüren, auch wirklich alles für diesen Tag getan zu haben, vermittelte mir in dem Moment jene Ausgeglichenheit, die für den Erfolg unabdingbar ist. Ein tolles Gefühl, das ich noch nicht oft in dieser Intensität verspürte.

## Von Lillehammer 1994 bis Turin 2006

Ich hatte noch genügend Zeit bis zum Aufwärmen und freute mich darauf, unsere Techniker in dem Gebäude nebenan zu besuchen. Sie wohnten nicht im olympischen Dorf, weil dort nur eine beschränkte Anzahl von Betten und Zimmern zur Verfügung stand.
Deswegen sah man sich meist nur während den offiziellen Trainingszeiten auf den Wettkampfstätten. Wir hatten in Turin auch erstmals die Möglichkeit, vor Ort unsere Ski zu schleifen. Sämtliches Equipment wurde dafür nach Pragelato gekarrt und dort in einer sehr ungemütlichen Garage aufgebaut. Es war für mich als Athlet sehr wichtig zu wissen, dass man bei den hier so schnell wechselnden Verhältnissen auch mit den Schliffen reagieren konnte. Der beste Schliff nützt eben nur etwas, wenn er auch auf

dem besten Ski ist, und im Idealfall passt auch noch das Wachs. Kurz: Alle Faktoren müssen zusammenspielen, funktioniert ein Teil nicht, ist es schon vorbei mit dem Spaß und ein Rennen kann einem endlos lange vorkommen.
Die Entwicklung auf dem Materialsektor über die letzten Jahre hinweg ist wirklich enorm. Ich kann mich noch allzu gut daran erinnern, als wir bei den Olympischen Spielen 1994 in Lillehammer (NOR) unsere Ski alle selbst präparierten. Schliffe gab es damals noch so gut wie keine. Damals wurden die Ski mit einer Stahlklinge abgezogen, und wenn es notwendig war, wurde noch mit einem Strukturhobel, ein Gerät, das dem Belag ein topographisches Muster verleiht, nachgeholfen. Die Bedingungen waren zum Glück sehr konstant, lagen die Temperaturen doch fast über den gesamten Zeitraum der Spiele weit unter Null. Das bedeutete aber auch, dass es sehr wichtig war, die Ski so oft wie möglich mit extrem hartem Wachs zu bügeln und wieder vollständig auszubürsten. Diesen Vorgang konnte man nicht oft genug wiederholen. Je öfter der Ski gewachst wurde, desto „speckiger“ wurde er und desto besser rutschte er über den stumpfen Schnee. Ich werde wohl nie vergessen, wie Mario Stecher, Georg Riedlsperger und ich bis spät in die Nacht in den Wachshütten des Birkebeiner-Stadions standen und für den anstehenden Wettkampf unsere Ski präparierten. Abgesehen von der nicht gerade gesunden Luft, die wir dabei über Stunden ohne Schutz- oder Staubmasken einatmeten, wurden unsere Beine vom langen Stehen nicht frischer. Als wir dann irgendwann gegen Mitternacht fertig waren, gab es natürlich längst keinen offiziellen Transport mehr ins olympische Dorf hinunter. Das störte uns nicht sonderlich, weil wir sowieso noch auslaufen gehen mussten, um uns von unseren mittlerweile doch sehr schweren Beinen zu befreien. Was auslaufen und konsequentes Training betraf, schaute ich mir damals sehr viel von dem um ein paar Jahre älteren Salzburger Kombinierer Georg Riedlsperger ab, was mir im Verlauf meiner Karriere sehr nützlich sein sollte. Wir machten uns also gemeinsam auf den Weg in Richtung Bett. Und der war weit. Hätte uns damals nicht ein Auto mitgenommen, wir hätten uns

eine nächtliche Ausdauereinheit eingefangen, die sich gewaschen gehabt hätte.
Ich bin am nächsten Tag 37. im Einzelbewerb geworden. Den Umständen entsprechend gar nicht so schlecht – würde ich meinen.
Das ist jetzt gut zwölf Jahre her. Und mit dieser Erfahrung im Hinterkopf kann man einer Service-Crew nicht anders als mit der höchsten Wertschätzung und Dankbarkeit begegnen.
Dazu muss man wissen, dass es für einen Athleten unmöglich ist, schlechtes Material durch gutes Training wettzumachen. Es gelang mir im Laufe meiner Karriere manchmal, durchschnittliches Material mit einer Überform im Laufen zu kompensieren. Gewinnen ist unter solchen Voraussetzungen jedoch sehr schwer.
Jeder in dieser Technikermannschaft hatte seinen Bereich. Die unterschiedlichsten Charaktere rauften sich auf engstem Raum und unter höchstem Druck immer wieder zusammen und verfolgten darüber hinaus ein gemeinsames Ziel: Sie wollten uns die schnellsten Ski präparieren und uns dadurch zu Erfolgen verhelfen.
Ich hatte immer das Gefühl, dass sie in ihrem Bereich gleich professionell arbeiteten wie ich das von mir in jedem Training verlangte. Oft, wenn ich zum Training ging, hatte ich die Gewissheit, dass sie zum selben Zeitpunkt auf ihrem Gebiet ebenfalls das Optimum herausholen würden. Eine Tatsache, die beide Seiten unglaublich motivierte. Ich wusste, dass ich ohne sie nichts erreichen kann und umgekehrt waren sie sich darüber im Klaren, dass ihre Ski nicht von allein weit springen und schnell laufen würden.

## Sprungski

Mein Weg führte mich also zu den Serviceleuten. Es tat immer gut, sie zu treffen und es war wichtig, mich mit ihnen abzustimmen. So war es mir beispielsweise lieber, im Probedurchgang noch nicht die beste Variante an Speed-Wachsen auf den Sprungskiern zu haben. Ich wollte mir dadurch gewisse Reserven für den Wettkampfsprung auf-

sparen. Manchmal war es natürlich wichtiger, noch verschiedene Varianten zu testen; dann kam es vor, dass auch ich im Probedurchgang schon die Wettkampfmischung oben hatte.
Das Thema Sprungski war hier in Turin ein eigenes Thema. Der Anlauf verfügte über ein Kühlsystem, das es ermöglichte, eine Eisspur in den Anlauf zu fräsen. Eigentlich nicht weiter ungewöhnlich. Dieses Eis war allerdings mit jenem eines Eislaufplatzes zu vergleichen. Zudem waren in das Eis Rillen eingefräst, die das Gleitverhalten des Sprungskibelags in der Anlaufspur noch spezieller machten. Franz Neuländtner, einst selbst ein österreichischer Weltklasseskispringer und heute der Mann, der hinter den Skisprungerfolgen der Firma Fischer steht, wusste darüber natürlich Bescheid. Er organisierte im Vorfeld viele Tests auf diesen Anlagen.
Ich machte meine ersten Sprünge im offiziellen Training auf der HS 100 m (Hillsize-Schanzengröße), also auf der so genannten Normalschanze. Dort fand unser erster Wettkampf statt, der bei einem Großereignis immer ganz entscheidend ist. Startet man gut, sprich startet man mit einer Medaille in die Spiele, fällt sehr viel Druck von einem und somit von der ganzen Mannschaft ab.
Ich beendete mein erstes Training und hatte ein ganz gutes Gefühl. Bei so einem Training ist es vor allem wichtig, sich an die Gegebenheiten anzupassen und sein Pulver nicht gleich zu verschießen. Neuli, der Spitzname von Franz Neuländtner, stand im Auslauf und notierte sich wie es sich für einen enthusiastischen Sprunglaufrennchef gehört, sämtliche Geschwindigkeiten der Athleten. Nicht dass es nach dem Training keine Ergebnisliste gegeben hätte; aber er wollte die Informationen eben sofort bei der Hand haben. Nach kurzer Begrüßung fragte er mich schnippisch, was denn mit meiner Geschwindigkeit los sei. Ich war zu diesem Zeitpunkt zwar nicht bei den Schnellsten, fuhr diesen Winter aber auch schon weiter hinterher. Ich antwortete ihm, dass ich gar nicht so unzufrieden sei und wir ja wachstechnisch noch nichts ausprobiert hätten. Daraufhin konterte er, dass das die anderen auch nicht hätten und ich mir einmal die Geschwindigkeiten von meinem deutschen Mitstreiter und Markenkollegen Björn

Kircheisen anschauen solle. Von Kircheisen wusste ich, dass im Normalfall immer ich der Schnellere von uns beiden war. Neuli meinte kurz, dass er die Ski von Björn erst kurz vorher umgeschliffen habe. Toll, dachte ich, das ist aber eine gute Zusammenarbeit, wenn jetzt schon die Deutschen vor uns die besten Schliffe bekommen. Eigentlich war ich zu diesem Zeitpunkt schon etwas sauer, aber ich dachte: Nur nichts überstürzen, hab' ich mit meinem momentanen Paket doch alle Chancen. Ich sagte Neuli, dass ich mich bei ihm melden würde und ging in unsere Kabine, um mich mit Günther Chromecek und mit Andi Felder zu beraten.

1993 in Falun (SWE), bei meiner ersten Weltmeisterschaft, fuhr ich im Training satte 2 km/h hinterher. Diesen Nachteil zu kompensieren, konnte ich mir mit meiner damaligen Form und Routine schlichtweg nicht vorstellen. Ich legte mein Schicksal in die Hände der Serviceleute der Skifirma, was sich so auswirkte, dass ich im nächsten Training nicht mehr 2 sondern 2,5 km/h langsamer als die Schnellsten war. Abgesehen davon, dass man sein Schicksal, wenn möglich, nicht in fremde Hände legen sollte, wirkte sich diese Tatsache nicht positiv für den Verlauf der Titelkämpfe aus. Die daraus gewonnene Erfahrung leistete mir jedoch noch Jahre später gute Dienste.

Ziemlich genau 13 Jahre später sollte mir das nicht mehr passieren und wir überlegten uns eine Strategie. Das Problem dabei war, dass wir zwar unsere Langlaufski umschleifen konnten, nicht aber die Sprunglatten. Nach kurzer Beratung entschlossen wir uns, zuerst die Ski von unseren Ersatzleuten, also von David Kreiner und Bernhard Gruber, umzuschleifen. So könnten wir nach dem letzten offiziellen Training immer noch reagieren und würden somit kein unnötiges Risiko eingehen.

Gesagt getan, und am nächsten Tag fuhren mir die beiden mit ihren neuen Schliffen aber so was von um die Ohren, dass mir die Entscheidung leicht fiel. David und Bernhard waren am Vortag noch 0,4 bis 0,5 km/h langsamer als ich. Mit dem neuen Schliff hatten mich beide jedoch souverän im Griff und plötzlich war ich 0,3 bis 0,4 km/h langsamer.

Zum einen eine super Geste von den beiden, dass sie das für mich ausprobierten, zum anderen war das für mich für den morgigen Wettkampf ein großer mentaler Vorteil, weil ich wusste, noch ein Ass im Ärmel zu haben.
Ich hatte also die Gewissheit, dass die Sache funktionierte, jetzt musste ich nur noch Neuli darum bitten, auch mir die Ski umzuschleifen.
Neuli wusste natürlich, dass diese Frage auf ihn zukommen würde und sah unseren Test als neuerliche Bestätigung seiner akribischen Vorbereitung auf diese Olympischen Spiele. Er verstand auch meine Situation und so organisierte er umgehend den Transport der Ski von Pragelato in das ungefähr eine Autostunde entfernte San Sicario, wo die Schleifmaschinen der Firma standen.

## Lange Rede, kurzer Sinn

Wenn man sich vier Jahre auf ein Ereignis vorbereitet, sollte man kurz vor dem Wettkampf nicht mehr versuchen, etwas Besonderes zu unternehmen. Meine Devise für diese Spiele war: vertrau dir selbst und lass dich von nichts und niemandem ablenken. Ich sah diese spezielle Situation als kleine Prüfung an, wie konsequent ich zu mir stehen würde. Gerade in dieser Sache, bei der man scheinbar nur gewinnen kann, war ich etwas skeptisch und hinterfragte das Umschleifen der Ski mehr als viele andere das wohl getan hätten. Vertrauen war gut, aber eine Rückversicherung war mir in dieser Situation wichtiger. Neuli's Position verstand ich natürlich auch. Er wusste ja, was er tat, darüber hinaus ist er lange genug in diesem Geschäft und seine Vorbereitungen auf Turin hat er mehr als nur erledigt. Sehr früh im Winter hat er mit den italienischen Skispringern hier in Pragelato schon trainiert und wusste demnach genau, wie gut dieser Schliff hier funktioniert. Er sagte mir sogar noch, je frischer der Schliff sei, desto besser gehe er. Von diesem Punkt an hatte ich das Gefühl, dass es für mich zu laufen begann.

## Der Weg zu Gold führt über Silber

Am nächsten Tag gewann ich eine Silbermedaille, die erste Medaille bei diesen Spielen für Österreich.

Es tat sehr gut, mit so einem Erfolg in dieses Großereignis zu starten. Ich schaffte es aufs Neue, mich punktgenau vorzubereiten und war dankbar für alles, was ich erleben durfte.

Zum selben Zeitpunkt wusste ich aber auch, dass ich mein großes Ziel noch nicht erreicht hatte. Es hieß also geduldig zu bleiben und in aller Ruhe weiterzuarbeiten. Auf ein paar Tage mehr würde es bei der Langwierigkeit meiner Vorbereitung nicht mehr ankommen.

Über die Silbermedaille war ich nicht eine Sekunde lang enttäuscht. Die wenigsten wissen, wie viel an einem Tag zusammenpassen muss, um überhaupt in die Nähe einer Medaille zu kommen. Darum war es immer meine Devise, dass es am Ziel vorbeischießt, wenn man sich über eine Medaille bei Olympischen Spielen nicht mehr freuen kann. Außerdem hatte ich mich im Rennverlauf auch etwas verkalkuliert und zudem hatte am Ende Georg Hettich (GER) einfach die größeren Kraftreserven.

Ich lag bei diesem Wettkampf nach dem Springen an elfter Stelle und hatte 1 Minute und 52 Sekunden Rückstand auf die Spitze. Eine Ausgangsposition, die ganz in Ordnung war. Ich musste vor allem versuchen, die 14 Sekunden Rückstand auf Hannu Manninen (FIN) so schnell wie möglich aufzuholen. Manninen war der Dominator in der laufenden Saison. Er feierte in diesem Winter schon elf Weltcupsiege, gewann die letzten sieben Weltcupbewerbe vor den Spielen und stand auch schon frühzeitig als Weltcupgesamtsieger dieser Saison fest. Der Papierform nach konnte es also nur einen Olympiasieger geben: Hannu Manninen – Finnland. Magnus Moan (NOR), auch ein sehr starker Läufer, war zwölf Sekunden vor mir gestartet. Meine Taktik sollte so ausschauen, dass ich zu den beiden aufschließe und mich zuerst einmal eine Zeit in deren Windschatten aufhalte. Mir war klar, dass in der letzten Runde die Entscheidung fallen würde und da

wiederum erst am letzten Anstieg. Die Attacke bis ins Ziel durchzuziehen, würde der Schlüssel zum Erfolg sein.
Meine Erinnerungen an den vorolympischen Weltcup an gleicher Stelle waren noch sehr präsent. Wichtig war geduldig zu bleiben, das Rennen würde ohnehin lang genug werden und wenn ich am Ende noch Kraftreserven haben sollte, dann könnte ich diese auf alle Fälle am letzten Anstieg loswerden. Das waren meine Gedanken vor diesem Rennen.
Es gelang mir überraschend leicht zu den beiden aufzuschließen und Manninen machte auch keine Anstalten, dass wir uns an der Führungsarbeit beteiligen sollten. Ich konnte mich im Windschatten der beiden beinahe spielen und war über das relativ langsame Wettkampftempo doch etwas überrascht. Ich wurde laufend über die Rückstände auf die Spitze informiert und stellte fest, dass wir noch zu weit hinten waren. In diesem Augenblick attackierte Magnus Moan. Manninen reagierte aber nicht darauf. Ich überholte natürlich Manninen und schloss wieder zu Moan auf. Ich schaute nach hinten und sah einen fast schon resignierenden Manninen. Diesen Gesichtsausdruck war ich von ihm nicht gewöhnt. Ich informierte Moan, dass wir Manninen abgehängt hatten, um ihn noch zusätzlich zu motivieren, das Tempo weiter hochzuhalten. Ich brauchte in diesem Augenblick seine Unterstützung, wenn es sich noch für eine Medaille ausgehen sollte. Uns wurde mit jedem Schritt klarer, dass wir uns zu lange hinter einem viel zu langsam laufenden Manninen aufgehalten hatten. Ich verließ mich darauf, dass auch Manninen an diesem Tag um eine Medaille mitlaufen wollte. Dem war aber anscheinend nicht so. Es schien, als ob er ernsthafte Schwierigkeiten haben würde. Das konnte uns jetzt aber relativ egal sein, mussten wir doch schauen, dass wir uns der Gruppe der guten Springer näherten, die noch vor uns lag. Im Durchlauf zur letzten Runde übernahm ich die Führungsarbeit. Mein Ziel war es so schnell wie möglich zur Spitzengruppe aufzuschließen, um mich für die Schlussattacke noch etwas in deren Windschatten ausrasten zu können. Die Passage, in der ich mich jetzt befand, war ein langes Flachstück. Ich liebte solche

Streckenabschnitte, konnte ich doch gerade dort meine Technik ausspielen. Tief gebückt, mit kräftigen Schüben aus den Beinen und die Hände aerodynamisch vor dem Körper näherte ich mich mit hoher Geschwindigkeit der Gruppe. Natürlich hatte ich Moan im Schlepptau, doch auch auf das durfte ich jetzt keine Rücksicht nehmen – es musste mir egal sein. Es gelang mir zwar spät aber doch noch früh genug zur Spitze aufzuschließen. Für drei Medaillen waren in der Spitzengruppe jedoch immer noch eindeutig zu viele Athleten. Ich versuchte mich kurz auszurasten, ehe es in den entscheidenden Schlussanstieg ging. Der Anstieg war endlos lang und wurde zudem auch noch immer steiler. Ich lief sehr zügig in den Berg hinein und wollte mit Fortdauer mein Tempo verschärfen. Die Gruppe zog sich in die Länge und allmählich trennte sich die berühmte Spreu vom Weizen. Jetzt waren wir zu dritt: Hettich, Moan und ich. Ich verschärfte erneut das Tempo, was zur Folge hatte, dass jetzt auch Moan ein kleines Loch aufriss. Jetzt waren wir nur mehr zu zweit. Ich versuchte am Ende des Berges das Tempo erneut zu verschärfen, was mir aber mittlerweile selbst sehr zusetzte. Das Stehvermögen, das Hettich an den Tag legte, überraschte mich schon etwas. Ich spürte jetzt ganz deutlich, dass mir die schnelle Aufholjagd eingangs zur letzten Runde sehr viel Kraft gekostet hatte. In einem Langlaufrennen kommt immer der Punkt, an dem es beginnt unglaublich weh zu tun. In diesen Momenten weiter zu forcieren und einfach nur zu kämpfen, lindert die Schmerzen klarerweise nicht. Die Zufriedenheit nach so einem schmerzvollen Rennen ist jedoch ungleich höher als nach einem Rennen, in dem man sich nicht völlig verausgabt hat.
Diese Variante ergab sich bei mir nur sehr selten, und in diesem Rennen war ich bereits über meine Grenzen gegangen.
Hettich und ich duellierten uns bis an die höchste Stelle des Anstiegs. Er hielt mehr dagegen als mir lieb war und so fuhren wir gemeinsam die Abfahrt hinunter in Richtung Stadion und Zielgerade. Unten angekommen und auf die Zielgerade eingebogen, waren wir gleich auf. Ich bemerkte schnell, dass es mit der Spritzigkeit bei mir nicht mehr weit her war und ich konnte folglich nicht mehr dagegenhalten.

Ich wollte ihn unter keinen Umständen ziehen lassen, meine Beine spielten aber nicht mehr mit. Ich musste zuschauen, wie er mir in Richtung Ziel davonlief. Georg Hettich wurde Olympiasieger und ich gewann die Silbermedaille; Magnus Moan holte sich Bronze.
Für die restlichen Plätze interessiert sich gerade bei Olympischen Spielen und Weltmeisterschaften niemand mehr. Das Rennen ist jeweils vorbei, wenn der Drittplatzierte die Ziellinie passiert. Diese Tatsache war auch der Grund, weshalb ich mich keine Sekunde lang über diesen zweiten Platz ärgerte. Zu viele Athleten gibt es, die hart trainieren und dennoch nie das Gefühl erleben werden, wie es ist, eine Medaille bei Olympischen Spielen zu gewinnen. Allein die Tatsache, ihnen Respekt zollen zu wollen, ist für mich Anlass genug so zu denken. All die Fragen über die vergebene Goldmedaille konnte ich zwar nicht verhindern, ich versuchte dabei aber stets meinen Standpunkt klar zu vertreten.
Der Großteil war damit auch zufrieden und das Allerwichtigste: Ich wusste, dass ich im Vorfeld dieser Spiele wieder einmal sehr viel richtig gemacht und noch eine verbleibende Chance auf Einzelgold hatte. Das Vertrauen in mich selbst war groß.

## Ein steiniger Saisonverlauf

Das war in diesem Winter nicht immer so. Zu Beginn dieser Saison 2005/2006 hatte ich ein sehr gutes Gefühl. Ich hatte nicht nur soviel wie noch nie trainiert, sondern ich schaffte es auch, die Qualität des Trainings auszureizen. Nach all den Trainingsjahren ist es nicht leicht Umfang und Intensität nochmals nach oben zu schrauben. Deshalb legte ich meinen Schwerpunkt auf die qualitative Verbesserung jeder einzelnen Trainingseinheit.
Ich konnte ruhigen Gewissens mir gegenüber behaupten, dass ich wirklich jeden Tag optimal genützt hatte, um mich auf diesen Winter vorzubereiten. Das einzig Entscheidende war, erst mit Fortdauer der Saison in Form zu kommen, da das über allem stehende Ziel, die

Olympischen Spiele, erst im Februar stattfand. Bis dahin galt es meine Form stetig zu steigern. Ich versuchte dabei mit intensiven Einheiten vor den ersten Wettkämpfen so behutsam wie möglich umzugehen. Die Form sollte mit Verlauf der Saison immer besser werden. Durch die Rennen schneller zu werden und trotzdem mit meiner Energie hauszuhalten, war mein oberstes Ziel. Der Weltcup wurde von mir in den Hintergrund gestellt und ich sah ihn lediglich als wichtigen Teil meiner Vorbereitung. Die Einsätze sollten dazu da sein, die nötige Wettkampfhärte zu bekommen, um dann Ende Jänner nochmals einen größeren Ausdauerblock in der Höhe einzuschieben. Das Training zwischen den Wettkämpfen war dabei sehr wichtig, um meine Form kontinuierlich ansteigen lassen zu können. Das konnte ich mit langsamen, etwas längeren Ausdauereinheiten ganz gut steuern.

Sich selbst genau zu kennen, ist für solche Unterfangen Grundvoraussetzung. Ich kann sagen, dass bei mir diese Phase des Sich-Selbst-Kennen-Lernens nun schon eine Zeit lang aktiv stattfindet. Zu glauben, dieser Prozess sei je abgeschlossen, wäre jedoch ein großer Irrtum. Es hört nie auf, ganz im Gegenteil, je besser ich mich kannte, desto feinfühliger wurde ich und demzufolge reagierte ich eben auch schon auf Kleinigkeiten sehr sensibel. Ich ließ mir da auch von keinem etwas dreinreden und verfolgte klar meinen Weg. Ein Mann der Kompromisse war ich nie. Zu viele Athleten sind Spitzenspringer und Spitzenläufer. Die Chance, dass einer von ihnen am entscheidenden Tag in beiden Disziplinen sein Potenzial abrufen kann, ist einfach zu groß. Um sich am Ende durchzusetzen, ist es notwendig, mehr als dagegenhalten zu können. Das war der Grund, weshalb ich nie dazu bereit war, das Langlauftraining zugunsten des Skispringens zu reduzieren.

Mir machte dieses Training unglaublichen Spaß und in der Nordischen Kombination ist 1+1 nicht immer 2. Wir Kombinierer sind es gewöhnt, in ermüdetem muskulären Zustand zu springen. Ist man plötzlich komplett erholt, ausgerastet und spritzig, kann man mit diesem für einen Kombinierer ungewohnten Zustand nicht immer umgehen. Steckt man im Winter dann aber wieder inmitten einer intensiven Wettkampfserie, muss man mit dieser oben beschriebenen Müdigkeit, die ja sowohl Körper als auch Geist betrifft, umgehen und dennoch seine Leistung abrufen können.

Dieser Spagat war der Reiz, den die Nordische Kombination auf mich ausübte. Mein Jahr bestand grob aus acht Monaten Training und vier Monaten Wettkampf. Erfüllt einen der Trainingsalltag dabei nicht zu hundert Prozent, sah ich auch keine Chance, das Antrainierte in den Wettkämpfen umzusetzen.

Es ist die Kombination dieser zwei so unterschiedlichen Sportarten, die mich so fasziniert. Auf der einen Seite eine Sportart, die ein hohes Maß an Technik und Schnellkraft erfordert, und auf der anderen Seite das Langlaufen mit der Ausdauerkomponente über allem.

Die Olympiasaison begann und mein Gefühl stimmte mich wie schon erwähnt sehr zuversichtlich. Die Ergebnisse zu Beginn der Saison spiegelten das allerdings nicht wieder. Beim Auftakt im finnischen Kuusamo belegte ich noch einen sechsten Platz, der für mich angesichts meiner zu erwartenden Formkurve auch in Ordnung ging. Nach diesem Wochenende, an dem der zweite Wettkampf aufgrund des Wetters abgesagt werden musste, zog ich mir jedoch eine, wie sich später herausstellen sollte, sehr hartnäckige Verkühlung zu.

Ich hatte einen derart schweren und trockenen Husten, dass an Training nicht zu denken war. Ich war schon froh, dass ich überhaupt in der Verfassung war zum zweiten Weltcupwochenende nach Lillehammer (NOR) anreisen zu können. Dort beim Langlaufwettkampf zu starten, ließ ich mir vorerst noch offen. Ich wollte darüber erst nach dem Sprungwettkampf entscheiden. Ich verbrachte die Woche davor von Montag bis Donnerstag hustend. Trotzdem entschied ich mich, an den Rennen teilzunehmen. Das Wochenende darauf stand kein Wettkampf an, und der nächste Bewerb würde erst am Wochenende vor Weihnachten der Heimweltcup in Ramsau sein. Ich dachte, das müsste zum Auskurieren reichen und wichtige Wettkämpfe würde ich so auch keine versäumen.

Ich belegte auch die Plätze zwei und acht und hatte jetzt genügend Zeit, meine Verkühlung auszuheilen. In dieser Zeit schlief ich sehr viel und schüttete unterschiedlichste Teesorten in mich hinein. Medikamente lehne ich strikt ab, weil ich der Meinung bin, dass jede Krankheit auch ihren Sinn hat. Ich bin mir im Klaren, dass sich das sehr hart anhört und für viele eine vielleicht nicht durchdachte Aussage darstellt. Es ist wahr, dass sie nicht durchdacht ist. Es ist auch nur meine Sichtweise. Eine Krankheit, eine Verletzung interpretiere ich tatsächlich als Hilfeschrei an mich selbst. Als Signal, dass es höchste Zeit ist, etwas zu verändern. Die meisten von uns wissen ohnehin schon die längste Zeit, was sie verändern müssten. Diese Veränderung auch umzusetzen, mit all ihren Konsequenzen, gelingt uns oft erst, wenn uns das Wasser wirklich bis über den Hals steht. Der Körper holt sich seine Auszeit – ob wir wollen oder nicht und ohne Rücksicht auf einen möglicherweise prall gefüllten Terminkalender. In dem Moment der Verletzung oder der Krankheit bricht meist eine Welt zusammen. Sieht man dies auch als Chance, sich selbst neu zu entdecken, kehrt man gereift zurück. Sucht man die Lösung bei sich selbst und verschont man andere damit für einen die Schuld zu übernehmen – dann sind wir uns selbst schon wieder sehr nahe.
Ich war zutiefst davon überzeugt, der Ursache meiner Verkühlung auf die Schliche kommen zu müssen, und dass mich diese Erkenntnis dann auch wieder weiterbringen würde. Medikamente bekämpfen leider nur die Symptome und verschleiern den Rest. Medikamente, die Probleme an der Wurzel oder besser gesagt an der Ursache packen, gibt es meiner Auffassung nach leider – oder zum Glück – nicht.
Ich hatte nun mehr als genug Zeit, mich intensiv mit mir zu beschäftigen. Diese nützte ich und verbrachte mehr Zeit als sonst mit Meditation und Energieübungen. Zudem bediente ich mich an den unterschiedlichsten Kräutern, die mir auch sehr halfen. Ich wurde zunehmend ruhiger und legte den Stress ab, den ich bei den ersten Bewerben verspürte. Ich spürte zudem ganz deutlich, dass ich mich unter keinen Umständen von meinem Weg abbringen lassen durfte.

Zudem empfahl mir Jacky ein altes Hausrezept: Es schmeckte grauenhaft, aber es half. Um diesem Gesöff auch den abscheulichen Geschmack zu geben, braucht man Folgendes: Einen halben Liter süßlichen siedenden Weißwein, in den man einen Esslöffel Andornkraut und einen Teelöffel Dill gibt. Das Ganze lässt man zehn Minuten ziehen und trinkt es dann heiß. Wie gesagt, wenn ich an den Geschmack denke, stellt es mir heute noch die Haare auf. Doch selbst an diesen Geschmack kann man sich gewöhnen – vor allem dann, wenn es einem so hilft wie mir. Von da an hatte ich bei meinen Reisen immer Andornkraut und Dill dabei, auch wenn ich es bis heute nie mehr brauchte, der eine oder andere war froh, dass ich dieses alte Hausrezept nach wie vor in meinem Gepäck führte. So wie ich auch immer einen Flachmann Vogelbeerschnaps und einen mit Schwarzbeerschnaps dabei hatte. Der eine gegen alles und der andere gegen Durchfall. Ausschließlich zu medizinischen Zwecken versteht sich. Selbstgebrannt aus dem Hause des Rittisserhof, dem Bauernhof in Ramsau der Eltern und der Oma meiner Freundin Alexandra.
Ich war also eine Woche vor den beiden Heimweltcups in Ramsau wieder hundert Prozent fit. Ich konnte endlich wieder vernünftig trainieren, die letzten 14 Tage war ja an ein ordentliches Ausdauertraining nicht zu denken. Bis auf die beiden Rennen in Lillehammer bestanden meine Ausdauereinheiten weitgehend aus spazieren gehen. Ich beschloss also, das Training in vollem Umfang wieder aufzunehmen. Rücksicht auf die anstehenden Heimweltcups, wollte ich dabei nicht nehmen. Natürlich keine leichte Entscheidung, war es doch für uns Kombinierer ein sehr wichtiges Wochenende. Ich muss an dieser Stelle aber auch sagen, dass ich nicht geglaubt hätte, dass meine Trainingswoche, wie es sich gleich zeigen wird, so gravierende Auswirkungen haben sollte.
Ich trainierte angesichts der Tatsache, dass ich mich in einer Wettkampfphase befand, wirklich viel. Ich hatte jedoch das dringende Bedürfnis, meine Grundlagenausdauer hinsichtlich späterer Aufgaben zu forcieren.

Der erste Bewerb in Ramsau war jener mit Massenstart. Dabei starten, wie der Name schon sagt, alle gemeinsam in das 10-Kilometer-Rennen. Erst danach wird in gestürzter Reihenfolge gesprungen. Ein für die Zuseher etwas unüberschaubarer Wettkampf, lebt doch die Nordische Kombination von der Verfolgung und vom Kampf Mann gegen Mann in der Loipe. Am Ende gewinnt trotzdem immer der Beste und so sollte es auch diesmal sein.
Die Bedingungen waren sehr schwer, weil Neuschnee die Strecke überaus langsam machte. Ich war nie sonderlich schnell vom Start hinaus, verstand es aber ganz gut, mich nach kurzer Zeit so zu positionieren, dass ich Kontakt zur Spitze hatte. Das Rennen begann sehr schnell und ich klemmte mich hinter den führenden Manninen. Er machte wieder einmal einen sehr starken Eindruck und ich hatte von Anfang an meine Probleme, das Tempo mitgehen zu können. Abzustellen war nicht meine Sache, eher würde ich so lange hinterherlaufen, bis ich mich irgendwo völlig verausgabt an den Streckenrand legen müsste. Ich war absolut am Limit und merkte, dass ich das Tempo nicht mehr halten konnte. Trotzdem versuchte ich nochmals alles aus mir herauszuholen und die bereits entstandene Lücke wieder zu schließen. Es gelang mir aber nicht; und schlimmer noch, ich musste wirklich das Rennen aufgeben. Ein Rennen aufzugeben, war für mich immer ein Horror. Ich hatte sogar die Devise, dass, wenn es mir irgendwann einmal egal sein sollte, ein Rennen nicht beendet zu haben – aus welchen Gründen auch immer –, dass es dann an der Zeit sei, etwas anderes zu tun. Es war mir ganz und gar nicht egal, folglich war es auch noch zu früh zum Aufhören. Es ist einfach nicht mehr gegangen. Ich war komplett leer und konnte, auch wenn ich noch so gewollt hätte, nicht mehr weiterlaufen. Die wenigsten wussten über mein Trainingspensum der letzten Tage Bescheid. Auch ich war von den Auswirkungen überrascht, aber man lernt eben nie aus, sondern immer nur dazu. Das war auch der Zeitpunkt, als wieder einmal eine Diskussion über meine Ernährung losging. An meiner Ernährung hatte eigentlich keiner etwas auszusetzen. Wohl aber an der Tatsache, dass ich auf jegliche Zusatzernährung verzichtete.

Alles, was ich über eine ausgewogene Ernährung zu mir nehmen konnte, war für mich mehr als ausreichend. Flüssigkeit nahm ich in Form von Wasser oder Johannisbeersaft zu mir. Isotonische Getränke jeglicher Art – ausgenommen Bier – verweigerte ich ebenso wie Vitamine oder Spurenelemente aller Art, die unter dem Schlagwort Zusatzernährung laufen. Ich hatte meinen eigenen Zugang zu dem Thema und war der Überzeugung, dass alles ausreichend in unseren Lebensmitteln enthalten sei. Das, was mein Körper braucht, holt er sich aus dem Essen, das ich ihm sehr gewissenhaft zuführe. Und da er den Rest nicht braucht, kann er ihn auch nicht aufnehmen und verwerten. Sensibel mit der Auswahl der Speisen umzugehen ist natürlich Grundvoraussetzung für mein Unterfangen. Als Sportler sollte das aber Teil des Ganzen sein. Gespräche, die man mit mir an diesem Weltcupwochenende führen wollte, erstickte ich im Keim. Vor allem Toni Innauer äußerte mir gegenüber sein Bedürfnis, sich mit mir über diese Thematik näher zu unterhalten. Es kam aber nicht dazu. Ich sagte ihm lediglich, dass ich mit meinem Zugang schon oft genug der Schnellste gewesen sei und sich an dem – und an meinem Zugang – auch nichts ändern würde. Und sollte ich irgendwann einmal das Gefühl haben, mit meinem Einsatz und meinem Willen nicht mehr der Schnellste sein zu können, dann würde ich eher meine Karriere beenden als meine Ernährungsgewohnheiten umstellen.
Es ging in diesem Zusammenhang immer um stinknormale Zusatzernährungspräparate, die bei höherer körperlicher Belastung auch immer von allen Seiten intensiv empfohlen werden. Diesen Wirtschaftszweig gedenke ich aber auch in Zukunft nicht zu unterstützen.

Auch am nächsten Tag beim Sprintwettkampf war ich nicht sonderlich gut. Und die Tatsache, dass der Wettkampfsprung, der eigentlich für den Vortag angesetzt war, erst am nächsten Tag abgehalten werden konnte, trug noch das ihrige dazu bei. Der Probedurchgang fiel somit aus, und nachdem ich mich ja für den Wettkampfsprung des ersten Wettkampfes mit meiner Aufgabe nicht qualifiziert hatte, hatte ich nur einen Sprung, der gleichzeitig auch mein Wettkampf-

sprung war. Den verhaute ich und so wurde ich an diesem Tag abgeschlagener 22.
Meine Überzeugung, noch auf dem richtigen Weg zu sein, war zu dem Zeitpunkt sehr bescheiden, um es positiv auszudrücken. Selbstzweifel standen vor meiner Tür Schlange und warteten darauf, von mir hereingelassen zu werden. Es lag an mir, sie herein zu bitten oder aber zu verabschieden.
Martin Terzer, gemeinsam mit Stefan Recheis Geschäftsführer des Teigwarenherstellers Recheis, war es, der mir durch eine kurze aber treffende Meldung Mut machte. Er war an diesem Wochenende gekommen, um sich die Weltcupbewerbe anzusehen und uns moralisch zu unterstützen. Recheis war zu dieser Zeit unser Kopfsponsor und demnach wäre es natürlich ganz gut gewesen, sich an diesem Wochenende auch sportlich dementsprechend in Szene zu setzen. Davon war ich jedoch weit entfernt. Unmittelbar vor dem Start konnte ich mit Martin, mit dem mich ein sehr freundschaftliches Verhältnis verbindet, noch ein paar Worte wechseln. Er glaubte zu diesem Zeitpunkt mehr an mich, als ich das selbst tat, und das ist für einen Spitzensportler mehr oder weniger ein Armutszeugnis – eher mehr. Kurz vor dem Start schrie er mir noch zu, dass meine Zeit eben erst im Februar kommen würde. Ich dachte mir, dein Wort in Gottwalds Ohr.
Das Weltcupwochenende ging vorüber und ich trainierte fleißig weiter. Die Weihnachtsfeiertage nützte ich vor allem dazu, um an meiner immer noch bescheidenen Sprungform zu feilen. Der Weltcup in Oberhof (GER) stand vor dem Jahreswechsel noch auf dem Programm. Ein Ort, an dem es mir bis dato immer gelang, gute Resultate abzuliefern, und darauf hoffte ich auch diesmal. Das erhoffte Erfolgserlebnis blieb aber aus und dementsprechend niedergeschlagen war ich. Ich beendete den Wettkampf an der 21. Stelle und fragte mich, ob ich für solche Resultate wirklich so viel trainieren hätte müssen. Die Tatsache, im Springen meilenweit von der Weltspitze entfernt zu sein, beunruhigte mich erheblich. Ich handelte mir Rückstände für das Laufen ein, die ich auch mit einem sensationellen

Rennen nicht mehr aufholen konnte. Ich kann mich noch gut daran erinnern, als ich nach meinem zweiten Wertungsdurchgang im Container gesessen bin und mitverfolgt habe, wie ein junger Finne 147 Meter weit geflogen ist. Das waren exakt 33,5 Meter weiter als ich gehüpft bin. Ich stellte mir daraufhin sogar einmal kurz die Frage, ob ich etwa schon vergessen hätte aufzuhören. Eine Art von Selbstgespräch, das ich in dieser Form von mir nicht kannte. Es stand also nicht gut um mich und die Chance, mein gestecktes Ziel zu verwirklichen. Davon war ich zu diesem Zeitpunkt wirklich weit weg. Es waren natürlich nicht die ersten Steine, die ich aus meinem Weg räumen musste oder besser gesagt räumen durfte. Nein, immer wieder stand ich vor scheinbar unüberwindbaren Brocken. Das war im Schigymnasium in Stams nicht anders.

## Nur die Harten kommen durch

Ich begann erst mit 13 Jahren mit dem Skispringen, nachdem ich als kleiner Bub geradezu verkrampft nach einer Sportart suchte, in der ich mich ausleben konnte. Meine Zukunft sollte eigentlich anders aussehen. Mein Papa war Besitzer einer Autowerkstatt, die selbstverständlich der Sohnemann einmal hätte übernehmen sollen. Ich erlebte von klein an, was hinter so einem Betrieb steckt. Abgesehen von dem doch sehr schwierigen Geschäft, hörte die Arbeit auch am Wochenende nicht auf. Es war nicht selten der Fall, dass an einem Sonntag das Telefon klingelte und ein Kunde mit seinem Auto irgendwo abgeschleppt werden musste. In so einem Fall wurde das Fußballspiel im Garten abgebrochen und auf nächstes Wochenende verschoben. Aber das nächste Wochenende würde genauso gefährdet sein wie dieses.
Irgendwann begann ich also in Saalfelden am Steinernen Meer mit dem Skispringen und entschied, nachdem mir mein damaliger Turnprofessor Ernst Wieshofer die Nordische Kombination nahegelegt hatte, mich ein Jahr später für die Aufnahmeprüfung in Stams anzu-

melden. Ich bereitete mich damals schon sehr gezielt auf diese sportliche Aufnahmeprüfung vor. Ich war mir natürlich darüber im Klaren, dass ich nicht wegen meiner Sprungkünste aufgenommen werden würde. Somit hatte ich nur die Chance, in allen anderen Bereichen zu überzeugen. Die unterschiedlichsten sportmotorischen Tests und ein 1500-Meter-Lauf standen auf dem Programm. Letzterer war meine Stärke und auf diesen Test trainierte ich auch schon damals sehr gewissenhaft hin. Es verging kein Tag, an dem ich nicht laufen gegangen bin. Es war mir damals egal, wie lang und wie schnell ich lief. Hauptsache ich war danach ordentlich müde und wusste, dass ich trainiert hatte. Ich war bei der Aufnahmeprüfung wie erwartet sehr schlecht auf der Schanze, beim Rest jedoch konnte ich überzeugen. Beim abschließenden 1500-Meter-Lauf fiel ich schon vorher auf: Zum einen, weil ich mit Abstand der Kleinste war – das Größte an mir waren meine Kniescheiben –, und zum anderen aufgrund meiner pinkfarbenen Stretchhose. Diese Radhosen ohne Einsatz kamen damals gerade in Mode, und ich war richtig stolz, dass ich auch so eine hatte. Leider gab es für meine Oberschenkelchen noch keine Größe, die dem Ausdruck „stretch" auch gerecht geworden wären. Jedenfalls lief ich mit pink-flatternder Stretchhose um mein Leben. Zu Beginn hielt ich mich etwas zurück, arbeitete mich aber mit Fortdauer des Rennens immer weiter vor. Eingangs der letzten Runde kristallisierte sich eine Spitzengruppe heraus, in der auch ich in voller Größe vertreten war. Christoph Eugen, mindestens einen Kopf größer als ich und mit dem doppelten Wadenumfang ausgestattet, lief unmittelbar vor mir. Als es in die letzten 150 Meter ging, setzte ich noch einmal zu einem Überholmanöver an und lief an ihm vorbei. Das rief bei Gilo, wie er mir später noch öfters erzählen sollte, große Verwunderung hervor. Ich wurde bei diesem Rennen hinter dem Schweizer Urs Kunz Zweiter. Er war um zwei Jahre älter als ich und wurde deswegen für eine Aufnahme nicht berücksichtigt. Unsere Wege sollten sich aber später im Weltcup wieder kreuzen. Ich wurde zum Glück aufgenommen. Ungeduldig rief ich damals in den Pausen von der Telefonzelle fast täglich aus der HIB–Saalfelden (Höhere Internatsschule des Bundes) bei uns im Geschäft an und fragte, ob den schon eine Nachricht vom Schigymnasium gekommen sei. Irgendwann kam dann die erlösende Nachricht, dass ich die Aufnahmeprüfung bestanden hatte. Ich war überglücklich und erreichte das erste Mal in meinem Leben das, was ich auch unbedingt erreichen wollte. Ich freute mich sehr und hatte auch das Gefühl, dass sich meine Eltern sehr für mich freuten, obwohl ihnen durch diesen Aufnahmebescheid der Nachfolger für die Autowerkstätte abhanden gekommen war. Meine um zwei Jahre ältere Schwester Eva machte nämlich auch keine Anstalten, sich dem elterlichen Betrieb widmen zu wollen. Das Schigymnasium war bekannt dafür, sehr hohe Anforderungen zu stellen. Man wusste, dass es schwierig ist, dort unterzukommen und wenn man erst einmal drin war, war es noch einmal etwas anderes, dort auch zu bestehen. Ich war mir damals schon sicher, dass ich, wenn ich die Chance bekommen sollte, nach Stams gehen zu dürfen, mich dort auch durchsetzen würde. Natürlich musste ich sportlich sehr viel aufholen, gerade beim Skispringen war ich ja im Vergleich zu den anderen noch ein kompletter Anfänger. Ich war aber bereit dafür zu arbeiten, und es war mir auch klar, dass ich für erste Erfolge ausreichend Geduld mitbringen musste. Zuhause wurde ich immer wieder gefragt, wie es mir denn gehe und ob ich ein gutes Gefühl bei der Sache hätte. Diese Fragen beantwortete ich stets mit ja und wies immer wieder daraufhin, dass ich eben Zeit brauchen würde, um mich entwickeln zu können.

Eines Tages war Elternsprechtag in Stams. Natürlich war ich nicht gerade ein guter Schüler, aber deshalb war ich ja auch nicht in Stams. Ich wollte nicht gut in der Schule sein, ich wollte ein guter Sportler werden. Ich lernte gerade soviel wie nötig, und es kam auch öfters vor, dass es sich am Ende nicht immer für eine positive Note ausging. Für mich war das kein Problem, weil ich wusste, dass, wenn der Hut brennt, ich eben dementsprechend mehr Zeit ins Lernen investieren muss. Nachdem meine Eltern weitgehend alle Lehrer durchhatten, warteten sie noch auf das Gespräch mit meinem Trainer und Erzieher. Dieses Gespräch dauerte überraschend lange. Nachdem sie end-

lich wieder da waren, fragte ich sie gleich, was denn ihr Resümee sei und ob es sich denn überhaupt ausgezahlt habe, den weiten Weg von Zell am See nach Stams in Angriff genommen zu haben. Überrascht zeigten sie sich nur von den Aussagen des Trainers, der ihnen klipp und klar mitteilte, dass ich weder schulisch noch sportlich gut wäre und er sich nicht sicher sei, ob das Ganze überhaupt einen Sinn habe. Daraufhin fragten mich meine Eltern natürlich, wie ich die Sache sehen würde und was denn nun wahr sei. Ich berichtete ja Wochenende für Wochenende, dass alles in Ordnung sei. Jetzt auf einmal sagt ihnen jedoch meine Hauptbezugsperson, der Trainer und Erzieher, dass ich einfach nur schlecht sei. Ich war selbst überrascht und fragte spontan meine Eltern, wem sie denn mehr glauben würden – meinem Trainer oder mir? Es brauchte gar keine Antwort, und ich weiß bis heute nicht, was mein damaliger Trainer damit bezwecken wollte. Ich empfand sein Vorgehen damals jedenfalls nicht gerade als zusätzliche Motivation, zumal man in diesem Alter von der Unterstützung der Eltern abhängig ist. Hätten mir meine Eltern damals nicht geglaubt, meine Zeit in Stams wäre schon wieder zu Ende gewesen, bevor sie überhaupt richtig begonnen hatte. Ich ließ mich zum Glück nicht von meinem eingeschlagenen Weg abbringen und trainierte sehr fleißig weiter.
Erst später fiel mir auf, dass mich dieser – wie soll man sagen – Vorfall mit meinem damaligen Trainer in Stams auch geprägt hatte. Ich lernte mehr als andere mich durchzusetzen und kam zum Glück nie in den Genuss, dass mir etwas geschenkt wurde.
Ich lernte an mich zu glauben. Daran zu glauben, meine Ziele im Leben zu erreichen.

## „Wer soll dir vertrauen, wenn du dir selbst nicht vertraust?“

Ich belegte den 21. Platz beim Weltcup in Oberhof. Das war der letzte Wettkampf des Jahres 2005. 2006 sollte das Jahr sein, in dem ich mein großes Ziel realisieren wollte. Von diesem Ziel war ich Ende des Jahres 2005 sehr weit weg. Ich hatte wieder einmal viele Steine aus meinem persönlichen Weg zu räumen. Es bringt nichts, den Kopf in den Sand zu stecken. Irgendwo in mir gab es einen Ort, der mir die Gewissheit gab, dass ich es kann. Ich zeigte beispielsweise im Probedurchgang einen passablen Sprung. Mit dieser Weite im Wettkampf hätte ich in Verbindung mit einem sehr guten Rennen alle Chancen gehabt.

Mein Problem war, dass ich im Wettkampf besser sein wollte, als es meine damalige Form zuließ. Das blockierte und hinderte mich schließlich daran, mein so dringend benötigtes Selbstvertrauen aufzupolieren.

Im Sport zählt eben nur die Leistung, die man im Wettkampf bringt, und genau daran scheiterte ich in der letzten Zeit.

Ich packte meine Sachen und verstaute sie bei Jacky im Auto. Die Skisäcke wurden im Materialbus verladen, so hatten wir im Pkw genug Platz.

Ich spielte den Beifahrer. Die Zeit, die wir im Auto verbrachten, nützten wir gewöhnlich zum Reden. Es war keine Seltenheit, dass bei uns im Auto stundenlang kein Radio eingeschaltet wurde. Abgesehen von der einen oder anderen Staumeldung versäumten wir nur Negativmeldungen in den Nachrichten. Und wir schafften es immer wieder, dass lange Autofahrten wie im Zeitraffer vergingen. Einmal redeten wir über diese Thematik und wollten wissen, wie viel Zeit wir übers Jahr gesehen im Auto verbringen würden. Wir rechneten mit 70.000 gefahrenen Kilometern, bei einer durchschnittlichen Geschwindigkeit von 70 km/h. Eine ordentliche Strecke, allfällige Flug- und Busstunden im Ausland gar nicht eingerechnet. Das bedeutet, wir saßen 41 Tage im Jahr rund um die Uhr im Auto. Anfangs glaubten wir, uns verrechnet zu haben, aber es änderte sich auch bei wiederholtem Durchrechnen nichts. Das heißt: wollten wir unser Jahrespensum an einem Stück absitzen, so hätten wir am 1. Jänner ein- und am 10. Februar aus dem Auto wieder aussteigen müssen. 41 Tage, die es ebenfalls sinnvoll zu nützen galt. Mit tiefsinnigen

Gesprächen, mit Witzen ohne Ende oder auch schlafend, versuchten wir uns die Zeit zu verkürzen. Dabei immer wieder sicher am Ziel anzukommen, ließ uns stets dankbar und demütig sein.
Wir verließen also Oberhof in Richtung Heimat und bedankten uns vor der Abreise – so wie wir das immer taten – für das Erlebte. Und das fiel mir – klarerweise – diesmal gar nicht so leicht. Ist es doch immer schwerer aus negativen Erlebnissen das Positive herauszukitzeln als umgekehrt.
Wir vertieften uns in philosophische Gespräche und versuchten den Wettkampf auf unsere ganz persönliche Art aufzuarbeiten.
Ich konnte mit Jacky über alles sprechen, und ich stellte die Frage in den Raum – besser gesagt ins Auto – wie es denn möglich sei, dass bei mir momentan aber auch schon gar nichts leicht von der Hand gehe.

Nach einer kurzen Pause fragte mich Jacky: „Wer soll dir vertrauen, wenn du dir selbst nicht vertraust?"
Ein Satz, den ich wohl ein Leben lang nicht mehr vergessen werde. Niemand auf der Welt hätte mir zu diesem Zeitpunkt eine bessere und ehrlichere Antwort geben können. Ich hatte Gänsehaut am ganzen Körper und genoss dieses Gefühl. Es war, als ob ich auf diesen Satz oder diese Erkenntnis schon die ganze Zeit gewartet hätte. Ich spürte, dass wir die Ursache meiner Formkrise aufgespürt hatten.
Der Sport und die damit verbundenen Ziele waren eben mein Leben. Ich sah meine Ziele schon davonschwimmen, ehe sie mit dieser Aussage für mich wieder greifbar wurden.
Für mich als Sportler ist es natürlich bitter, wenn ich über den Sommer tagtäglich versuche, mich sportlich weiterzuentwickeln und dann im Winter feststellen muss, dass mir das zwar bedingt gelungen ist, der Beweis dafür – sprich das Resultat – aber ausbleibt. Gerade in solchen Situationen war es für mich immer sehr hilfreich, mir wieder bewusst zu sein, wie gut es mir und meinem Umfeld geht. Ich bemühte mich die Wertigkeiten des Lebens über den Sport hinaus zu sehen. Dabei das zu schätzen, was man hat und nicht über Sachen zu

jammern, die man nicht oder gerade nicht hat. Darum ist es auch immer wichtig, eine „banale Formkrise“ nicht überzubewerten. Auf der anderen Seite behielt ich mir mit diesem Zugang auch die notwendige Zuversicht und schöpfte daraus Kraft, meinen Weg mit aller Konsequenz weiterzuverfolgen. Das alles macht aber nur dann Sinn, wenn eben das Vertrauen in uns selbst grenzenlos ist. Ich hatte mein Vertrauen gerade wieder neu entdeckt.

Die restliche Autofahrt versuchte ich mich zu entspannen, mich zu spüren und das eben Angesprochene zu verarbeiten.

Im Sport hört man ja viel vom berühmten Selbstvertrauen, von mentaler Stärke, man hört viel vom Willen und dass jemand eben stark im Kopf sei. Was es jedoch wirklich damit auf sich hat, auf das wird nur sehr selten eingegangen. Meist endet die Diskussion über Selbstvertrauen und Sport auf dem Niveau von: Der eine hat einfach ein unglaubliches Selbstvertrauen und gewinnt ein Rennen nach dem anderen; der andere hat eben kein Selbstvertrauen und dementsprechend erfolglos agiert er auch.

Um mir den Zugang zu meinem Selbstvertrauen zu erleichtern oder neu zu finden, entdeckte ich in einem sehr interessanten Buch eine neue Schreibweise: SICH–SELBST-VERTRAUEN. Mit dieser Schreibweise konnte ich etwas anfangen. Sie machte mir klar, um was es beim Thema Selbst-Vertrauen wirklich geht.

Darüber hinaus wurde mir bewusst, dass mir nur Vertrauen entgegengebracht werden kann, wenn ich mir selbst vertraue.

So einfach war mein neuer Zugang zum Thema: Sich-Selbst-Vertrauen. Während ich mich entspannte, empfand ich dabei seit langem wieder einmal das Gefühl der inneren Ruhe. Und es dauerte auch nicht lange, und ich war eingeschlafen. Spätabends in Salzburg/Rif, unserem altbewährten Trainingsstützpunkt und Dienststelle des Bundesheeres, angekommen, wachte ich auf. Bevor ich ausstieg und mein Gepäck in mein Auto umladen wollte, bedankte ich mich bei Jacky und sagte ihm, dass er mir sehr weitergeholfen habe. Nach einer kurzen Pause sagte ich noch, dass mir nicht übertrieben viele Fahrfehler aufgefallen seien, eine Art Running-Gag von

uns, der immer dann herhalten musste, wenn einer – so wie ich gerade – seinen Pflichten als Beifahrer nicht wirklich nachgekommen war.
Wir wünschten einander noch einen guten Rutsch, der ja schon am nächsten Tag anstand, und fuhren dann die verbleibende Strecke getrennt nach Hause. Er nach Goldegg im Pongau und ich nach Ramsau am Dachstein.
Nach einer sehr ruhigen und erholsamen Silvesternacht und einem lockeren Trainingstag zu Neujahr reiste ich sozusagen mit neu definiertem Selbstvertrauen zum Weltcup nach Ruhpolding (GER).

## Teile des olympischen Puzzles

Ich konnte dort endlich im Wettkampfsprung genau das umsetzen, was ich auch schon im offiziellen Training zusammenbrachte. Es war zwar kein überragender Sprung, ich war aber dennoch zufrieden. Ich belegte den 19. Platz nach dem Springen und war 59 Sekunden hinter dem Erstplatzierten. Ein Rückstand, der mich zuversichtlich stimmte, wusste ich doch, dass eine sehr selektive Strecke auf uns Athleten wartete. Ich begann das Langlaufen sehr geduldig und verstand es gut mein Tempo mit Fortdauer des Rennens zu steigern. Ich machte Sekunde um Sekunde gut und eingangs der letzten Runde sah ich sogar den zu diesem Zeitpunkt führenden Manninen näher kommen. Er hatte anscheinend schon schwer zu kämpfen und das nützte ich, um ihn im letzten schweren Anstieg zu attackieren. Ob er mir folgen konnte oder nicht interessierte mich zu diesem Zeitpunkt nicht. Ich war fest entschlossen, meine Attacke bis über die Ziellinie hinaus durchzuziehen. Ich war derart von mir überzeugt, dass ich sogar darauf verzichtete, in der folgenden Abfahrt aus der Hocke durch meine Beine hindurchzuschauen, um zu sehen, wie weit Manninen und die restlichen Verfolger schon hinter mir waren. Sich in einem Rennen umzudrehen, ist sowieso nie angebracht. Eine alte Wettkampfweisheit.

Ich gewann dieses Rennen mit überlegener Laufbestzeit und feierte vor meinem Dauerrivalen Ronny Ackermann meinen 18. von insgesamt 20 Weltcupsiegen. Hannu Manninen zeigte in diesem Rennen das erste Mal in dieser Saison eine kleine Schwäche und belegte den fünften Platz.

Von diesem Zeitpunkt an hatte ich erneut die Gewissheit, auf dem richtigen Dampfer zu sein. Ich wusste, dass mein Weg der richtige war und dementsprechend stellte ich den Weltcup wieder hinten an. Es zählten nur mehr die Wettkämpfe der Olympischen Spiele in Turin; ich erhöhte neuerlich Umfang und Intensität meines Trainings und legte zudem großen Wert auf den Vorbereitungskurs in St. Moritz (SUI), das ja ähnlich wie Pragelato bzw. Sestriere auf ca. 1800 Meter über dem Meeresspiegel liegt. Unsere Mannschaft verbrachte knapp zehn Tage in St. Moritz, in denen wir nochmals eine ausgezeichnete Basis schaffen konnten. Ich war eigentlich kein Athlet, dem höher gelegene Strecken zugute kamen. Vor allem dann, wenn ich sehr kurzfristig zu den Wettkämpfen anreiste oder eben zuvor nicht ausreichend Trainingsreize in der Höhe setzen konnte, tat ich mir bei Rennen in größerer Höhenlage immer etwas schwerer. Genau deshalb waren wir hierher gekommen. Mir wurde mit jedem Trainingstag klarer, dass ich beginne, mich mit den gestellten Anforderungen zu verbinden. Nach dem Trainingsblock in der Schweiz reisten wir direkt zum Weltcup nach Seefeld weiter. Es war unsere zweite Station in Österreich und gleichzeitig auch die Generalprobe vor den Olympischen Spielen.

Ich nützte die Gelegenheit meine Langlaufform ein letztes Mal unter Wettkampfbedingungen zu überprüfen und war mit dem Ergebnis sehr zufrieden. Ich lief im Sprint über die 7,5 Kilometer die zweite Zeit und über 15 Kilometer war ich der Schnellste. Das schlug sich mit den Plätzen sieben im Sprintbewerb und vier im Gundersen-Bewerb in der Ergebnisliste nieder. Dass ein vierter Platz in knapp zwei Wochen bei den Olympischen Spielen in Turin mit keiner Medaille belohnt werden würde, tangierte mich zu diesem Zeitpunkt nicht wirklich. Im Gegenteil: Ich war froh, dass Christoph Bieler den

guten dritten Platz belegte und so die Kohlen für unsere Mannschaft noch aus dem Feuer holte. Dadurch kam ein weiterer österreichischer Athlet in die engere Auswahl für eine Einzelmedaille in Turin. Für mich änderte sich dadurch an meiner Zielsetzung nichts. Die Erwartungshaltung der Öffentlichkeit wurde aber zumindest um eine Nuance breiter gestreut, was mir wiederum mehr Ruhe in den letzten so wichtigen Tagen vor den Spielen verschaffte.
Ich reiste ab, fuhr von Seefeld nach Ramsau und verbrachte eine Nacht zuhause bei Alexandra in unserer gemeinsamen Wohnung. Schon am nächsten Tag übersiedelte ich alleine auf die Türlwandhütte am Fuße des Dachsteinmassivs. Ich hatte das Gefühl, weiterhin in der Höhe schlafen zu wollen und verbrachte demzufolge noch vier Nächte in der Höhe. Für die Ausdauereinheiten fuhr ich nach Filzmoos, um mir dort auf der immer bestens präparierten Höhenloipe den letzten Feinschliff zu verpassen. Sowohl das Hotel als auch die Loipe liegen zwischen 1700 und 1800 Metern über dem Meeresspiegel. Sie eigneten sich somit optimal, dass ich mich auch weiterhin akribisch auf meine kommenden Aufgaben vorbereiten konnte. Die letzte Sprungeinheit vor der Anreise zu den Olympischen Spielen machten wir in Ruhpolding – ein Ort, an den ich sowieso nur gute Erinnerungen hatte. Ich machte fünf Sprünge, mit denen ich allesamt mehr als zufrieden war. Ich begann in mir eine Leichtigkeit zu spüren, ein Gefühl, von dem jeder Skispringer träumt, weil man erst über dieses Gefühl wirklich befreit drauflos springen kann. Weniger Sprünge waren für mich zu diesem Zeitpunkt mehr und so beließ ich es bei fünf guten Versuchen. Normalerweise war ich immer derjenige, der im Training den einen oder anderen Sprung mehr machte. Diesmal war es aber anders. Während einige aus unserem Team noch die unterschiedlichsten Neuerungen testeten, um am Ende doch wieder nicht genau zu wissen, was nun das beste Gesamtpaket ist, vertraute ich auf mein altbewährtes Material und packte meine Sachen zusammen. Nachdem ich Zeit hatte, den Rest unserer Truppe etwas zu beobachten, konnte ich doch eine gewisse Nervosität oder Unsicherheit bei dem einen oder anderen erkennen. Ich war in diesem

Moment lediglich froh und wohl auch ein wenig stolz darauf, dass ich mich von dem ganzen Theater rund um neue Sprungski und Sprunganzüge nicht anstecken ließ.
Daraufhin fuhr ich wieder nach Ramsau zurück, um mich dort in mein Zimmer auf die Türlwandhütte zurückzuziehen und die gute Ramsauer Höhenluft einzuatmen.

## Rituale oder einfaches Aufwärmen?

Die Luft in den Wachscontainern im Sprungstadion in Pragelato war mit der am Fuße des Dachsteins nicht zu vergleichen. Trotzdem wollte ich die verbleibenden Minuten dazu nützen, um mich mit der Service-Crew zu unterhalten.
Der Schmäh lief unter der heutigen allgemeinen Anspannung zwar nicht wie gewohnt, wir hatten es aber trotzdem ganz lustig. Ich blieb nicht lange, auch deshalb, weil sie noch eine Menge Arbeit vor sich hatten. Ich überprüfte kurz meine Sprungbindung und kontrollierte die Länge meines Fersenbandes, welches für den Abstand der Ski zum Körper sorgt. Dann stellte ich meine Standardfrage: „Ihr habt eh alles im Griff?“ Ich brauchte erst gar nicht die Antwort abzuwarten, kam für mich doch sowieso nur ein eindeutiges Ja in Frage.
Ich verließ den Raum, hängte mein Übergewand in unseren Container und machte mich auf den Weg zum Aufwärmen.
Ich freute mich darauf, ich war regelrecht heiß, dass es nun endlich losging.
Das Aufwärmen ist ein ganz wichtiger Teil der unmittelbaren Wettkampfvorbereitung. Als kleiner Bub dachte ich, dass das Aufwärmen ausschließlich den Zweck haben würde, das Verletzungsrisiko im Fall eines Sturzes zu verringern.
Im Laufe der Zeit wurde mir aber klar, dass man nur mit einem optimal aufgewärmten Körper und natürlich auch mit einem beweglichen und geschmeidigen Geist sein Leistungspotenzial optimal ausschöpfen kann.

Ich begann dieses Ritual immer mit lockerem Laufen über zehn bis 15 Minuten. Anfangs ganz langsam, nach fünf, sechs Minuten war ich schon etwas zügiger unterwegs. Nach dem Einlaufen machte ich einige Lockerungs- und Dehnungsübungen. Die Kunst dabei ist, weder zu lange noch zu intensiv zu dehnen. Der Muskeltonus sollte einerseits beibehalten werden, andererseits sollte die Muskulatur aber auch elastisch genug sein, um problemlos die optimale Anfahrtsposition einnehmen zu können. Das war für meinen Sprung Grundvoraussetzung. Anschließend machte ich noch ein paar Übungen, die ich in die Kategorie Energie- und Organübungen einordne. Übungen, die ich gemeinsam mit Martin Weber zusammengebastelt habe und die gezielt die einzelnen Organe stärken oder „öffnen“ sollten. Dabei handelte es sich um teilweise etwas unorthodox aussehende Übungen, deren Aufmerksamkeit klar auf Atmung und Vorstellung ausgerichtet war. Die Auswahl der Übungen machte ich von meiner Gefühlsebene abhängig. Ich bin der Meinung, dass es zwar viele Übungen zum Stärken und Dehnen unserer Muskeln, Sehnen und Bänder gibt, aber keine, die die Aufmerksamkeit bewusst auf unsere Organe lenken. Bei mir wurde jedenfalls auch jedes Organ mit in mein Aufwärmritual einbezogen. Im Anschluss machte ich noch verschiedenste Sprünge, die allesamt meine Muskelschleifen aktivieren und sich so auf die kommenden Anforderungen rüsten sollten. Für Umfang und Intensität hatte ich kein Patentrezept, war doch auch mein muskulärer Zustand nie der gleiche. Imitationssprünge, sozusagen Sprünge aus dem Trockenen, bei denen man den Absprung vom Schanzentisch und den Übergang in die erste Flugphase des Sprungs simuliert, machte ich nur noch ohne Fänger, weil ich so ein besseres Feeling aufbauen konnte. Mit einem Fänger würde bedeuten, dass ich unmittelbar nach dem Absprung von den Händen eines Betreuers gefangen werden würde. Der Zweck der Übung bleibt der gleiche, das Gefühl des jeweiligen Athleten entscheidet, für welche Form der Imitationssprünge er sich entscheidet. Ich verzichtete also in meinen Imitationssprüngen weitgehend auf die Unterstützung eines Fängers und somit auf ein künstliches Fluggefühl.

Bei mir dauerte es meist eine gute halbe Stunde, bis ich richtig aufgewärmt war. Am Ende war ich jedenfalls komplett verschwitzt und es war an der Zeit, mich umzuziehen. Ich zog mir gleich meine Sprungsachen an. Ein interessantes Teil meiner Ausrüstung waren meine Zeheneinlagen. Ich legte sie nicht, wie man das gewöhnlich tut, unter die Fußsohlen, sondern ich positionierte sie über meinen Zehen. Sie reichten bis zum Anfang des Ristes und waren eigens dafür ausgegossen und angepasst worden. Ich fixierte sie nur mit meinen Sprungsocken. Für diese Prozedur brauchte ich immer recht lange, weil das Teil einfach optimal sitzen musste. Durch dieses Hilfsmittel wurde der Raum zwischen Zehenoberkante und Schuhunterkante verringert und somit die Kraftübertragung optimiert. Es sind eben viele Kleinigkeiten, die man sich über Jahre zusammenträgt, um so sein Paket zu optimieren. Bei diesem Spiel ging es immer nur darum, sich in Summe ein Paket zu schnüren, das für die persönlichen Voraussetzungen optimal zugeschnitten ist. Jedes Teil musste perfekt sitzen, bevor der Sprunganzug angezogen wurde. Helm, Brille, Handschuhe, Startnummer und die Keile, die wiederum erst kurz vor dem Sprung in den Schuh kamen, lagen schon bereit. Bevor ich mich auf den Weg zum Probedurchgang machte, musste ich mir noch meine Sprungski holen. Sie waren schon fix und fertig präpariert und mit einem Klebeband und einem feinen Papier zwischen den Belägen fein säuberlich zusammengebunden.
Der Probedurchgang konnte kommen.

## Ein Sprung zum Probieren

Ich benutzte den Probedurchgang in erster Linie dazu, die überflüssige Nervosität abzubauen. Ich war beim Probedurchgang oft aufgeregter als bei den Wettkampfdurchgängen. Eine Tatsache, die ich immer als sehr positiv empfand. Darum kam es bei mir auch selten vor, dass ich auf den Probedurchgang verzichtete. Weiters war es natürlich sehr wichtig, sich auf die unterschiedlichsten Verhältnisse einzustellen. Der Wind war dabei ein ganz entscheidender Faktor, bleibt doch der Sprung bei Aufwind und Rückenwind eigentlich der gleiche. Die Rückmeldung, also das tragende Gefühl, das man als Springer bekommt, ist jedoch wie Tag und Nacht. Es ging mir darum, die Möglichkeit, mein Gefühl ein letztes Mal zu eichen, so gut wie möglich zu nutzen.

Ich machte mich auf den Weg, um auch rechtzeitig am Anlaufturm zu sein. Die letzten Minuten vor einem Sprung sah ich immer als Möglichkeit mit den unterschiedlichsten Zuständen des Selbst umgehen zu lernen. Ich empfinde es als das ABC eines jeden Menschen und insbesondere eines jeden Sportlers, sich einer Situation entsprechend in einen Zustand versetzen zu können, von dem man ausgehen kann, dass dieser Zustand einen in der jeweiligen Situation positiv unterstützt. Damit werden wir in unserem Leben tagtäglich konfrontiert und folglich haben wir auch jeden Tag unzählige Möglichkeiten in diesem Bereich dazuzulernen.

Vor allem mit Hilfe von Situationen, von denen man ohnehin schon weiß, dass sie einem alles abverlangen werden oder im Zuge der Interaktion mit Menschen, die es immer wieder schaffen, einen aus der Reserve zu locken, kann man sich enorm weiterentwickeln und folglich auch massiv davon profitieren.

In solchen Situationen hilft mir immer sehr, mir darüber im Klaren zu sein, dass ich das zurückbekomme, was ich in dem jeweils heiklen Moment ausstrahle. So wie ich in den Wald hineinschreie, so hallt es auch retour. Oftmals ist diese Tatsache richtig ernüchternd und teilweise sogar erschreckend, aber es ist eben ein sehr ehrlicher und effektiver Zugang.

Jeder von uns kennt Menschen, die es immer wieder schaffen, uns zu provozieren und in weiterer Folge zu verärgern. Da ich aber an Streit nicht im Geringsten interessiert bin, solche Situationen aber im Normalfall immer zu aggressivem Verhalten führen, ziehe ich mich instinktiv zurück und lasse erst einmal die Zeit für mich arbeiten. Wenn man sich aber genau in dem Moment, in dem ein

Streit auszubrechen droht, darüber im Klaren ist, dass man genau diese Situation von langer Hand selbst kreiert hat, fällt die Energie, die man im Laufe der hitzigen Situation aufgebaut hat, sofort in sich zusammen. Überschäumenden Emotionen derart nüchtern entgegenzutreten, bedarf aber viel Übung und vor allem Eigenkontrolle. Das heißt aber nicht, dass man den Groll einfach hinunterschlucken soll, es geht vielmehr darum, den Ärger gut zu verdauen oder erst gar nicht in sich wirken zu lassen. Allein diese Erkenntnis reicht schon aus, damit ein Konflikt keine zusätzliche Nahrung findet, sich weiter zu entwickeln. Natürlich ist klar: Es gibt ungünstige Konstellationen, die zwangsläufig in einen Konflikt führen. Es gibt aber auch Momente, in denen man gar nicht mit einem Konflikt rechnet und darüber hinaus auch noch von einem Menschen enttäuscht wird, den man sehr gern hat. Ist man jedoch bereit Ursachenforschung bei sich selbst zu betreiben, wird man auch in solchen Situationen feststellen, dass man auch diese unangenehme Situation schon irgendwie hat kommen sehen. Hat man das erst einmal erkannt, entspannt sich die Situation von ganz allein.

Und das Schöne an der Sache ist, dass es im umgekehrten, also im positiven Sinn, genau gleich funktioniert: Geben wir Liebe, werden wir Liebe ernten. Das Höchste, was wir bekommen können. Die Liebe beginnt bei einem Selbst. Würde sich jeder auf dieser Welt selbst lieben, gäbe es wohl keine Kriege. Leider ist es aber so, dass wir Menschen dazu neigen, immer das haben zu wollen, das wir gerade nicht haben. Viel wichtiger wäre es aber, das zu schätzen, was gerade ist. Ist man krank, kommen viele Menschen erst drauf, wie wertvoll die Gesundheit ist.

Man sollte die Dinge schätzen, wenn man sie hat, und nicht erst dann, wenn man sie nicht mehr hat. Es geht darum jetzt zu leben und den aktuellen Augenblick so anzunehmen, wie er ist. Gelingt uns das, schenken wir dem Gegenwärtigen jene Aufmerksamkeit, die es verdient und wir befinden uns gedanklich in der einzigen Zeit, die wir auch im Stande sind zu leben – der Gegenwart.

## Von nun an geht's bergauf

Meine Gegenwart führt mich gerade den Weg entlang zum Sessellift, der mich zum Anlaufturm bringen soll.
In Gedanken gehe ich noch einmal durch, ob ich auch wirklich alles dabei habe. Ich spüre deutlich, dass die Anspannung heute größer ist als sonst. Ich empfinde sie nicht als störend. Ich sehe es als zusätzliche Aufforderung die Aufmerksamkeit noch mehr auf mich, meine Umgebung und die damit verbundene Aufgabe zu richten. Ich steige in den Lift ein. Der Sessel kommt immer mit einer ziemlichen Geschwindigkeit auf mich zu und es ist auch schon das erste Mal an diesem Tag wichtig, den Absprung rechtzeitig zu schaffen. Im Doppelsessellift bin ich alleine, obwohl genügend Athleten beim Lift anstehen. Ich machte zwar keine besonderen Anstalten, die verraten hätten, dass ich lieber alleine fahren würde, doch der Gedanke allein zeigte offensichtlich seine Wirkung. Da einige Bäume die Sicht versperren, sieht man vom Lift aus nicht sonderlich gut auf den Aufsprunghang. Ich beobachte den Wind, der heute nur ein Hauch ist. Ganz leicht bewegen sich die Windfahnen. Ein schöner Tag zum Skispringen. Die Schanze ist tipptopp präpariert, die Bedingungen sind optimal und endlich steht auch der Wettkampf an, auf den ich so lange hingearbeitet habe. Das Jetzt zu leben, so wie ich es so oft im Training geübt hatte, würde auch heute mein Erfolgsrezept sein. Ich freute mich auf meinen Sprung. Ein Sprung, der noch nicht zählen, aber für das Gefühl ganz wichtig sein würde. Es geht ja im Sport immer wieder darum, Leistung zu bringen, und bringt man sie dann irgendwann, geht es darum, diese Leistung immer wieder aufs Neue zu bestätigen. So ähnlich ist es auch mit dem Probedurchgang. Gestern funktionierte noch alles, aber ist das heute auch noch so? Warum sollte es heute anders sein als gestern? Oder weshalb sollte es heute nicht noch besser funktionieren? Ich war sehr gut drauf, auch wenn ich immer noch diese Nervosität in mir spürte. Nervosität und Anspannung empfinde ich ja grundsätzlich als etwas sehr Positives. Nervosität und Anspannung erhöhen im Normalfall unsere Auf-

merksamkeit. Ist man aber zu nervös, ist die Anspannung zu groß, führt das in den meisten Fällen dazu, dass man sein Potenzial nicht mehr zu hundert Prozent abrufen kann. Ich fuhr am Schanzentisch vorbei. Viele der Trainer hatten sich schon auf dem Trainerturm eingefunden, um von dort ihren Athleten das Freizeichen zu geben. Früher war es noch viel entscheidender, vom Trainer ein Zeichen zu bekommen und zu wissen, die Schanze ist frei, die Bedingungen demnach so, dass man sich bedenkenlos hinunterschmeißen kann. Da gab es aber auch noch keine so genaue Ampelregelung, wie das heute der Fall ist. Damals dauerte die Grünphase deutlich länger und die Trainer hatten aufgrund der herrschenden Windverhältnisse die Möglichkeit, ihre Springer schneller oder eben langsamer herunterzulassen. Wenn die Athleten damals merkten, dass ein ungünstiger Wind blies, ließen sie sich beim Skianziehen oft lange Zeit. Heute müssen die Athleten zu einem gewissen Zeitpunkt am Balken sitzen und binnen fünf Sekunden bei Grünlicht wegfahren. Nicht viel Zeit, um auf günstigere Verhältnisse zu warten, aber doch genug Zeit, um dem Glück seine Chance zu geben.

## Begeisterung

Wie, das heißt auf welche Art und Weise, mir ein Trainer das Freizeichen gab, war für mich lange Zeit sehr wichtig. Ich hasste nichts mehr als lauwarm die Schanze runtergeschickt zu werden. Das Paradebeispiel für enthusiastisches Freigeben war Wilfried Vettori. Bei Wilfried kam es schon vor, dass der Trainer vor ihm mit leichten Schulterblessuren den Trainerturm verlassen musste. Keiner lebte so mit jedem Springer mit wie er. Als Athlet hatte man in so einem Fall gar keine andere Möglichkeit als sich zusammenzureißen und sich über die Schanzen zu stürzen. Gab er einen frei, sprang man nicht nur für sich, sondern auch für den Willi. Er versteht es bis heute die Jungen für das Skispringen zu begeistern und ihnen so tolle Voraussetzungen für ihre Zukunft mitzugeben.

## Ohne Worte

Die Trainer machten mir heute auch einen etwas unruhigeren Eindruck als sonst. Natürlich ist für einen Trainer so ein Tag auch etwas Besonderes und das sieht und spürt man auch.
Jacky sah ich es jedoch nicht an. Ich kann mich nicht daran erinnern, ihn in den zehn Jahren, in denen er mein Trainer war, je nervös gesehen zu haben. Das liegt wohl in erster Linie daran, dass er zum einen die Ruhe in Person ist und zum anderen, auch wenn er einmal nervös gewesen sein sollte, diese Nervosität nie auf seine Athleten übertrug. Eine sensationelle Fähigkeit, die mich auch sehr oft vergessen ließ, dass jetzt eigentlich der Zeitpunkt gekommen wäre, um nervös zu sein.
Ich fuhr an ihm vorbei und es bedurfte keiner Worte, sich auszutauschen. Es war ein gutes Gefühl zu wissen, dass wir uns unsere eigene Sprache zurechtgelegt hatten. Eine Sprache der Gefühle und nicht der Worte. Etwas zu spüren ist eindeutig mehr, als es bloß zu wissen. Ich wusste, dass ich gut drauf bin, was mich heute aber dermaßen zuversichtlich machte, war die Gewissheit, es auch tief in mir zu spüren.
Die Ausstiegstelle kommt näher. Ich bin gut in der Zeit. Es sind noch ungefähr 20 Springer vor mir. Zehn Springer, bevor ich an der Reihe bin, beginne ich mich in aller Ruhe für meinen Sprung fertig zu machen. Die Sprungschuhe zu schnüren, war für mich immer ein ganz wichtiges Prozedere. Es wurde für mich fast zu einem Ritual, dementsprechend andächtig und gewissenhaft machte ich es. Der Fuß musste optimal sitzen und die Keile ideal positioniert werden. Die Keile jedoch zu früh zu platzieren, wäre alles andere als gut gewesen, weil dann die Füße schnell zu schmerzen begonnen und darunter das Sprung-Gefühl gelitten hätte. Und zu spät würde nur Stress bedeuten.
Ich träumte als junger Sportler oft, dass ich es einfach nicht auf die Reihe bekomme, mit all meinen Vorbereitungen rechtzeitig fertig zu werden. Glücklicherweise wachte ich aber immer auf, bevor ich Gefahr lief, meinen Sprung zu verpassen. Diese Träume verliefen sich

mit der Zeit im Sand und die Routine trug das ihrige dazu bei, dass sie nicht wiederkamen. Trotzdem machte ich im Laufe meiner Karriere weit mehr „Frühstarts“, als dass ich zu spät am Anlauf zu meinem Sprung eingetroffen wäre. Was jedoch nicht heißen soll, nie zu spät dran gewesen zu sein.

## Olympische Spiele Nagano 1998 – Fehler am laufenden Band

Blöderweise gelang es uns ausgerechnet bei den Olympischen Spielen in Nagano (JPN) 1998 derart spät zur Schanze zu kommen, dass die Aufwärmphase zu Gunsten einer Teilnahme am Wettkampf geopfert werden musste. Wie die Spiele in Japan für uns insgesamt eher herbe bis bittere Erfahrungen darstellten. Alles fing damit an, dass wir das erste Mal berechtigte Chancen auf Edelmetall hatten. Wir machten allerdings gleich so viele Fehler auf einmal, dass wir am Ende leer ausgingen und es auch gar nicht anders verdient hatten. Angefangen hat das ganze Debakel schon mit unserem Quartier. Wir wohnten damals nicht im olympischen Dorf, sondern gemeinsam mit den Skispringern in einem Hotel inmitten der japanischen Wälder, fernab jeglicher Zivilisation. Das olympische Dorf in Nagano war gut zwei Autostunden von den Wettkampfstätten in Hakuba entfernt. Heute weiß ich, dass es mit Sicherheit die bessere Lösung gewesen wäre, diese Strapazen auf sich zu nehmen und mit dem Auto hin und her zu fahren. Allein das Flair eines olympischen Dorfes zu erleben, hätte schon dafür gesprochen. Danach ist man natürlich immer gescheiter und viel weniger als keine Medaille hätten wir bestimmt bei einem Aufenthalt im Dorf auch nicht gemacht. Das einzige Mal, als ich das Gefühl hatte, tatsächlich bei Olympischen Spielen zu sein, war, als ich an den Wettkampftagen auf der Schanze und der Loipe war. Ansonsten gingen diese Spiele an mir vorbei, als wären nie welche gewesen.

An unserem Wettkampftag fuhren Mario Stecher und ich gemeinsam mit Wilfried Vettori zur Schanze. Eine Autofahrt, die es in sich hatte. Nicht nur, weil es zu dieser Zeit meist so heftig schneite, dass es schon Herausforderung genug war, schlicht und einfach aus dem Wald zu finden. Und zu allem Unglück machte Willi der Linksverkehr auch noch nach drei Wochen in Japan dermaßen zu schaffen, dass wir eben noch nach wochenlangem Inselaufenthalt damit beschäftigt waren, nach einer Kreuzung uns wieder auf der richtigen Straßenseite einzuordnen. Irgendwann – aber natürlich viel zu spät – kamen wir dann doch in Hakuba an, was aber noch nicht bedeuten sollte, dass wir auch direkt zu den Sprunganlagen gefahren wären, weil im Augenblick für Willi jene japanischen Handys Priorität hatten, die für eine gewisse Anzahl ausländischer Betreuer, darunter auch Willi, im Akkreditierungsbüro abholbereit lagen. Dieses Handy war für „Dad“ wohl deshalb so wichtig, weil er dann zumindest jederzeit durchgeben konnte, wo er sich gerade befand und ihm folglich die japanischen Wälder weniger furchteinflößend erschienen. Das Ganze endete damit, dass wir zwar auch in Japan die Vorzüge der mobilen Kommunikation genießen konnten, aber keine Zeit mehr zum Aufwärmen hatten. Umziehen ging sich gerade noch aus, die Nerven hatten wir ohnehin schon weggeschmissen, aber zum Glück schafften wir den schon verloren geglaubten Probedurchgang doch noch. Ich wurde damals 21. im Einzelbewerb und wir belegten im Team den bei Großveranstaltungen so beliebten vierten Platz.

Danach war unsere Mannschaft um eine wertvolle Erfahrung reicher und ich schwor mir, diese Schnitzer, was die Vorbereitung auf einen Wettkampf angeht, kein zweites Mal zu machen. Mit ein Grund, weshalb ich mich schon frühzeitig ausdrücklich gegen das Quartier, in dem unsere Springer während der Spiele 2006 in Turin wohnten, aussprach. Olympische Spiele sollten eben doch noch etwas Besonderes für jeden Athleten sein und dazu gehört eben auch das Flair eines olympischen Dorfes.

## Der Probedurchgang – Ein Sprung, der nirgends aufscheint und doch entscheidend ist

Der erste Sprung des heutigen Tages ist nicht mehr allzu weit entfernt, und ich bin auch schon fast bereit dazu. Ich springe im Probedurchgang mit einem Trainings-Anzug, der zwar gut ist, aber mein Wettkampfanzug ist eben noch um ein Stück besser. Mein Wettkampfanzug hatte sich mittlerweile unter vielen möglichen Anzügen klar herauskristallisiert, auch wenn sein Stoff von der Durchlässigkeit und auch von der Steifigkeit her mit gut nicht mehr adäquat beschrieben ist. Dafür fühlte ich mich aber unglaublich wohl in der „Haut" und ich konnte darin auch mit spielerischer Leichtigkeit meine Anfahrtsposition einnehmen. Wieder einmal war das für mich das wirklich Entscheidende und nicht die Zahlen und Werte, die bei den unterschiedlichsten Vermessungen des Anzuges herauskamen.
Es ist so weit. Ich bin an der Reihe, mir meine Sprungski anzuschnallen. Zwei Springer sind noch vor mir. Einer sitzt bereits am Balken und wartet auf das Grünzeichen der Ampel. Die Bindung zuzumachen ist im Normalfall keine Hexerei, eine ruhige Hand ist dabei aber von Vorteil. Wenn man den vorderen Teil zugemacht hat, ist am Bindungskeil ein Band fixiert, welches noch in die dafür vorgesehene Vorrichtung des Schuhs gehört. Zudem habe ich noch ein Sicherheitsband montiert. Dieses Band hat eine separate Fixierung und wird bei mir bei einer Schraube am Schuh eingehängt. Und genau dafür ist eine ruhige Hand nötig. War es notwendig, sich noch etwas herunterzubringen, genügten mir ein, zwei Atemzüge, um den von mir gewünschten Vorstartzustand zu erreichen. Mag einfach klingen, ist aber das Resultat von elf Jahren Qi Gong beziehungsweise Energiearbeit.
Mich zusätzlich zu motivieren, war jetzt nicht notwendig. Der Springer vor mir rutscht auf den Balken und ich steige eine Stufe nach oben – der nächste werde ich sein. Es geht zügig voran, was auch immer bedeutet, dass die Bedingungen sehr konstant sind. Im Probedurchgang agiert die Jury, welche bestimmt, wann der Athlet das

Grünzeichen bekommt, meist auch noch etwas unsensibler. Ich sitze am Balken und warte auf das Grünlicht der Ampel. Wir hatten es uns zur Gewohnheit gemacht, vom Trainer kein zusätzliches Freizeichen mehr zu bekommen. In der mit fünf Sekunden reglementierten Grünphase muss man als Athlet ohnehin nur schauen, dass man rechtzeitig vom Balken wegfährt.

## Athleten und ihre Aufgaben

In diesem Zusammenhang gibt es eine nette Geschichte. In Salt Lake City 2002 waren die Finnen im Mannschaftsbewerb rund um Samppa Lajunen die klaren Favoriten. Samppa gelang es damals in allen drei Bewerben Gold zu gewinnen. Wie groß sein Selbst-Vertrauen damals war, beschreibt die Tatsache, dass er zum vierten Mann im Team, Jari Mantila, – der einzige kleine Unsicherheitsfaktor im finnischen Team – sagte: „Deine Aufgabe ist nur zweimal bei Grün wegzufahren, den Rest erledigen wir für dich.“ Diese Aufgabe schien für Jari lösbar und er machte daraufhin auch zwei sehr gute Sprünge.

In der Folge gewannen die Finnen auch verdient die Goldmedaille. Unser Team gewann damals hinter den Deutschen die Bronzemedaille, nachdem sich Ronny Ackermann gegen mich im Zielsprint durchgesetzt hatte.

## Zurück zum Probedurchgang

Jacky war kurz vor meinem Sprung bereits auf seinem besonderen Platz. Der war immer etwas abseits vom Geschehen, ermöglichte ihm aber den gesamten Sprung und zudem alle Windfahnen des Hanges im Blick zu haben. Es war seine Leidenschaft, sich mit dem Wind zu verbinden. Ob es ihm gelang, war letzten Endes egal. Tatsache ist, dass wir, wenn es darauf ankam, ganz gute Verhältnisse hatten.

Die Ampel springt um und ich fahre los. Das ist der einzige Teil des Sprungs, den man beeinflussen kann. Danach ist es wichtig, den Sprung laufen zu lassen. Ich vergleiche Skispringen immer ganz gerne mit Golf spielen. Auch dort kann ich mir bis zum „Ansprechen“ des Balles sehr viel überlegen. Ist es aber dann tatsächlich an der Zeit, den Ball zu schlagen, heißt es dem Bewegungsablauf freien Lauf zu lassen. Die Rahmenbedingungen oder, wenn man so will, die Voraussetzungen sollten aber bereits vorher geschaffen werden. Eine klare Bewegungsvorstellung und die damit verbundenen Empfindungen sind für das Gelingen Voraussetzung. Ebenso aber auch das absolute Loslassen. Schafft man es dann auch noch, das Ganze zu genießen, wird es wirklich effektiv. In den Prozess einzugreifen und womöglich noch auf Gedanken einzugehen, wirkte sich bei mir selten bis nie positiv auf das Flugverhalten aus – weder auf meines als Skispringer noch auf das des Golfballes.

Ich bin also losgefahren und habe den Sprung einfach losgelassen. Das fällt einem am leichtesten, wenn man in Form ist. Ist das jedoch nicht der Fall, gibt es nichts Schwierigeres, als nicht einzugreifen. Das macht für mich das Skispringen so interessant und so schwierig zugleich. Und immer, wenn ich dachte: Jawohl, jetzt weiß ich, wie's geht, konnte ich darauf wetten, dass zumindest ein Teil des Sprungs nicht mehr so funktionieren würde, wie ich das wollte und er in Folge als Gesamtheit in die Hose gehen würde. Nicht umsonst lautet auch der kürzeste Golfwitz: „Jetzt kann ich's!“
In dem Zustand, in dem ich mich während der Spiele befand, war das aber kein Thema. Ich freute mich auf jeden einzelnen Sprung und fühlte mich teilweise wieder zurückversetzt in die Anfangszeiten meines Skispringens: Einfach das tun zu können, was mir Spaß macht. Sich keine Gedanken über irgendwelche unwichtigen Dinge zu machen oder gar künstlich Probleme zu erfinden, war mir eine große Freude. Ich hatte oft den Eindruck, dass viele Sportler vergaßen, dass sie eigentlich immer noch das tun, was sie irgendwann einmal begonnen hatten, weil es ihnen unglaublichen Spaß machte. Dass alles

irgendwann einmal, wenn man es über einen langen Zeitraum hinweg betreibt, zur Gewohnheit wird, ist durchaus verständlich. Die Gewohnheit sollte jedoch nie zu einer Belastung ausarten. Die Gründe, weshalb ich meinen Sport so liebe, rief ich mir immer dann ins Gedächtnis, wenn mein Training zu einer Belastung wurde. Das wirkte sich immer positiv auf meine Stimmung und folglich auch auf mein Training aus.
Der Sprung war gut: Ich konnte den Flug genießen und machte für meine Verhältnisse auch eine tadellose Landung. Der Athlet, der die schönsten Haltungsnoten bekam, war ich nie, ich wollte aber immer schon im Probedurchgang bei den Kampfrichtern einen bleibenden Eindruck hinterlassen. Und das hatte ich auch bei diesem Probedurchgang vor: Ich setzte einen Telemark bei einer Weite, mit der ich durchaus zufrieden sein konnte – wohlgemerkt für den Probedurchgang zufrieden sein konnte. Mein Wettkampfanzug war ja noch im Container und meine Ski waren noch nicht mit dem Wettkampfwachs präpariert. Meine Geschwindigkeit konnte sich allerdings schon jetzt sehen lassen. Ein Beweis, dass ich sehr locker am Ski stand. Ein Faktor, der viele Serviceleute oft schon zur Verzweiflung brachte. Wusste doch keiner so gut wie sie, welche Auswirkungen ein verkrampfter Athlet auf die Anlaufgeschwindigkeit haben konnte.

## Freunde

Ich schnallte mir im Auslauf die Ski ab und schaute, dass ich sie so schnell wie möglich zu den Serviceleuten bringen würde. Sie waren über jede zusätzliche Minute froh, die sie zur Verfügung hatten, um unser Material auf Vordermann zu bringen. Die Journalisten und Medienvertreter kannten mich schon gut genug um zu wissen, dass ich mir jetzt keine Zeit für sie nehmen würde. Sie erwarteten das in dem Moment auch nicht von mir. Auch für bekannte Gesichter im Auslauf nahm ich mir keine Zeit. Natürlich freut man sich, wenn

Freunde die weite Reise nach Pragelato auf sich genommen haben, um einen zu unterstützen. Die Wettkampfstätte war ja nicht gerade um die Ecke und von Salzburg aus musste man schon mit mindestens acht Stunden Fahrzeit rechnen. Jetzt jedoch hatte ich mehr als genug zu tun, um mich erneut vorzubereiten. Leider fehlten an diesem letzten olympischen Wettkampf meiner Karriere meine engsten Freunde. Sie waren zwar an den beiden ersten Wettkampftagen da, mussten aber aus beruflichen Gründen wieder abreisen. Die Strapazen waren für Alexandra und meine Freunde nicht minder anstrengend als für mich selbst. Ich wusste aber auch so, dass sie mich gedanklich unterstützen würden. Mit Roland Radacher, ein ganzheitlich denkender Physiotherapeut aus Zell am See und für mich ein Freund, wie man ihn sich nur wünschen kann, hatte ich am Vorabend noch länger telefoniert. Er sagte mir, dass er irgendwie so ein Gefühl habe, morgen etwas zu versäumen und es ihm ganz und gar nicht passe, dass er nicht vor Ort sein könne. „Hilft nichts", entgegnete ich ihm und versprach ihm, dass ich mich trotzdem zusammenreißen werde. Ich lernte mit den Jahren die Unterstützung von Freunden an den jeweiligen Wettkampfstätten so zu nützen, dass ich davon profitierte. Es gab auch Zeiten, da empfand ich es als belastend. Als unterstützend, ja gar als beflügelnd empfand ich die Anwesenheit meiner Freunde immer dann, wenn ich das Gefühl hatte, dass sie sich ihren Spaß machen und einfach nur den Tag genießen. Bei meiner Familie, bei Roland und seinen Begleitern und den eingefleischten Fans aus Ramsau hatte ich genau dieses Gefühl. Sie kamen, um sich einen schönen Tag zu machen und wenn es mir gelingen sollte, auch noch einen guten Wettkampf abzuliefern, dann würde eben noch ausgiebiger gefeiert werden. Unkompliziertere Fans als sie es waren, konnte ich mir beim besten Willen nicht vorstellen. Mehr als sie sich mit mir freuten, war auch schwer vorstellbar. Wie es überhaupt schön ist, nicht nur sich selber eine Freude zu machen, sondern auch auf welche Weise auch immer nicht ganz unbeteiligt daran zu sein, wenn andere sich freuen. Und dabei keine zusätzliche Erwartungshaltung erfüllen zu müssen, war auch für mich ein Lernprozess, um diese Unterstützung auch als solche genießen zu können.

Man muss wissen, dass vor, während und vor allem nach einem erfolgreichen Wettkampf praktisch keine Zeit bleibt, um zu feiern. Niemand verstand das besser als die Betroffenen selbst. Nach dem Wettkampf war es meist so, dass die Wettkampfnachbereitungen sprich die regenerativen Maßnahmen wie auslaufen oder Gymnastik absoluten Vorrang hatten. Wollte ich doch am nächsten Tag, beim nächsten Wettkampf wieder aus dem Vollen schöpfen. Je früher ich zu diesen Aktivitäten nach einem Rennen kam, desto schneller konnte ich mich regenerieren.
Öffentlichkeitsarbeit war dabei natürlich auch ein wichtiger Punkt, und gerade bei Großveranstaltungen nahm ich mir für unsere treuen nordischen Journalisten gerne die Zeit, um sie mit den nötigen Hintergrundinformationen zu versorgen. Sich dabei bewusst zu sein, dass wir alle in einem Boot sitzen, erleichterte natürlich für beide Seiten die Arbeit. Nach großen Erfolgen mit den diversen Medienvertretern zusammenzuarbeiten, ist nicht das Problem; sich nach bitteren Niederlagen medial dennoch nicht zu verkriechen, ist schon viel schwieriger – aber nicht minder wichtig. Probleme hatte ich so gut wie nie mit ihnen, zumindest nicht mit jenen Journalisten, die vom Fach waren und die eine seriöse Einstellung zu ihrem Beruf hatten.

## „Schon wieder schlafen!"

Auch im Trainingsalltag erforderte es eine penible Planung, wollte man einmal einen Nachmittag genießen oder die Seele baumeln lassen. Keine hatte so viel Verständnis wie Alexandra, wenn ich an meinen Regenerationstagen einem ausgedehnten Mittagsschlaf einem netten Ausflug den Vortritt gab. Sehr oft erklärte sie sich mit mir solidarisch und verschlief auf diese Weise auch unzählige schöne Nachmittage.

## Das Eine und das Ganze

Ich marschierte sehr zielstrebig mit den Sprungskiern auf den Schultern über den abgesperrten Korridor den Auslauf entlang. Im Augenwinkel die letzten Springer des Probedurchgangs. Ich war natürlich neugierig, was sie heute zusammenbringen würden. Meine Neugierde durfte aber nicht ausarten, das heißt: Ich durfte den Fokus nicht verlieren. Fokus heißt in diesem Zusammenhang, sich aufmerksam einem Detail zu widmen, dabei sein Sichtfeld aber so weit als möglich offen zu halten. Nur wenn ich die Gesamtheit sehe, schaffe ich es auch im Detail aufzugehen. Ich ging weiter in Richtung Athletendorf. Hackschnitzel und Sägespäne bedeckten den Weg und verhinderten, dass wir mit unseren nicht nur ungemütlichen, sondern auch äußerst unpraktisch zu gehenden Sprungstiefeln nicht vom Weg abkamen. Nicht vom Weg abkommen – ein Vorsatz, der auch in meinem Leben eine große Rolle spielt. Den Weg einschlagen und ihn zu Ende gehen. Sehr früh schlug ich meinen Weg ein und mittlerweile habe ich bereits eine beachtliche Strecke auf meinem Weg zurückgelegt. Aus eigener Kraft, das war der entscheidende Punkt. Gibt es doch in meinem Sport mehr als genug Faktoren, die ich nicht zur Gänze selbst in der Hand habe und haben kann. Und doch war ich tief in mir davon überzeugt, dass zumindest die Mehrzahl der Faktoren auf meiner Seite ist. In der Golfersprache gibt es einen schönen Spruch: „Der Ball kann nur dann in das Loch gehen, wenn er auf dem Weg dorthin nie die Linie verlässt!“

Ich spürte deutlich, dass ich meinem Weg immer die Treue hielt. Und wenn es Faktoren gab, die meine Linie in Gefahr brachten, war ich immer noch in der Lage, recht geschickt zu reagieren.

Eine Tugend, die für das Erreichen der eigenen Ziele sehr hilfreich sein kann. Das heißt aber nicht nur stur seinen Weg zu gehen, sondern gegebenenfalls auch offen für Neues zu sein. Die persönliche Handschrift sollte aber auch bei Neuem beibehalten werden. Die Authentizität steht über allem.

Mich trennt noch eine steile Holztreppe vom Athletenbereich. Der Weg führt mich direkt in den Servicecontainer, in dem die Techniker schon meine Ski erwarten. In ihren Augen sehe ich, dass sie zum einen mit meinem Probedurchgang sehr zufrieden waren und dass ich zum anderen noch Reserven für den kommenden, einzigen Wettkampfsprung habe. Ohne viel zu sagen, lasse ich sie mit ihrer Aufgabe allein. Ich gehe wieder hinüber zu unserem Container, um mich dort umzuziehen und mich auf ein neuerliches Aufwärmen vorzubereiten.

## Geduld als Herausforderer

Das Gefühl, das ich in diesen Momenten in mir trage, ist nur sehr schwer zu beschreiben. Ein Gefühl, das ich – genau gesagt – schon seit der Silbermedaille im ersten Bewerb in mir habe. Zweiter zu werden bei einer Veranstaltung, bei der ich mir vorgenommen habe, erster Sieger und nicht erster Verlierer zu sein, ist zwar gut, aber doch klar am Ziel vorbei. Und zu wissen, dass ich es absolut drauf habe, ist das eine, jetzt aber ruhig, demütig und mit beiden Beinen auf dem Boden zu bleiben, das ist das andere. Wenn ich aber nicht fähig sein sollte, diese Tugenden hier und jetzt am alles entscheidenden Wettkampftag auch zu leben, dann werde ich wohl auch nicht fähig sein, diesen Sack hier zuzumachen, sprich die Goldmedaille zu gewinnen. Geduldig zu sein, wenn man schon die ganze Zeit losrennen will, ist eine wahre Herausforderung.

## Kindliche Ungeduld

Ich erinnere mich noch gut an meine Kindheit: Wenn ich mir als kleiner Bub etwas einbildete, ein Spielzeug, ein Werkzeug, irgendwas, dann wollte ich das auf der Stelle haben, ich konnte einfach nicht warten. Ich wollte, dass sich die Sachen, die ich mir einbildete, im Augenblick vor mir materialisieren. Ich brachte oftmals

nicht einmal die Geduld auf, darauf zu warten, bis mir mein Papa das passende Werkzeug aus der Garage holte, damit ich etwas zersägen, schnitzen oder reparieren, kurz: Damit ich werken konnte. Wollte mein Papa vorher noch in Ruhe fertig essen oder seinen Kaffee trinken, war es mit meinem Verständnis endgültig vorbei. Meist plagte ich mich dann einfach mit keinem oder eben einem falschen Werkzeug selbst und begann das zu tun, was mir in diesem Moment eben als das Wichtigste erschien. Das ging dann immer so lange, bis schließlich mein Papa in aller Ruhe mit dem richtigen Werkzeug anrückte und seinem Sohnemann zeigte, wie leicht man alles zusammenbringt, wenn man sich zuerst dementsprechend organisiert hat. Eine Tatsache, die mich als Kind teilweise zur Weißglut brachte, mir aber auch zeigte, dass alles andere nur unnützer Sauerstoffverbrauch ist.
So ähnlich fühle ich mich auch jetzt. Der einzige Unterschied liegt darin, dass ich mir mein Werkzeug bereits liebevoll und sorgfältig hergerichtet habe und ich zudem auch noch auf eine langjährige Ausbildung und Erfahrung im Umgang mit diesem Werkzeug zurückgreifen kann.
Ich darf lediglich noch nicht mit dem Arbeiten beginnen. Ich bin zwar bereit – muss aber noch warten. Es ist eine Geduldsprobe, die ich gerade zu bestehen habe. Eine Probe, die nur eine Vorübung dessen ist, worum es heute wirklich geht. Diese Vorübung ist aber auch gleichzeitig eine der wichtigsten Prüfungen. Es geht wieder einmal darum, das Jetzt zu leben und seine Gedanken dementsprechend zu bündeln. Das Schlimmste in einer solchen Situation wäre, wenn man sich bereits mit den Folgen eines Sieges oder dem Erreichen eines Zieles beschäftigen würde, bevor man etwas begonnen, gewonnen oder erreicht hat. Das wäre reine Zeitverschwendung, kommt es doch erstens anders und zweitens als man denkt.

## Eindrücke nach dem Sieg im Mannschaftswettbewerb

Das war auch mit ein Grund, weshalb ich gerade nach unserem Sieg im Mannschaftsbewerb versuchte, jeglichen Feierlichkeiten so gut es ging aus dem Weg zu gehen. Wir wurden mit einer eindrucksvollen Leistung Olympiasieger im Teambewerb. Dieser Titel spricht auch für den gesamten Betreuerstab und unterstreicht dessen Einsatz in den letzten Jahren. Für uns Athleten war es natürlich auch ein unglaubliches Erlebnis. Vor allem auch deshalb, weil wir uns in einem spannenden Wettkampf gegenüber unserem Lieblingsnachbarn Deutschland durchsetzen konnten. Ich wollte aber trotz allem meine Aufmerksamkeit nicht leichtfertig verschleudern und zog mich nicht zuletzt deshalb an diesem Abend schon sehr früh zurück. Ich nahm das Angebot von Hubertus von Hohenlohe gerne an, mit Alexandra bei ihm im Appartement in Sestriere zu übernachten. So hatten wir noch etwas mehr Zeit für uns.

Hubertus schaute an diesem Abend bei unserer Medaillenfeier im Österreicher-Haus vorbei und untermalte – wie man so schön sagt – diesen auch mit einem musikalischen Auftritt. Unsere Wege im Sport haben sich nicht sehr oft gekreuzt. Wenn es jedoch wieder einmal so weit war, führten Hubertus und ich sehr interessante Gespräche, die mich auch bis heute mit ihm verbinden.

Wir nahmen also das Angebot sehr gerne an und tranken bei ihm und seinen Freunden noch ein gemütliches Bier, bevor wir dann hundemüde schlafen gingen. Nach einem Wettkampftag kommt immer irgendwann der Punkt, an dem die Anspannung nachlässt; dann geht man entweder schlafen, oder man ist schon zu müde, um zu schlafen. Diesem Punkt entkam ich gerade noch und schlief wie bewusstlos.

Am nächsten Tag fuhr ich wie der Großteil der Athleten mit unserem Betreuer Christoph Eugen nach Turin in ein Flughafenhotel. Vorrangiges Ziel war es zwei Nächte beinahe auf Meereshöhe zu verbringen, um uns so optimal zu regenerieren. Natürlich war es auch ein

willkommener Tapetenwechsel – zudem wir auch noch dem Rummel entfliehen konnten. Dass wir von den Turbulenzen rund um das Team der österreichischen Biathleten und Langläufer dadurch gar nichts mitbekamen, wussten wir erst dann zu schätzen, als wir über die Geschehnisse informiert wurden.
Ich nützte die Zeit, um mich zu erholen. Lockere Läufe in einer nicht gerade idyllischen Umgebung halfen mir dabei. Die Temperaturen waren schon sehr warm, und ich bemerkte das erste Mal in diesem Jahr, dass der Frühling nicht mehr weit war.
Viel schlafen und gut essen waren neben leichter körperlicher Betätigung meine Hauptaufgaben.
Bei den Tischgesprächen fiel mir auf, dass immer öfter über die Zeit nach den Spielen gesprochen wurde. Ich vermisste irgendwie die Aufmerksamkeit auf den letzten anstehenden Einzelwettkampf. Immerhin hatten wir das letzte Drittel der Spiele noch vor uns. Ich ließ mich von diesen Gesprächen über die ersten Folgen des Erfolges nicht anstecken. Wenn wieder über Dinge gesprochen wurde, die auch von ganz allein auf uns zukommen würden wie etwa über anstehende Empfänge der Athleten in den jeweiligen Heimatgemeinden oder den bereits fixierten Aufenthalt auf Hawaii nach dem Weltcupfinale in Sapporo (JPN), dann war es für mich an der Zeit, mich aus den Gesprächen auszuklinken.
Meine Mission war noch nicht erfüllt. Ihr Höhepunkt sollte erst kommen.
Umso mehr genoss ich die Möglichkeit, mich auszuschlafen und meine Akkus aufzuladen. Meine morgendliche Einheit gehörte selbstverständlich auch an diesen Tagen zum fixen Programm. Allerdings begann ich erst eine Stunde später mit den Evolutionsübungen. Danach frühstückte ich und legte mich dann noch ein Stündchen aufs Ohr – das Privileg eines Regenerationstages. Mit Joggen, umfangreichen Gymnastik-, leichten Schnelligkeits- und Schnellkraftübungen verkürzte ich mir den Tag. Mein Fokus war nach diesen beiden Tagen unverändert und ich war bereit für den anstehenden Sprintwettkampf.

## So einfach wie möglich

Ein Sprung auf der großen Schanze und ein Langlaufrennen über 7,5 km waren die Eckpunkte meiner Mission. Das eine Mal so weit wie möglich zu springen und das andere Mal so schnell wie möglich zu laufen: mehr war es nicht. Immer dann, wenn ich das Gefühl hatte, dass sich Gewinnen für mich als komplizierter Prozess herausstellen sollte, rief ich mir diesen Ansatz ins Bewusstsein. Danach war ich mir wieder sicher, dass alles im Leben auch wirklich einfach und leicht funktionieren darf. Mir meine Vorhaben unnötig zu verkomplizieren, hat mir noch nie geholfen.

Wir selbst sind es, die wir uns den eigenen Weg aus den unterschiedlichsten Gründen erschweren. Mir erschien die Kombination aus Springen und Laufen zu diesem Zeitpunkt sehr einfach. Warum sollte ich es also nicht dabei belassen.

Natürlich war ich im Laufe meiner Karriere immer wieder in Situationen, in denen es für mich nichts Schwierigeres gab, als Rennen zu gewinnen. Das machte es aber auch nicht leichter, das Ruder wieder herumzureißen. Im Gegenteil, meist geriet ich noch tiefer in den Sumpf. Es liegt dann an einem selbst, wieder einen Weg herauszufinden. Sich die Situationen zu vereinfachen, da man ja ohnehin immer nur einen Schritt nach dem anderen machen kann, empfand ich in solchen Fällen als einzigen effektiven Ansatz. Das Gefühl, hundert Entscheidungen auf einmal treffen zu müssen oder treffen zu wollen, ist mir in diesem Zusammenhang sehr geläufig. Daraus resultieren selbstverständlich immer eine Menge Fehlentscheidungen. Ich habe die Erfahrung gemacht, dass es hingegen immer besser ist, wenn man versucht, die Nerven zu bewahren und eine Entscheidung nach der anderen anzugehen. Man sollte lernen, sich auch einmal mit kleineren Brötchen zufriedenzugeben, auch wenn man es gewöhnt war, eine Zeit lang nur mit richtig großen Happen versorgt worden zu sein. Ich musste in diesem Winter auch schon mit Krümeln vorlieb nehmen. Lernt man in der Folge auch diese kleinen Erfolge

wieder zu schätzen, kann es mitunter sehr schnell gehen, und es sind einem auch die größeren Happen wieder vergönnt.
Sich einer Sache aber zu sicher zu sein, hat sich bei mir noch nie als vorteilhaft erwiesen. Man könnte sagen, dass man es immer selbst in der Hand hat, sich nicht zu weit aus dem Fenster zu lehnen. Aber nicht der Öffentlichkeit gegenüber, sondern sich selbst gegenüber. Die Öffentlichkeit wusste längst, wie ich meine Ziele formuliere. Ich betonte immer wieder, dass es auch bei dieser Großveranstaltung nicht notwendig sei, Medaillen anzukündigen. Es reiche, wenn man sie macht.

## Vor dem Wettkampfsprung

Der Athletencontainer war für unsere Mannschaft immer ein Ort, wo man sich zurückziehen konnte und seine Ruhe hatte.
Kurz nachdem ich mich umgezogen hatte, kamen auch schon unsere Trainer. Jacky und Andi waren gut drauf. Beide waren einfach schon zu lange im Geschäft, um sich eine mögliche Anspannung anmerken zu lassen. Das zeichnet einen guten Trainer aus. Es gibt nichts Schlimmeres, als sich als Athlet von der Nervosität der Trainer anstecken zu lassen. Bei den beiden musste ich mir diesbezüglich keine Sorgen machen. Auch für sie war es voraussichtlich der letzte olympische Wettkampf, zumindest was dieses Team angeht. So hatten sie es angekündigt. Ein Grund mehr, für einen Trainer noch einmal sämtliche Routine auszupacken und – wenn es sein muss –, allfällige Anspannung zu überspielen. Ähnlich nüchtern fiel auch die Korrektur von Andi meinen Probedurchgang betreffend aus. „Großartig werden wir deinen Sprung jetzt nicht mehr umkrempeln." Ich konnte ihm nur zustimmen und musste innerlich lächeln. Diese Aussage war fast schon ein Lob meines Sprungtrainers. Lobeshymnen waren ohnehin nicht an der Tagesordnung unseres Trainerteams. Jacky sagte gar nichts. Es reichte ein Blick von ihm und ich wusste, was Sache ist. Unser blindes Verständnis war effektiver denn je.

Sein Blick deckte sich mit meiner Auffassung. Ich freue mich auf den kommenden Wettkampfsprung und werde ihn auch in vollen Zügen genießen. Niemals zuvor empfand ich eine solche Ruhe und Freude vor einem Wettkampf. Da ich aber wusste, dass Ruhe und Freude allein keine Medaillen gewinnen, schlüpfte ich direkt in meine Aufwärmsachen.

## Auf Bewährtes vertrauen

Nochmals aufzuwärmen war Teil meines Rituals. Es war für mich dabei auch ganz wichtig, die Anspannungen des Probedurchgangs abzubauen und mich für den kommenden und alles entscheidenden Sprung von neuem vorzubereiten.
Wenige Minuten, nachdem ich in die Kabine kam, war ich auch schon wieder draußen.
Ich kannte meine Einlauf-Strecke schon wie die berühmte eigene Westentasche. Ich lief fünf bis zehn Minuten, länger nicht. Doch die paar Minuten waren sehr entscheidend. Ich wurde wieder richtig frisch, was sich vor allem auf meine Aufmerksamkeit positiv auswirken sollte. Die verbleibende Zeit vertrieb ich mir mit kurzen Lockerungs- und einigen wenigen Gymnastikübungen. Nach ein, zwei Imitations- oder Aktivierungssprüngen gönnte ich mir ein paar Minuten Ruhe. An einem etwas abgelegenen Platz versuchte ich mich nochmals für wenige Minuten zu sammeln und dementsprechend zu spüren.
Danach näherte ich mich wieder dem Schanzengelände und der Sicherheitskontrolle, die mich schon von weitem durchwinkte. Kein Wunder, sahen sie mich doch heute bereits zum dritten Mal.
Ich holte mir meine Ski, die auch schon fertig präpariert waren.
Mit einem kurzen „Habedieehre“ nahm ich meine Ski und ging Richtung Athletencontainer. Fritz und Hetti (Spitzname von Georg Reisenauer) war anzusehen, dass auch sie sehr arbeitsintensive Spiele – wie soll man sagen – verbrachten. Ihnen war aber auch anzusehen,

dass sie vor Anspannung beinahe explodierten, was mir wiederum zeigte, dass sie mit Leib und Seele bei der Sache waren. Ihr Engagement und ihre Anspannung vermittelten mir wieder die nötige Ruhe. Mit einem kurzen aber sehr persönlichen „Felix, mach's gut", begleiteten sie mich zur Tür hinaus. Ich schulterte meine Ski und trug sie gleich in unseren Container. Danach verließ ich die Kabine nochmals, um mich ein letztes Mal zu erleichtern.
Ein Zeichen, dass ich die Anspannung spürte: Zum Glück.

## Gedanken übers Skispringen

Dieses Spüren war mit einer kindlichen Freude auf den kommenden Sprung gleichzusetzen. Skispringen ist ja wirklich immer etwas Besonderes. Ob dabei ein wirklich lässiges Gefühl aufkommt, hängt allein von der Form ab. Bin ich in guter Form, gibt es nichts Lässigeres als Skizuspringen. Steht es aber nicht gut um meine Form, dann kann das Unterfangen Skispringen zu einer Tätigkeit ausarten, die mit der so oft beschworenen Leichtigkeit nichts mehr zu tun hat. In so einem Fall hatte ich auch keine Ahnung, wie ich jemals ins Fliegen kommen sollte. Passte aber die Form, machte ich mir über diese Dinge keine Gedanken, im Gegenteil, ich genoss es, diese tolle Sportart auszuüben.

## Letzte Vorbereitungen

Ich wechselte meine Aufwärmkleidung gegen die Sprungsachen. Die Zeit für den Wettkampfanzug war gekommen. Es war immer wieder etwas Besonderes, ihn anzuziehen. Nicht nur, weil er eben nur bei den Wettkampfsprüngen zum Einsatz kam, sondern wohl auch deshalb, weil man immens viel testen, tüfteln und ausprobieren muss, bis man endlich weiß, welcher Anzug nun auch tatsächlich der beste ist kurz: Es ist eine Menge Entwicklungsarbeit nötig, um in einem ordentlichen Anzug zu stecken. Entwicklungsarbeit, die auch das vom Skiverband zur Verfügung gestellte Materialbudget für die Athleten bei weitem übersteigt. Aber angesichts des Gefühls, das ich in meinem grau-blauen Anzug habe, hat sich der Aufwand auf jeden Fall bezahlt gemacht. Ich hatte mehr als gute Gründe, meinem Wettkampfanzug aufs Neue das Vertrauen zu schenken. Ein Grund war aus Silber und der andere aus Gold – was würde er mir wohl diesmal bringen?

Der Wettkampf war schon im Gange und die Bedingungen ließen es auch nach wie vor zu, die Athleten ohne größere Unterbrechungen die Schanze hinunterzulassen. Wir wurden in regelmäßigen Abständen über die Nummern, die gerade an der Reihe waren, informiert. Es war Zeit, mich auf den Weg zu machen. Bieles, so lautet der Spitzname von Christoph Bieler, war mittlerweile der Einzige, der noch mit mir im Container war. Wir wünschten uns noch alles Gute, bevor ich mir meine Ski schnappte und mich auf den Weg zum Anlaufturm machte. Es standen noch einige Athleten am Lift, die alle deutlich niedrigere Nummern als ich hatten. Was wiederum hieß, dass ich noch ausreichend Zeit hatte. Es dauerte nicht lange, bis ich wieder alleine hinauffahren konnte, um so nochmals ungestört die Umgebung aufzusaugen. Weiter oben, auf der Höhe des Schanzentisches, hatte man einen sehr guten Blick auf die Springer. Sah ich aus dieser Position einen guten Sprung, konnte ich mich sehr gut in den Springer hineinfühlen. Die Einstellung war der einer „Camcat", eine Kameraübertragungstechnik, die den Springer während des Sprungs seitlich oder von hinten begleitet, ähnlich. Man sah ganz deutlich, welchen Springern es gelang Geschwindigkeit über den Vorbau hinaus mitzunehmen und welche es eher bremste. Sprünge, die sehr weit gingen, sah man länger, da diese Springer ja auch mit einer größeren Höhe den Auslauf hinunterflogen. Andi Felder hatte sich am Schanzentisch, dort wo der Großteil der Trainer stand, positioniert, Jacky stand gewöhnlich auf der anderen Seite etwas weiter unten. Er suchte sich meist einen Platz, an dem er seine Ruhe hatte und unbemerkt von der Masse werken konnte. Sich mit dem Wind zu verbinden, war ja eine seiner Leidenschaften.

## „Der Wind, der Wind, das himmlische Kind“

Nichts für jedermann, aber für jene mit Zuversicht durchaus sinnvoll. Der Wind hat im Skispringen eine enorme Bedeutung und ist zweifelsohne ein entscheidender Erfolgsfaktor. Trotzdem ist es für mich oft sehr mühsam, wenn ich mir im Fernsehen ein Skispringen anschaue und nach ein paar Minuten nicht mehr weiß, ob ich jetzt auf einem Sport- oder auf einem Wetterkanal gelandet bin. Den Zuseher mit diesem Thema, zumal es meist nur um einen Hauch und nur selten um einen Wind geht, bis ins letzte Detail zu füttern, finde ich schlichtweg überflüssig. Am Ende gewinnt doch wieder – in den meisten Fällen zumindest – der Beste. Man kann sich an dieser Stelle natürlich die Frage stellen, ob die Besten auch immer die besten Verhältnisse haben oder ob sie auch bei schlechteren Bedingungen immer noch die Besten sind. Ich war immer davon überzeugt, dass die Grundvoraussetzung für einen guten Wind der Sportler selbst ist. Wenn ich gut drauf war und aus meiner Mitte aus agierte, dann hatte ich auch immer Bedingungen, die mir alle Chancen offen hielten. Wer mit „aus der Mitte aus“ nichts anfangen kann, der kann auch einfach „in Form sein“ dazu sagen.

Das heißt, ich habe es zum Teil selbst in der Hand, welchen Wind ich bekomme. Verbindet sich dann noch jemand Vertrauter von außen, in unserem Fall war es Jacky, mit dem Wind, kann sich das Ganze noch verstärken. Ob sich jedoch das Blatt wenden lässt, ist wieder eine andere Geschichte. Tatsache ist, dass der Wille fürs Werk steht und das Ganze natürlich auch einen psychologischen Effekt hat. Es ist auch gut möglich, dass wir es hier mit einem Placebo zu tun haben. Mir als Athlet war jedenfalls schon dadurch

geholfen, dass unsere Mannschaft in Bereichen arbeitete, von denen andere noch nicht mal wussten, dass es sie gab.
Hilft es bei zehn Sprüngen auch nur ein Mal, sind das schon hundert Prozent mehr. So einfach ist das für mich mit dem Prozentrechnen.

## Loslassen

Ich bin hochkonzentriert und doch aufnahmefähig. Aufmerksam ist wahrscheinlich der bessere Ausdruck. Wir Menschen laufen ja oft Gefahr, das Gesamte aus den Augen zu verlieren, wenn wir uns auf etwas Bestimmtes konzentrieren. Sind wir hingegen aufmerksam, heißt das auch, dass wir unsere Umgebung in vollem Ausmaß wahrnehmen können.
Eine Tatsache, die in jeder Lebenslage helfen kann.
Ich mache mich zum Aussteigen fertig. Meine Nervosität hält sich in Grenzen, auch wenn die Anspannung natürlich sehr groß ist. Diese Anspannung ist gut, aber nur so gut, wie es mir auch gelingt, sie rechtzeitig loszulassen. Dann ist der positive Effekt einer Anspannung gegeben. Ohne das Loslassen des Pfeils bräuchte ich den Bogen erst gar nicht zu spannen beginnen.
Dieses Loslassen ist die große Kunst. Gelingt es mir, kann ich mein Potenzial ausschöpfen. Mit dem Loslassen ist es aber so eine Sache: Entweder man lässt entschlossen los, so wie man einen Pfeil eben loslässt, oder man lässt gar nicht los. Nur so halb loszulassen wäre wirklich zu schade, würde doch in diesem Fall der Pfeil bedauerlicherweise maximal hinauseiern, von wegzischen wäre keine Rede.
Loslassen kann nur funktionieren, wenn es einfach und leicht geht. Loslassen heißt für mich mir selbst grenzenloses Vertrauen entgegenzubringen.
In dem Moment existieren für mich weder Angst noch Zweifel. Zwei Faktoren, die uns im Leben immer dann begegnen, wenn sie mächtiger sind als unser Vertrauen in uns. Angst und Zweifel

machen uns nur darauf aufmerksam, dass wir im Augenblick zu wenig Selbst-Vertrauen haben. Eigentlich eine sehr nette Geste von den beiden.
Haben wir kapiert, dass wir immer erst dann mit Angst und Zweifel konfrontiert werden, wenn wir uns zu weit von uns selbst entfernt haben, sind wir uns schon wieder bedeutend näher. Wenn wir jedoch Dingen, die uns eingeredet werden, mehr Bedeutung schenken als jenen, die wir selbst spüren, wenn wir ständig das sagen, was andere von uns hören wollen, wenn wir ständig das unterdrücken, was uns auf der Zunge liegt, dann ist für Angst und Zweifel wieder Hochsaison.
Bleiben wir uns selbst treu und arbeiten an der Gewissheit, dass wir zum richtigen Zeitpunkt am richtigen Ort sind und dabei das Richtige machen, dann werden wir kein Gefühl der Angst verspüren. Loslassen ist nichts anderes als mit Liebe und Begeisterung das zu tun, was wir gerade machen.

## Schön langsam wird's ernst

Ich stieg aus dem Sessellift und freute mich darüber, dass der Moment endlich gekommen war, auf den ich mich so lange vorbereitet hatte. Ich fühlte mich gut. Ich war aufgeregt und ruhig zugleich. Ich spürte den Drang, meine Energie in den kommenden Sprung zu legen, gleichzeitig war ich demütig. Mach das, was du kannst, nicht mehr und nicht weniger, sagte ich mir. Ich war unter Spannung wie eine starke Feder, glaubte aber auch gleichzeitig zu wissen, wo der Knopf saß, um die Energie freizugeben. Und das wollte ich auch ausschließlich glauben, jedoch nicht wissen, weil ich mir der Sache nie zu sicher sein wollte.
Ich hütete mein Geheimnis in den letzten Jahren vor mir selbst dermaßen gut, dass es jetzt mehr als unvernünftig gewesen wäre, das nicht beizubehalten. Ich hatte nicht vor, etwas daran zu verändern.

Ich schulterte meine Ski und ging auf einem Teppich entlang zum Aufenthaltsraum der Athleten. Ein Kameramann mit samt seiner Ausrüstung verfolgte mich. Es war mir selten so egal wie in diesem Moment. Ich bemerkte ihn natürlich, maß ihm aber keine Bedeutung bei. Seine Aufgabe ist es heute zu filmen, meine ist es Skizuspringen und im Anschluss Langzulaufen. Beide wollen wir unsere Aufgabe so gut wie möglich machen.
Ich hatte noch etwas Zeit, bevor ich mit einem weiteren Lift hinauf zum Anlaufturm fuhr. Ich vergewisserte mich, wie viele Springer noch vor mir an die Reihe kommen. Ich will zehn Nummern, bevor ich an der Reihe bin, mit gebundenen Schuhen oben am Anlauf stehen. Ich hatte noch Zeit. Zwei, drei Athleten wartete ich noch ab, dann band ich mir die Schuhe.
Auch fünf Springer vorher wäre noch früh genug gewesen. Es ging mir in diesem Zusammenhang jedoch weniger um den zeitlichen Faktor als um die Tatsache, dass ich noch die Stimmung rundherum aufnehmen wollte. Mich auf diese Weise mit der im Vergleich zum Probedurchgang doch wieder veränderten Umgebung vertraut zu machen, war Teil meines Rituals und das Verwerten einer Erfahrung.

## Als mir das Herz in die Hose rutschte

Ich kann mich noch allzu gut an meine ersten Olympischen Spiele in Lillehammer 1994 (NOR) erinnern, als ich spät genug zu meinem Wettkampfsprung unterwegs war. Damals, im Probedurchgang, war das Stadion erst mäßig gefüllt. Das Athletendorf war oben in der Nähe des Anlaufs. Aber eben nur in der Nähe, und so bemerkte ich erst kurz vor meinem Sprung, dass das Stadion mittlerweile aus allen Nähten platzte. Als ich in den Auslauf schaute, rutschte mir das Herz in die Hose. Ich hatte mit meinen 18 Jahren so etwas noch nie gesehen, geschweige denn gespürt. So viele Menschen nur wegen uns Kombinierern in einem einzigen Stadion, das war zu viel für mich und meine Aufmerksamkeit auf das Wesentliche.

Die Eindrücke dieser einzigartigen Spiele trage ich bis heute in meinem Herzen. Der sportliche Output war damals zwar eher dürftig, aber dieses Erlebnis trug wohl maßgeblich dazu bei, dass ich mich zwölf Jahre später rechtzeitig an die, zwar nicht in diesem Ausmaß, erschienenen Zuschauer gewöhnte.

## Bauernderby

Ich band meine Sprungschuhe wie immer. Nicht lockerer und auch nicht fester als sonst. Dazu bestand kein Anlass. Der Schuh ist im Skispringen wie der Reifen beim Auto. Das Bindeglied zwischen Ski und Körper muss passen. Die Keile, die das System weiter optimieren sollten, kamen erst etwas später dran.
Es war an der Zeit, mich fertig zu machen, um für den Ernstfall gerüstet zu sein. War es ein Ernstfall? Irgendwie schon. Jedenfalls war es die größte Herausforderung, die auf einen Spitzensportler zukommen kann. Mehr geht nicht. Und doch geht es wieder ums Gleiche. Wenn man es genau nimmt, ist jeder Weltcup besser besetzt als der Wettkampf bei Olympischen Spielen. Es sind zwar mehr Nationen am Start und das Teilnehmerfeld ist auch etwas größer, aber die Qualität der zu schlagenden Athleten ist um einiges geringer als bei den Weltcupbewerben. Der Grund liegt auf der Hand: Pro Nation dürfen maximal vier Athleten an den Start gehen. Das heißt, dass von den stärksten Nationen wie Deutschland, Norwegen, Finnland oder Österreich einige gute Sportler zuschauen müssen. Ohne jemanden zu nahe treten zu wollen, aber diese nicht berücksichtigten Athleten aus den stärksten Nationen sind teilweise um Klassen besser als die Kombinierer aus jenen Ländern, die sich noch mitten in ihrer Aufbauphase befinden. Zudem verlieren immer wieder einige Favoriten ihre Nerven und sind dadurch nicht im Stande, ihr Potenzial auszuschöpfen. Deswegen bezeichne ich den olympischen Wettkampf für mich auch gerne als Bauernderby.

Natürlich ein Understatement höchsten Grades, aber gut fürs Gemüt und der beste Beweis dafür, keinen Anlass zu haben, irgendetwas anders als sonst machen zu müssen. Also doch kein wirklicher Ernstfall.

Ich fuhr mit einigen anderen Athleten mit dem Aufzug nach oben. Die Anspannung war spürbar, und jetzt waren auch jene Athleten ruhig, die ich sonst ganz anders kannte.

Es ist sehr interessant, wie unterschiedlich Menschen in Extremsituationen reagieren. Einige machen die ungewöhnlichsten Dinge, andere sind nicht mehr fähig bis drei zu zählen. Jene, die plötzlich anfingen herumzualbern, konnte ich in diesem Moment nicht brauchen. Keiner muss mir zeigen, wie nervös oder lässig er ist. Wir haben einen Wettkampf vor uns, in dem wir uns auf sportlicher Ebene messen können. Danach sehen wir schwarz auf weiß, wer sportlich der Beste war. Auf keiner Ergebnisliste steht wer, wann und wie lange vor dem Wettkampf der Coolste war. Es zählen ausschließlich die Ergebnisse auf der Schanze und die auf der Loipe. Derjenige, der am Ende als Erster die Ziellinie überquert, hat den Wettkampf gewonnen und ist Olympiasieger. So einfach ist das und dessen war ich mir auch bewusst. Ich hatte das gute Gefühl handlungsfähig zu sein. Ich hatte das Gefühl zu wissen, was ich zu tun habe und darauf vertrauen zu können, es passieren zu lassen. Mein Ziel war es, den Sprung mit all seinen Facetten zu genießen.

Der Aufzug war am Plateau angekommen. Wenige Meter trennten uns von der Absprungplattform. Dort standen die Ski der Sportler, ehe sie nacheinander nach unten gingen, um sich für ihren Sprung fertig zu machen. Ich fand noch einen Platz, um meine Ski hinzustellen und entfernte auch gleich das Klebeband und das Vlies zwischen den Belägen. Eine Tätigkeit, die wie die meisten in Ruhe viel leichter klappt als unter Zeitdruck. Es waren noch elf Springer vor mir. Ich stand oben und schaute in die Tiefe.

## Ich bin bereit

Ich bin eins mit der Schanze, eins mit dem Wind, eins mit der Umgebung. Ich bin eins mit mir selbst. Eine mehr als nur gute Ausgangsposition. Niemand braucht mir diese Tatsache zu sagen oder einzutrichtern. Ich brauche auch keine Beweise dafür. Es reicht mir, diesen Zustand wahrzunehmen. Mein Gefühl steht über allem. Ich brauche keine wissenschaftlichen Untersuchungen, die mir mit hunderten von Statistiken erklären, was gut oder schlecht für mich sei. Bis sich die Wissenschaft ihr Wissen geschaffen hat, gehört auch schon der nächste Winter wieder der Vergangenheit an. Ich brauche keinen Psychologen, der mir sagt, was ich machen soll, um mich gut zu fühlen. Wenn ich dazu als Mensch nicht selbst in der Lage bin, kann mir auch der beste Psychologe nicht helfen.

Mein Gefühl vermittelte mir Sicherheit. Ich brauchte mir nichts mehr zu beweisen. Trotzdem galt es diesen Beweis von neuem anzutreten. Es sollte die ganze Sache abrunden – nicht mehr und nicht weniger. Und der beste Beweis ist für mich immer dann erbracht, wenn ich es schaffe, eine vermeintlich auch noch so wichtige Aufgabe zu genießen. Richtet man seine Aufmerksamkeit voll und ganz auf das, was man gerade tut, kann man sich zumindest sicher sein, all seine Möglichkeiten auszureizen.

Es kribbelte nach wie vor in mir. Ich interpretierte dieses Kribbeln jedoch nicht als Nervosität, sondern als eine große Portion Vorfreude. Ich musste mich die letzten Minuten vor meinem Sprung regelrecht runterbringen. Manchmal ist es auch nicht gut, wenn man sich zu intensiv auf etwas freut.

Je größer die Freude, desto größer ist natürlich auch die Erwartungshaltung. Und wenn man es schafft, diese Freude, die ja immer ein Objekt hat, also auf etwas gerichtet ist, mit einer relativ geringen Erwartungshaltung oder einer gewissen Abgebrühtheit zu kombinieren, dann hat man sich schon einmal eine sehr ordentliche Ausgangsposition geschaffen.

Ich wusste all diese Dinge und kannte ihre Zusammenhänge. Etwas zu wissen ist aber nicht das, worauf es ankommt. Das Entscheidende ist, es immer wieder aufs Neue umzusetzen. Und das ist jetzt meine Aufgabe. Dabei kann mir niemand helfen. Ich werde gleich alleine am Balken sitzen. Alle, die mich auf meinem Weg begleiteten und mich auch immer wieder unterstützten, sind zwar mit Sicherheit gedanklich bei mir, können mich aber nicht mehr aktiv unterstützen. Ich habe das Vergnügen, mich ausschließlich um mich kümmern zu dürfen. Eigentlich eine sehr schöne Aufgabe, die in dieser Intensität auch gar nicht so oft vorkommt.

## Lebe deine Intuition

Ich schüttelte mein Wissen von mir ab und gab meinen Gefühlen die Alleinherrschaft.
Auf das zu vertrauen, was ich mir in über 15 Jahren Training angeeignet habe, ist meine einzige Aufgabe. Die äußeren Vorbereitungen sind automatisiert. Die Vorbereitungen, was die Gefühlsebene betrifft, zwar auch, jedoch gibt es emotional keine Situation zweimal. Folglich kann ich nur meiner Intuition folgen. Ich empfinde das als Heimvorteil. Es liegt jetzt bei mir, ihn auch zu nutzen.
Je näher mein Sprung kam, desto größer wurde meine Aufmerksamkeit. „Bewusst und klar aus den Augen schauen", war über Jahre der Abschluss unserer morgendlichen Qi-Gong-Übungen.
Der Kreis schließt sich und es geht immer noch ums Gleiche.
Ich sah mein Umfeld klar und ich spürte mich deutlicher denn je. So deutlich, dass ich mir diesen Zustand bei einigen Meditationen auch in dieser Intensität gewünscht hätte. Jetzt, wo ich überhaupt nicht damit rechne, ist dieser Flow–Zustand, wie die Psychologie ihn nennt, präsenter denn je. Ein Vorteil meiner jahrelangen Energiearbeit war, dass für mich dieser Zustand nichts Neues mehr darstellte und er mich auch nicht überforderte. Ich empfand es als zusätzliche

Inspiration. Es konnte keinen besseren Beweis geben, dass ich in meiner Mitte war.
Einer Mitte, die sich auf alles im Leben positiv auswirkt – da gehört auch das Skispringen dazu. „Es darf heute leicht gehen", sagte ich mir und wusste, dass sich das gut auf meinen Sprung auswirken würde. Gut beinhaltete für mich, mein Potenzial vollständig auszuschöpfen. Genau das zu bringen, was ich drauf habe. Gedanken strömten auf mich ein, ohne mich abzulenken. Es lag wohl daran, dass es sich ausschließlich um positive Gedanken handelte. Die negativen machten einen großen Bogen um mich. Gegen diese Flut an positiven Verstärkern hatten sie keinen Auftrag. Eine Ausgangsposition, die besser nicht hätte sein können. Ängste und Zweifel dürften sich in meiner Umgebung in dem Moment unwohl gefühlt haben. Sie kamen erst gar nicht auf die Idee bei mir anzuklopfen.

## Aus der Mitte in die Mitte

Vor mir waren nur noch wenige Springer. Meine Aufmerksamkeit galt ausschließlich mir. Der Rest würde sich von allein ergeben. In meiner Vorstellung existierte nur ein guter Sprung. Das Gefühl, das in einem guten Sprung steckt, dieses Gefühl hatte ich tief in mir abgespeichert, und in letzter Zeit war ich auch immer öfters in der Lage, es abrufen zu können. Es ist nicht notwendig, jetzt noch etwas neu zu erfinden, das Altbewährte sollte sich auch heute durchsetzen. Ich musste dieses Springen nicht gewinnen. Ich wollte eine gute Startnummer fürs Langlaufen herausspringen. Die Entscheidung in meiner Sportart fällt ohnehin am Nachmittag in der Loipe.
Einen guten Sprung habe ich immer als das Zusammenspiel aus dessen sichtbarem und unsichtbarem Teil gesehen. Der sichtbare Teil beinhaltet jene Komponenten, die das geschulte Auge wahrnehmen kann. Der unsichtbare Teil beinhaltet all das, was ich während des Sprungs empfinde. Nur wenn sich beide Teile gegenseitig ergänzen, kann auch ein guter Sprung dabei herauskommen.

„Aus der Mitte, in die Mitte“ war mein Zugang beim Skispringen. Die Mitte war sowohl im Anlauf als auch in der Luft bis hin zur Landung der alles entscheidende Faktor, um der Luft die Chance zu geben, dich den Hang hinunterzutragen.
Da ist es naheliegend, auch der persönlichen Mitte täglich etwas Zeit einzuräumen, um von ihr folglich auch täglich profitieren zu können.

## Sich einer Sache widmen

Das, was einen guten Sprung von einem sehr guten unterscheidet, findet in einem Bereich statt, der mit der „Leichtigkeit des Seins“ zu tun hat. Diese Leichtigkeit entscheidet, ob ich ins Fliegen komme und für Bruchteile von Sekunden die Schwerkraft scheinbar überlisten kann. Dafür ist es wichtig, frei zu sein. Frei zu sein heißt, alle Störfaktoren auszublenden. Besser noch, sie im Vorfeld aufzuarbeiten. Frei zu sein bedeutet für mich für den Sprung aufzugehen und alles Leben in den Sprung zu legen.
Es ist erneut wie mit dem Golf spielen: Schaffe ich es, sämtliche Telefonate und unerledigte Dinge, die mich beschäftigen, rechtzeitig vor der Runde zu erledigen, dann habe ich die Möglichkeit, meine Aufmerksamkeit ausschließlich dem Golf spielen zu widmen. Nur so fliegen meine Bälle zumindest halbwegs dorthin, wo sie hinfliegen sollten.
Geistern aber Dinge in meinem Kopf herum, die ich noch zu erledigen habe oder die mich gar ärgern, dann sind die Chancen auf einen guten Score verschwindend gering. Wenn mir das Spielen aber Spaß machen soll, und das ist der einzige Grund, weshalb ich Golf spiele, dann gibt es in dieser Situation nur zwei Möglichkeiten: Entweder ich kratze augenblicklich die Kurve und lege jene Gedanken, die mich ablenken, beiseite oder ich werde nicht viel Freude mit meinem Spiel haben. Es gibt also eigentlich nur eine Möglichkeit: Richte deine Aufmerksamkeit auf das Spiel oder auf das, was du gerade tust. Im Hier und Jetzt zu sein, ist nicht nur

beim Golfen entscheidend. Es ist lediglich eine wunderbare Möglichkeit, dieses Spiel als Übung für das tägliche Leben zu sehen. Dasselbe funktioniert beim Wandern, beim Essen oder beispielsweise beim Zuhören. Es funktioniert bei allem, was wir tun. Bewusst zu gehen, zu schmecken, zu hören oder was auch immer sind Fähigkeiten, die wir, hervorgerufen durch Automatismen oder den täglichen Abstumpfungsprozess in Beruf oder Familie, Gefahr laufen zu verlernen.

Den Lärm um uns herum sind wir schon gewöhnt. Die Stille wieder schätzen zu lernen, sie als Geschenk anzunehmen und sie für sich selbst zu nützen, ist das, was ich im Laufe meiner Jahre als Sportler lernen durfte. Ich kann es nur jedem ans Herz legen, sich für eine Sache zu entscheiden. Es funktionieren hunderte Sachen nacheinander, aber nur eine einzige jetzt. Diese Tatsache sollten wir uns auch während des Essens bewusst sein. Essen wir oder lesen wir doch die Zeitung? Was haben die im Radio gerade gesagt? Bei den Fernsehnachrichten vergeht mir ja richtig der Appetit.

Gelingt es uns aber, uns wieder Zeit für das Essen zu nehmen, dann würden wir das, was wir essen und auch zum Leben benötigen, viel effektiver aufnehmen und verwerten können. Essen ist für mich meist auch ein gesellschaftliches Erlebnis, das es verdient, die volle Aufmerksamkeit zu bekommen.

Beim Skispringen ist es genau gleich. Sich für eine Sache Zeit zu nehmen und nur ihr die Aufmerksamkeit zu schenken, verstehe ich als Freiheit. Das funktioniert jedoch nur dann, wenn ich auch in meinem Kopf dafür Platz geschaffen habe und somit auch die Voraussetzungen da sind, frei sein zu können.

Der Sprung über eine Schanze wurde für mich nie zur Normalität. Ich empfand es immer wieder als etwas Besonderes, über die unterschiedlichsten Schanzen zu springen. Angst ist absolut fehl am Platz, sie hilft uns nicht weiter, Respekt ist jedoch Grundvoraussetzung und erinnert uns auch ständig daran, demütig zu sein.

## Kraft durch Geborgenheit

Das persönliche Umfeld ist dabei natürlich von großer Bedeutung. Man sucht es sich immer selbst aus und hat darüber hinaus auch täglich die Möglichkeit, daran etwas zu verändern. In meinem Fall wusste ich zu jeder Sekunde des Tages, dass meine Familie hinter mir steht. Für mich als Sportler war es immer sehr wichtig, einen familiären Rückhalt zu haben. Nach intensiven Trainings- oder Wettkampfzeiten freute ich mich auf Zuhause, auf die Ruhe, auf die Geborgenheit. Darauf, unabhängig von Leistungen und Resultaten geliebt zu werden. So angenommen zu werden, wie ich bin und nicht, wie mich andere gerne hätten.

Wenn man das weiß, dann kann man sich in persönliche Projekte auch besser hineinknien. Und umgekehrt muss man sagen, dass öffentlicher Druck nie so groß werden kann wie der familiäre oder der Druck aus dem engsten Umfeld. Einer Belastung, der ich zum Glück nie ausgesetzt war.

Ich bin heute noch dankbar für jene Möglichkeiten, die mir meine Eltern geboten haben. Ich bin auch dafür dankbar, meinen Sport immer für mich und nie für jemanden anderen ausgeübt zu haben.

## Felix, der Glückliche

Ich werde gleich am so genannten Zitterbalken sitzen, habe aber gar keinen Grund zu zittern. Ich habe meine Hausaufgaben gemacht. Ich darf mich zwar nicht zurücklehnen, aber ich hätte, hätte ich einen Spiegel bei der Hand gehabt, einen ruhigen, einen zufriedenen, einen zuversichtlichen, kurz: Einen glücklichen Felix im Spiegel gesehen. Und ich war dankbar: Ich war dankbar für meine bittersten Niederlagen, weil sie mir mehr als alle Siege zusammen dabei halfen, mich weiterzuentwickeln; ich war dankbar gesund und überhaupt hier sein und ein nicht alltägliches Ziel anvisieren zu können.

Ich hatte mir das Privileg erarbeitet, bei Olympischen Spielen den anstehenden Wettkampfsprung genießen zu können. Ich verspürte keinen Druck und keine Erwartungshaltung an mich selbst. Es ist nur ein Sprung. Ein Sprung, den es jetzt zu machen galt.

Ich rutsche auf den Balken und dann geschieht etwas Seltsames: Nicht nur ich rutsche auf den Balken, sondern auch mein Herz rutscht mir in die Hose. Ich habe das Gefühl, als ob ich mich selbst provozieren will. In der Sekunde zuvor bestand meine Ruhe noch aus einer Mischung aus Routine und Zuversicht und jetzt bin ich doch aufgeregt, als ob der alles entscheidende Sprung bei meinem letzten olympischen Wettkampf anstehen würde. Und das war ja auch wirklich so. Wohl ein Zeichen dafür, dass trotz akribischer Vorbereitung das reale Ereignis, also der jetzt anstehende Sprung bei meinen letzten Olympischen Spielen doch die Fähigkeit besitzt, für einen Moment alle Konzepte, Planungen und Vorbereitungen einzureißen und man vor der Einmaligkeit der anstehenden Chance regelrecht in die Knie geht oder eben – wie das bei mir der Fall war – einem sprichwörtlich das Herz in die Hose rutscht.

Das Komische daran war, ich empfand das Ganze gar nicht als störend. Ich ging einfach davon aus, dass dieser Gemütszustand nicht zufällig da ist.

Meine Aufmerksamkeit war mir für kurze Zeit abhanden gekommen. Und im Augenblick schnellte mein Puls in die Höhe, dass mir fast die Halsschlagader heraussprang.

Intuitiv atmete ich tief ein und tief aus.

## Erfahrungen, komprimiert in einem Atemzug

Dieser Atemzug beruhigte mich. Ich war wieder handlungsfähig. Dieser Atemzug ließ mich meine Beine wieder spüren, er gab mir meine Selbstverständlichkeit und meine Leichtigkeit zurück. Ein Atemzug vielleicht über zwei, maximal drei Sekunden, für den ich aber über Jahre übte. Wohl deshalb war er in dieser Sekunde so effektiv. Es waren genau elf Jahre Erfahrung, die ich in einem einzigen Atemzug komprimiert umgesetzt hatte. Jedes einzelne Aufstehen eine Stunde vor dem Frühstück ermöglichte es mir, meinen persönlichen Steuerkasten so gut zu kennen, um in diesem entscheidenden Moment den richtigen Hebel umzulegen. Ich ließ meine Energie über den Rücken nach oben laufen und von dort ganz nach unten sinken. Ich atmete in meine Fußsohlen hinein, das gab mir essentielle Bodenhaftung. Gleichzeitig verabschiedete ich mich gedanklich beim Ausatmen von der Aufregung, die mich noch kurz zuvor überkommen hatte. Ich atmete nicht zweckgerichtet oder absichtsvoll, sondern rein intuitiv. Hätte ich die Zeit gehabt, die Wirkung von einmal Ein- und Ausatmen zu hinterfragen, die Wirkung hätte sich mit großer Wahrscheinlichkeit in Luft aufgelöst.

## Der Wettkampfsprung

Die Ampel schaltet auf Grün und von diesem Zeitpunkt an habe ich fünf Sekunden Zeit wegzufahren. Das Einzige, was ich jetzt noch aktiv beeinflussen kann, sind die ersten ein, zwei Meter des Anlaufs. Das war das Erste, was ich unter dem Trainer Günther Chromecek lernen durfte. Aktiv in den Sprung einzugreifen und die richtigen Voraussetzungen zu schaffen, ist nur im Moment des Wegfahrens möglich. Mit dem Loslassen am Balken sollte man auch gedanklich losgelassen haben. Es geht dabei nur darum, den Körperschwerpunkt optimal einzunehmen. Das ist logischerweise mit Geschwindigkeit null oder, besser noch, am Umkehrpunkt am einfachsten. Am Umkehrpunkt deshalb, weil, bevor man nach unten fährt, man sich noch einige Zentimeter unter den Balken nach oben zieht und erst dann loslässt. Mit 90 Stundenkilometer den Schwerpunkt noch so zu verändern, dass für einen guten Sprung die Voraussetzungen passen, würde eher einem Roulettspiel gleichen, als dass es etwas mit Skispringen zu tun hätte. Konsequent verfolgte ich diesen Ansatz über Jahre – so lange, bis er fixer Bestandteil meines Autopiloten wurde.

Ich fuhr den Anlauf hinunter und nahm schnell Geschwindigkeit auf. Meine Wahrnehmung war überaus scharf und zudem hatte ich das ungewöhnliche Gefühl, mich selbst beim Sprung beobachten zu können. Dazu kam, dass ich mich, hervorgerufen durch eine seltsame Überlappung der Perspektiven, auch von hinten oben sehen konnte. Normalerweise, wenn die Sonne die Schanze hinunter scheint, kann man sich während des Sprungs selbst im eigenen Schatten beobachten. Das, was ich empfand, hatte aber nichts mit meinem Schatten zu tun. Ich kannte diese Perspektive auch aus keiner Kameraeinstellung. Ich konnte mich selbst, vielleicht von zwei, drei Metern über und leicht hinter mir, beobachten. Es war eine geniale Perspektive, und sie vermittelte mir zusätzlich eine Leichtigkeit, wie ich sie zuvor nur bei meinen allerbesten Sprüngen erlebt hatte.

Ich fühlte mich beobachtet und begleitet zugleich. Es war mir auch nicht unangenehm, im Gegenteil, alles lief eine Winzigkeit langsamer ab als gewöhnlich. Ich erlebte meinen Sprung als sehr spielerisch, ich fühlte mich in der Anfahrtsposition wohl, und selten zuvor kam ich mir so gelenkig vor. Ich nahm im Anlauf nicht nur Geschwindigkeit, sondern auch unendlich viel Energie in mich auf. Diese Energie galt es zu nutzen.

Meine Position war sehr stabil und trotzdem locker und leicht. Ich konnte spüren, dass ich unglaublich schnell war. Der Radiusdruck füllte mich weiter mit Energie. Intuitiv begann ich gegen die Unterfläche Druck zu entwickeln und drückte gegen die aus purem Eis bestehende Anlaufspur. Meine in die Hocke tief gebeugten Beine begannen sich zu strecken. Ich wurde in der Bewegung schneller und brachte einen sehr langen Druck an. Der Sprung hörte nicht auf zu wirken. Mein Oberkörper fühlte sich geduckt und leicht an. Ich spürte die im Anlauf aufgenommene Energie nach wie vor in meinem Körper. Ich war leicht. Ich konnte die Erdanziehungskraft für Bruchteile von Sekunden überwinden. Geschmeidig und trotzdem entschlossen, flog ich über den Vorbau hinaus. Ich war hoch in der Luft und hatte zudem noch viel Energie im Körper. Ich flog mit einem für meine Verhältnisse relativ schmalen V, die Fersen

fühlten sich breiter als normal an. Mein rechter Handrücken zeigte nach unten. Der der linken Hand machte nur in den seltensten Fällen das, was ich wollte. Trotzdem wurde ich so zu einem noch runderen Flugkörper. Ich befand mich in meinem Gleichgewicht. Über den Nacken hinaus versuchte ich den Sprung schnell zu machen, ohne auch nur den geringsten Druck auf meine Ski auszuüben. Ich konnte den Sprung genießen. Im letzten Drittel des Sprungs hatte ich nochmals das Gefühl, dass ich mich, wenn auch nur leicht, vom Hang wegbewege und leicht bleibe. Dadurch wird eine entschlossene und blitzsaubere Telemarklandung zur einfachsten Sache der Welt.
Ich landete bei diesem Sprung bei 123 Metern und machte zudem einen passablen Telemark.
Es war kein überragender Sprung, aber genau das, was ich zu diesem Zeitpunkt drauf hatte. Mein Ziel war es, genau so einen Sprung zu machen, um eine gute Ausgangsposition für den anstehenden Langlauf zu haben. Und das war mir gelungen. Es standen zwar noch einige Athleten oben, aber ich hatte meine Aufgabe gut gelöst und darum auch nicht das Gefühl, dass noch irgendeiner von den besten Langläufern unter den Kombinierern einen deutlich weiteren Sprung zeigen würde.
Ich war deshalb mit mir zufrieden, weil ich diesen Sprung genossen und nicht als notwendiges Übel empfunden hatte.
Der erste Teil war getan, jetzt stand der zweite an.

## Meine Ausgangsposition

Ich lag am Ende des Sprungwettkampfes an zwölfter Stelle und hatte 54 Sekunden Rückstand auf den Tagesbesten Georg Hettich. Er war in einer großartigen Verfassung auf der Schanze und ist auch in der Loipe nicht zu unterschätzen. Aber diesmal werde ich versuchen früher als beim 15-Kilometer-Lauf auf die Spitzengruppe aufzuschließen.

Ich dachte mir immer alles, was unter einer Minute liegt, kann ich mit einem guten Rennen aufholen. Zweitens war meine Faustregel, zumindest zehn Plätze in einem Rennen gutmachen zu können. Sehr oft gelang es mir auch mehr als zehn Plätze aufzuholen. Bei einem Rennen jedoch, in dem nur der Sieg zählt, spürt man jeden einzelnen Athleten, den man überholen muss.
Jedenfalls stand fest: Ich liege momentan auf Platz zwölf, und ich würde ein außerordentlich gutes Rennen brauchen, um mich durchsetzen zu können.
Das teilte ich auch den wartenden Journalisten im Auslauf mit. Ich erwähnte, dass ich mit meinem Sprung absolut zufrieden sei, aber noch ein hartes Stück Arbeit vor mir hätte, dass ich mich sehr gut fühle und in der Loipe voll angreifen werde.
Sie wünschten mir viel Glück und ich merkte nicht zum ersten Mal, dass es für sie nicht nur ein Job war, den sie zu erledigen hatten. Sie fieberten mit mir mit und konnten das Rennen kaum erwarten. Sie hofften und zählten auf mich, sehr nett an sich, aber laufen musste ich doch noch selbst. Ich war auch überzeugt davon, dass es in der Loipe im Moment keinen Schnelleren geben würde als mich. Mein Selbstvertrauen war – wie man lesen kann – groß, und das war auch notwendig, wenn ich diesen Rückstand aufholen wollte.
Ich war aber noch sehr weit von einer möglichen Medaille entfernt – und noch weiter von einer Goldmedaille.

## Den Schalter umlegen

Ich musste jetzt meine Aufmerksamkeit den anstehenden 7,5 Kilometern widmen. Auch das macht die Nordische Kombination zu dem, was sie ist. Nachdem man seinen Sprung gemacht hat, gilt es sofort den Schalter umzulegen. Beim Skispringen geht es darum, seine Leistung in sehr, sehr kurzer Zeit zu bringen, Schnellkraft und technisches Können sind die wesentlichen Parameter; beim Langlauf geschieht alles über einen viel längeren Zeitraum und im Vordergrund stehen Ausdauer, Kraft und ein unbändiger Wille. Der Sprung ist oft schneller vorbei als einem lieb ist. Ein Langlaufrennen kann jedoch endlos lang werden.

Zur Frage, weshalb man sich das immer wieder aufs Neue antut, kann ich nur sagen: Weil Schmerzen eben auch Gefühle sind, und man sie in der Intensität, wie in unserem Sport, auch nur sehr selten erlebt.

Ein Langlaufrennen lebt von dem Vorstartzustand. Vorausgesetzt, man ist auch zu hundert Prozent bei der Sache und es liegt einem was daran, so gut wie möglich zu sein. Ich war bei jedem einzelnen Rennen aufgewühlt, und so wurde es für mich nie zur Normalität am Start eines Langlaufrennens zu stehen. Ich brauchte dieses Gefühl. Es bedeutete für mich und meinen Körper auf Kommando Leistung zu bringen und absolut an meine Grenzen zu gehen. Hätte ich irgendwann dieses Gefühl am Start nicht mehr gehabt, wäre die einzige sinnvolle Konsequenz wohl gewesen, meine Karriere mit sofortiger Wirkung zu beenden und mir meine Reize in einem anderen Bereich zu suchen. Für meine Leistungsbereitschaft war dieser Zustand Grundvoraussetzung.

Das Rennen selbst hängt mit unendlich vielen Faktoren zusammen. Die Ausgangsposition und das Streckenprofil, die Bedingungen sprich die Wetter- und Schneeverhältnisse mit dem dazugehörigen Material sind neben den taktischen Überlegungen sehr wichtig. Der alles entscheidende Faktor bleibt natürlich die persönliche Verfassung. Für ein optimales Rennen müssen alle angesprochenen Bereiche ineinander greifen. Hinter jedem einzelnen Bereich steckt natürlich sehr viel Arbeit, jede Menge Herzblut, große Leidenschaft und ausreichend Erfahrung. Funktioniert irgendetwas nicht optimal, kann man davon ausgehen, dass am Ende des Tages entscheidende Teile des Puzzles fehlen werden. Jede Situation ist immer eine neue Situation, deshalb kann es auch nie ein allgemeingültiges Erfolgsrezept geben. Die intuitiven Entscheidungen sind auch hier wieder von großer Bedeutung und nicht wegzudenken. Ganz wichtig dabei

ist es, die selbst getroffenen Entscheidungen mit dem Erarbeiteten und seinem Gefühl zu untermauern.
Hat man sich einmal für einen Ski entschieden, kann die Devise nur lauten: Ich hole mit diesem Ski das Optimum heraus. Dabei den Konjunktiv einzustreuen, mit seinem Schicksal zu hadern und ständig „hätti, täti, wari" zu denken, verbessert die Situation definitiv nicht.

## Zusätzlich ernähren?

Will man ein gutes Langlaufrennen bestreiten, sollten die Kohlehydratspeicher bis über den Rand hinaus aufgefüllt sein. Dafür ist es natürlich notwendig, rechtzeitig ausreichend Kohlehydrate zu sich zu nehmen. Bei mir ging das am einfachsten über Nudeln. Mein Glück ist, dass ich Nudelgerichte über alles liebe und mich wohl nie davon abessen werde. Allerdings sollte man die Saucen variieren und darauf schauen, dass man die Nudeln bissfest auf den Teller bringt.
In Skandinavien wird in den meisten Fällen die Pasta so lange gekocht, dass es viel effektiver wäre, den Kochtopf auszutrinken als dessen Inhalt zu essen. In so einem Fall haben wir dann mit unseren persönlichen Utensilien das Kommando in der jeweiligen Küche übernommen und selbst gekocht. Meine Einstellung war immer, dass mein Körper nur das verwerten kann, was ich ihm durch essen und trinken zuführe. Alles, was ich nicht durch essen und trinken zu mir nehmen kann, will ich auch nicht in meinem Körper haben. Und alles, was nicht natürlich produziert beziehungsweise hergestellt wird, lehne ich ab. Das soll jetzt nicht heißen, dass ich mich ausschließlich von Bioprodukten ernährt habe. Das heißt aber sehr wohl, dass ich auf alle Nahrungsergänzungsmittel verzichtet habe und mich davon auch ganz klar distanzierte. Ich bin entgegen vieler anderer der Meinung, dass in unserer Nahrung, wenn man sie sorgfältig aussucht und auch dementsprechend zubereitet, sehr wohl noch alle Nährstoffe, die wir benötigen, enthalten sind. Und wenn ich mir darüber hinaus

noch Gedanken mache, was mir gut tut und mich in meinen Tätigkeiten unterstützt, dann ist das schon ein sehr guter Umgang mit dem Thema Ernährung. Gelingt es mir zudem meine Lebensmittel mit Liebe zu kaufen, zuzubereiten und vor allem auch mit Liebe zu essen, dann hat keine Tablette und kein Pulver der Welt eine Chance, der Natur das Wasser zu reichen.

Als ich noch im Schigymnasium in Stams war, nahm ich auch Vitamine und Spurenelemente in Form von Tabletten zu mir. Das wurde uns seitens der Trainer empfohlen. Sehr modern waren damals Tabletten, die L-Carnitin enthielten. Diese sollten die Sauerstoffaufnahme im Blut und auch die Fettverbrennung zusätzlich aktivieren. Abgesehen davon, dass sie auch schon für damalige Verhältnisse teuer genug waren, verfehlten sie bei mir obendrein ihre Wirkung. Die Vitamine schlugen jedoch enorm an, vor allem, was die Farbe meines Urins anging; manchmal machte ich mir ernsthaft Sorgen, ob ich beim Studium der Hausaufgaben nicht versehentlich einen Leuchtstift verschluckt haben könnte. Und was die Spurenelemente betraf, so suchten die sich gleich wieder den schnellsten Ausgang, was sich durch starken Durchfall äußerte. Die L-Carnitin Tabletten schafften es erst gar nicht bis hinunter, da es nach wenigen Minuten, nachdem ich aufstoßen musste, regelrecht aus meinem Mund herausstaubte. Damals hinterfragte ich erstmals die Wirkung dieser Nahrungsergänzungsmittel. In der Folge verzichtete ich auch auf isotonische Getränke, die bei mir ihre Wirkung fast ausschließlich in Form von Magenbeschwerden oder Sodbrennen zeigten.

## Wasser, Apfelessig und Honig

Wasser war von da an meine Zusatzernährung. Es gab Zeiten, da schwor ich auf lauwarmes Wasser mit einem Schuss Apfelessig und ein wenig Honig. Diese Mischung empfand ich als sehr bekömmlich, vor allem am Morgen nach dem Aufstehen auf nüchternen Magen. Meine Verdauung und mein Immunsystem dankten es mir.

Heute trinke ich vor allem Leitungswasser. Wenn ich schlafen gehe, steht immer ein Glas Wasser am Nachtkästchen. Wenn ich Auto fahre, habe ich eine Flasche Wasser dabei und zuhause im Wohnzimmer oder im Büro steht immer ein voller Wasserkrug auf dem Tisch, er soll mich daran erinnern, Wasser zu trinken – und zwar zu trinken, bevor ich durstig bin und einen trockenen Mund bekomme. Es ist schier unglaublich, wie viele Menschen viel zu wenig Wasser trinken. Der Tag beginnt mit Kaffee, geht über zu irgendwelchen zuckerhaltigen und endet mit diversen alkoholischen Getränken. Wird man sich aber bewusst, dass man mit Kaffee, Zuckerwasser und Alkohol lediglich negativ trinkt, weil man dem Körper dabei mit jedem Schluck Wasser entzieht, ist es schier unmöglich, diesen Raubbau am eigenen Körper aufrecht zu erhalten. Viele Krankheiten kann man auf die Dehydrierung des Körpers über einen viel zu langen Zeitraum hinweg zurückführen.
Was in diesem Zusammenhang effektiver wäre, liegt auf der Hand. Ausnahmsweise kostet diese Form von Lebensqualität, zumindest in Ländern, die über sehr gutes Trinkwasser verfügen, nahezu nichts. Zudem ist es auch nicht möglich, zu viel Wasser zu trinken. Was zu viel ist, wird ausgeschieden. Sich so ständig zu entgiften und durchzuschwemmen, ist der positive Nebeneffekt an der Sache.

## Zwischenmahlzeit

Meine Speicher müssten zwar randvoll sein, doch sollte man den Energieverschleiß auch beim Skispringen nicht unterschätzen. Darüber hinaus musste der Flüssigkeitshaushalt wieder ausgeglichen werden. Die Sprunganzüge sind warm und die Anspannung vor dem Sprung tut das Übrige, um ordentlich ins Schwitzen zu kommen.
Das Erste, was ich nach meinem Sprung machte, war auf dem schnellsten Weg zurück in unseren Container zu gehen, um ausreichend zu trinken. Ich trank Wasser und gespritzten Johannisbeersaft.

Ich hatte das Gefühl, dass mir der Fruchtzucker alles für die anstrengende Aufgabe bereitstellen würde, was ich benötigte. Ich achtete darauf, dass der Saft zwar süß, aber eben nicht zu süß war.
Um meine Kohlehydratspeicher wieder vollständig aufzufüllen, griff ich auf meine Honigbrote zurück, die ich mir beim Frühstück gemacht hatte. Von ihnen erwartete ich mir eine schnelle und doch lang anhaltende Energiezufuhr. Die Inhaltsstoffe eines guten Honigs sind schier endlos und zudem noch natürlich. Egal ob bei kurzen oder langen Distanzen im Training oder im Wettkampf, über mein Honigbrot lasse ich nichts kommen und bis heute darf der Honig nicht am Frühstückstisch fehlen.
In dieser Situation auf mein altbewährtes Rezept zu vertrauen, war nur konsequent. Ich aß immer in Ruhe und kaute sorgfältig, so groß konnte der Zeitdruck gar nicht sein. Die Zeit, die ich fürs Essen brauchte, sparte ich mit meiner ausgetüftelten Logistik ein.

## Auf dem schnellsten Weg ins Langlaufstadion

Meine bis ins kleinste Detail durchgeplante Einpackerei ermöglichte es mir, alles sofort bei der Hand zu haben. Meine Wäschesäcke konnten in diesen Minuten ihr volles Potenzial entfalten.
Nachdem ich gegessen hatte, zog ich mir das Einlaufgewand an und machte mich auf den Weg zum Langlaufstadion. Dort wollte ich meinen Rennski mindestens eine Stunde vor dem Start bei unseren Technikern für eine optimale Präparierung abgeben.
Die Zeit ist notwendig, um auch der Chemie, die auf den Belag gebügelt wird, genug Zeit zum Einwirken und Auskühlen zu geben.
Eine Gruppe war, spätestens seit den Erfahrungen der vorolympischen Spiele, immer bis kurz vor dem Start auf der Loipe, um die Bedingungen genau zu beobachten und noch das „Finish“ herauszutesten. Beim Finish handelt es sich um unterschiedliche Fluorsubstanzen, die kurz vor dem Start auf den Belag aufgetragen werden. Sie sollten das berühmte Kraut noch fett machen.

Ich saß im Bus zur Loipe. Der Verkehr zum Stadion war an diesem Tag relativ dicht und wir mussten mit unseren Langlaufrucksäcken auch noch die Sicherheitskontrolle passieren. Das konnte gerade im Langlaufstadion erfahrungsgemäß sehr lange dauern und die Zeit war schon ohne diesen Unsicherheitsfaktor sehr knapp bemessen. Ich bemühte mich ruhig zu bleiben und die Zeit zur Entspannung zu nützen. Anstrengend genug wird es in den nächsten ca. 90 Minuten sowieso werden. Richtig entspannen konnte ich mich jedoch nicht – dafür war ich zu aufgewühlt. Ich besorgte mir eine Startliste und studierte sie.

## Mit der Strecke auf Du und Du

Mir eine Taktik zurechtzulegen und in diesem Zusammenhang das Streckenprofil in Gedanken nochmals durchzugehen, war für mich ein wichtiger Teil der Vorbereitung. Ich liebte es Strecken genau zu studieren und ihre Raffinessen und Tücken herauszufiltern. Es gab keine Strecke, mit der ich mich je so intensiv auseinandergesetzt hatte wie mit jenen 2,5-km-Runden hier in Pragelato. Sie begleiteten mich gedanklich den ganzen Sommer im Training. Ich suchte mir immer wieder Passagen auf der Rollerstrecke in Ramsau, die denen in Pragelato ähnlich waren. Unzählige Stunden verbrachte ich auf diesen vom Profil her ähnlichen Strecken, um meine Ausdauer und meine Kraft zu verbessern und meine Technik zu verfeinern. Die Skiroller waren für mich das Trainingsgerät abseits des Schnees, das dem Langlaufen am nächsten kam. Und ich versuchte immer so zu laufen, als ob ich mit Langlaufski unterwegs wäre. Dadurch forcierte ich eine Technik, die ich auch im Winter anwenden konnte.
Es warteten drei Runden von je 2,5 Kilometern auf uns. Die erste und die letzte waren gleich und auch deutlich schwieriger als die mittlere. In den beiden schweren Runden war ein sehr langer und auch sehr steiler Anstieg zu bewältigen. Die mittlere Runde zeich-

nete sich durch einen eher flachen Anstieg aus. Zudem waren auch viele flache Passagen zu durchlaufen, in denen es sehr wichtig war, einen guten Zug auf den Ski zu bringen. Vor allem durch den am Nachmittag meist stärker werdenden Wind konnten sich dort vermeintlich schwächere Athleten in meinem Windschatten relativ leicht verstecken.

Im Stadiondurchlauf konnte man zwar alleine viel Zeit herauslaufen, mit einer Gruppe im Schlepptau aber auch wieder viel Kraft liegen lassen. Da galt es eine gute Mischung zu finden, um am Schlussanstieg auch noch in der Lage zu sein, die Entscheidung suchen zu können.

Der Blick auf die Startliste war eigentlich sehr vielversprechend. Ich fand meinen Namen an der zwölften Stelle mit den bereits erwähnten 54 Sekunden Rückstand. Ich begann erst gar nicht zu rechnen; mir war klar, dass ein sensationelles Rennen notwendig sein würde und mit Rechnen habe ich auch noch kein einziges Rennen gewonnen.

Ich hatte in den vergangenen Jahren auf den diversen Loipen einfach zu viel miterlebt, um mich schon vor der Ziellinie in Sicherheit zu wiegen.

## Ruhig bleiben

Heute ist der Tag, an dem ich eine weitere Chance bekomme, mir mein sportliches Ziel zu realisieren. Dafür musste ich aber in der Zeit vor dem Rennen noch die richtigen Entscheidungen treffen. Ich nahm mir vor, während des Rennens geduldig zu bleiben und zum richtigen Zeitpunkt mit hundertprozentiger Entschlossenheit meine Attacke durchzuziehen. Das war meine Taktik. Natürlich war ich aufgeregt ohne Ende. Es stand für mich rein sportlich gesehen doch sehr viel, wenn nicht alles auf dem Spiel. Ich schickte diese Gedanken weg, bevor sie sich in meinem Kopf einnisten konnten und vertröstete mich mit der nüchternen Aussage, dass mir das jetzt auch nicht weiter helfen würde.

Ich sagte mir, um den Grundstein für ein gutes Rennen zu legen, sei es momentan allein wichtig, zum Skitesten zu kommen. Wir waren kurz vorm Stadion und mir fiel sofort die lange Menschenschlange auf, die sich am Eingang gebildet hatte. Alle waren damit beschäftigt, ihre Rucksäcke gemeinsam mit dem Sicherheitspersonal zu durchstöbern. Meine Nervosität steigerte sich nochmals erheblich, lief mir doch langsam aber sicher die Zeit davon. Natürlich waren auch andere Athleten im Bus, die ebenfalls an den Start mussten. Aber ich interessierte mich ausschließlich für meine Vorlaufzeit bis zum Start. Und es wurde knapp. Als wir endlich aussteigen konnten, ging ich schnell auf die Sicherheitskontrollen zu. Der Zaun rechts von den Kontrollen war offen und ich sah dort einen Athleten durchgehen. Ein Carabinieri folgte ihm zwar sofort, aber als mir auffiel, dass sie zu diskutieren begonnen hatten, interpretierte ich das als gutes Zeichen und schlüpfte ebenfalls durch diese Lücke. Diesen Weg bevorzugten nach mir auch noch viele andere und plötzlich gingen so viele Leute durch, dass die Carabinieri nicht die Zeit hatten, sich mit jedem einzelnen auf ein Gespräch einzulassen.
Die Sicherheitskontrolle war also für wenige Minuten aufgehoben und ich lag plötzlich wieder ausgezeichnet in der Zeit.
Mein erster Weg führte mich in die Wachskabine, um mich mit den Technikern abzusprechen. Dabei waren für mich die letzten Informationen über die Schneebeschaffenheit und die Wettersituation besonders wichtig. Zudem wollte ich natürlich wissen, ob die Schliffe, die sich am Tag zuvor als die besten herauskristallisiert hatten, auch heute noch die schnellsten sind.
Es gab keine Überraschungen, was mich wieder etwas ruhiger werden ließ. Ich packte meine drei Paar Ski zusammen und legte sie ins Freie. Das sollte den Sinn haben, dass sie sich der Außentemperatur angleichen und ich in weiterer Folge eine seriösere Entscheidung, was die Skiauswahl anging, treffen konnte. Ein warmer Ski ist immer etwas schneller beim Testen als ein kalter. In den fünf Minuten, die ich dazu brauchte, mir die Langlaufschuhe anzuziehen und mich bereit

für das Einlaufen zu machen, hatten die Ski zumindest etwas Zeit, sich der Außentemperatur anzupassen. Ich beauftragte Hetti, meine Ski für ein paar Minuten im Auge zu behalten. Ich wollte einfach auf Nummer sicher gehen – unvorstellbar, würden diese Ski jetzt noch verschwinden.

Ich ging auf dem schnellsten Weg zum Container, der ausschließlich uns Athleten zugedacht war. Dadurch waren wir nicht den giftigen Dämpfen, die beim Bügeln der Ski entstehen, ausgesetzt. Im anderen Container wäre ohnehin kein Platz mehr gewesen, dort wurde gearbeitet wie in einem Bienenstock.

Ich zog mir meine Langlaufschuhe an, streifte mir eine Trainingsnummer über und schnappte mir meine Wettkampfstöcke. Ohne diese Nummer hatte man keine Chance auf die Strecke zu kommen. Ich machte mich also auf den Weg meine Ski zu holen, um in weiterer Folge eine sehr wichtige Entscheidung zu treffen.

## Skitesten – mehr als eine Entscheidung

Der Weg zur Originalstrecke nahm zwar sehr viel Zeit in Anspruch, war für mich aber die einzige Möglichkeit, eine optimale Skiwahl zu treffen. Es ist auch kein Geheimnis, dass sich die Skipräparierung in den letzten Jahren zu einer derart komplexen Geschichte entwickelt hat, dass man sich wirklich oft fragen muss, ob das noch in irgendeiner Relation steht.

Als Athlet muss man seine Ski genau kennen, das heißt, ich muss wissen, bei welchen Bedingungen ich welchem Ski mein Vertrauen schenken kann. Zuerst muss ich meine ident präparierten Ski (gleicher Schliff und gleiches Wachs) bei den unterschiedlichsten Schneeverhältnissen laufen, um daraufhin eine Gruppierung machen zu können. Nachdem dieser Prozess, der streng genommen nie abgeschlossen ist, dann doch irgendwann einmal vorüber sein muss, unterteile ich meine Ski in die Bereiche nass, universal und kalt. Je nach Gruppierung werden sie unterschiedlich geschliffen.

In der Regel ist es so: Je kälter es ist, desto feiner ist auch die Struktur des Schliffs. Fein und grob ist in diesem Zusammenhang relativ. Wir reden von zwei bis drei my (μ) bei feinen Schliffen und bis zu sieben my (μ) bei groben Schliffen. Meine Zeit, das herauszufinden, war das Frühjahr. Von Mitte März unmittelbar nach dem Weltcupfinale bis Ende April widmete ich mich ausschließlich dieser Aufgabe. Darüber hinaus war diese Phase sehr effektiv, um an meiner spezifischen Grundlagenausdauer zu feilen. Unzählige Ausdauerstunden standen auf dem Programm und jede einzelne stand in Verbindung mit Materialtests.
In dieser Zeit besorgte ich mir von meiner Skifirma sämtliche bis zu diesem Zeitpunkt des Jahres verfügbaren Rennski, die schon darauf warteten, von mir gelaufen zu werden.
Diese Arbeit wollte ich mir von niemandem abnehmen lassen, weil es mir beim Langlaufen um das Gefühl für jeden einzelnen Ski ging. Natürlich gibt es Geschwindigkeitsmessungen. Mir war es jedoch immer um ein Vielfaches wichtiger, wie die Ski „vom Fuß" gingen und nicht, ob sie bergab beim Geradeausfahren schnell waren. Das heißt, mir war es immer wichtig, welches Gefühl ich beim Laufen hatte, wenn ich den Ski in den Schnee setzte und dann ins Gleiten überging. Hatte ich dabei ein gutes Gefühl, war der Ski auch in den Abfahrten mit bei den schnellsten.
Es handelte sich dabei immer nur um Nuancen, aber es sind eben auch immer nur Nuancen, die bei einem Rennen zwischen Sieg und Niederlage entscheiden.

## Das große Ganze auf die kleinste Zelle reduzieren

Meine Aufgabe nach einer langen Wintersaison sah ich darin, meine Grundlagen im konditionellen und technischen Bereich zu optimieren und dabei gleichzeitig entsprechendes Material für die kommende Saison zu finden.
Ich hatte also am Ende einer langen Wettkampfsaison so viel Arbeit vor mir, dass ich am Beginn gar nicht wusste, wo ich anfangen sollte.

In so einem Fall hieß es einfach auf der Stelle mit der Arbeit zu beginnen. Und um nicht gleich von dieser Riesenaufgabe eingeschüchtert zu werden, überlegte ich mir einen Zugang, mich selbst zu überlisten. Dazu musste es mir gelingen, den gesamten Zeitraum von über sieben harten Trainingswochen auf den kleinsten Teil herunterzubrechen. Ich hatte das Ziel, am Ende mit einer sensationellen langlaufspezifischen Grundlagenausdauer dazustehen und darüber hinaus meine Ski und ihr Verhalten bei den unterschiedlichsten Bedingungen zu kennen. Ich wollte wissen, welche Ski bei welchen Schneeverhältnissen wie lange gut rutschen und ich wollte wissen, welche Ski in welchen Passagen besonders gute Laufeigenschaften haben. Kurzum: Ich wollte im Herbst die Gewissheit haben, dass auf die richtigen Ski auch die richtigen Schliffe kommen. Nur diese Kombination mit dem dazugehörigen Wachs würde mir im Winter ermöglichen, das optimale Material zu finden.

Das Frühjahr widmete ich also ganz dem Training im Langlaufbereich. Es war das Training, das mir die nötige Substanz für kommende Aufgaben geben sollte. Im Ausdauersport kann die Grundlagenausdauer nie gut genug sein. Sie ist einerseits für schnelleres Regenerieren verantwortlich und ermöglicht andererseits höhere Intensitäten zu trainieren. Beides zusammen soll mich in der Loipe schneller machen und mir so den nötigen Vorteil gegenüber der Konkurrenz verschaffen.

Ich nahm mir vor, sechs Tage in der Woche zumindest drei Stunden auf Langlaufskiern zu stehen und einen Tag zu regenerieren.

Um die letzten zehn Trainingstage dieser sieben Wochen auch noch mit voller Aufmerksamkeit trainieren zu können, kümmerte ich mich rechtzeitig um einen kurzen Motivationsschub. Dazu aktivierte ich unseren „Fanaten-Golf-Flite“, mit dem ich drei Tage irgendwohin Golf spielen fuhr. Dieser besteht aus Christoph Eugen, Günther Chromecek und Robert Tritscher. Letzterer ist der Seniorchef des Kobaldhofs aus Ramsau am Dachstein und wohl der fanatischste Golfer von uns vieren. Der Kobaldhof wurde im Laufe der Jahre für uns Kombinierer zu einer zweiten Heimat. Dafür sorgten die unbe-

grenzten Trainingsmöglichkeiten, die sensationelle Verpflegung und vor allem der Wohlfühlfaktor, der dort mit Händen zu greifen ist. Durch die paar Tage Golf spielen schaffte ich es zumindest den Weg zum Fernziel durch ein Zwischenziel abzukürzen.
Wie gesagt: Um aus jeder Einheit auch das Maximum herauszuholen, überlegte ich mir eine Variante, um so effektiv wie möglich zu arbeiten. Ich musste es schaffen, das große Ganze auf die kleinste Zelle herunterzuprojizieren. Klingt kompliziert, ist es aber nicht. Das große Ganze war der Trainingsblock über knapp sieben Wochen. Die kleinste Zelle ist jeder einzelne Schritt zum Ziel. Um mir das zu erleichtern, nahm ich mir vor, jeden Tag eine Liste jener Ski zu erstellen, die ich an diesem Tag testen wollte. In der Regel präparierte ich mir fünf bis sechs Paar Langlaufski für jede Einheit. Ich präparierte mir jedes Paar Ski selbst, basierte dieses Training doch auf Eigeninitiative. Und klarerweise verbrachte ich so auch viele Stunden im Skikeller. Um nach dieser ganzen Schinderei auch wirklich mit dem besten Material dazustehen, war es notwendig, zum einen mit jedem Ski gleich weit zu laufen und zum anderen bei jedem Schritt zu spüren, welcher Ski besser läuft. Am Schluss wechselte ich noch einmal alle Ski durch und zog mir anschließend die beiden besten an. Dadurch spürte ich mit der Zeit sehr schnell, welcher Ski der schnellste des heutigen Tages war. Wichtig dabei war, die Ski auch von rechts auf links zu tauschen, da bei mir immer der Ski, den ich rechts anhatte, etwas besser ging. Hatte ich das Gefühl, dass der linke Ski schneller war, konnte ich davon ausgehen, dass sich dieses Gefühl am rechten Fuß noch verstärken würde. Dadurch wurde mir eine Entscheidung oft sehr leicht gemacht. Obwohl jedes einzelne Ergebnis in mir abgespeichert war, notierte ich mir alle entscheidenden Faktoren gesondert in meinem Trainingstagebuch.
Mit dieser Methode des Herunterbrechens des Ganzen auf seine kleinsten Bestandteile legte ich meine Aufmerksamkeit so auf den Moment, dass eine auch noch so lange Trainingseinheit wie im Fluge verging. Bis heute versuche ich über meine Aufmerksamkeit fürs

Detail Situationen, die scheinbar kein Ende nehmen wollen, so zu verkürzen und gleichzeitig effektiver zu machen.

## Verspäteter Nutzen

Es dauerte einige Zeit, bis ich den wirklichen Nutzen dieser Einheiten erkannte. Ich fand nämlich selten bis nie einen Ski heraus, der so gut gewesen wäre, dass er auch im folgenden Winter in einem Rennen zum Einsatz gekommen wäre. Die Herbstserie der Rennski war in den meisten Jahren einfach die bessere. Der große Aufwand über einen relativ langen Zeitraum hinweg zahlte sich also nicht unmittelbar aus. Was sich aber bezahlt machte, war die Tatsache, dass ich mir durch die unzähligen aufmerksamen Stunden, die ich auf Langlaufskiern verbrachte, eine enorme Sicherheit erarbeitete. Ging es darum, Materialentscheidungen zu treffen, konnte ich mich auf mein intensiv geschultes Gefühl verlassen. Ich hatte mir sogar die Gewissheit erarbeitet, nur noch richtige Materialentscheidungen zu treffen. Hatte ich in einem Rennen einmal keinen optimalen Ski, konnte ich mir zumindest sicher sein, dass auch in meinem Skisack keine bessere Option mehr war. So musste ich mich über getroffene Entscheidungen zumindest nicht ärgern und bemühte mich demzufolge stets das Beste aus der Situation zu machen.

## Auf sein Gefühl verlassen

Ähnlich schnell fand ich meinen Rennski für das wohl wichtigste Rennen meiner Karriere hier in Pragelato/Turin bei den Olympischen Spielen 2006. Ich hatte beim Testen drei Paar Ski mit. Einer davon war der klare Favorit, und der ist im Normalfall bei diesen Bedingungen auch nur schwer zu schlagen. Die Loipe war kompakt und der Schnee relativ trocken. Es konnte jeden Moment zu schneien beginnen, doch das würde sich auf das Gleitverhalten meines Skis nicht

auswirken. Es würde heute nie so nass schneien, dass der Belag „zumachen“ würde. Dafür war es einfach zu kalt. Zu viele Rennen bin ich mit dem Ski schon bei den unterschiedlichsten Verhältnissen gelaufen. Das war mein Ski, mit ihm fühlte ich mich wohl. Es passte die Taillierung, die Spannung, der Belag und der Schliff. Und am Ende sollte auch das richtige Wachs dazu beitragen, dass ich mich mit ihm noch um ein Hauseck wohler fühlte. Es war ein Ski, den mir Michael Grossegger zukommen ließ.
Er war meine Vertrauensperson, was meine Langlaufski betraf. Wenn er mit einem Ski zu mir kam, konnte ich mit ruhigem Gewissen noch am gleichen Tag damit ein Rennen laufen. Niemandem habe ich beim Testen mehr vertraut, – was Ski anlangte, sprachen wir die gleiche Sprache. Bei einem Heimweltcup in Ramsau fanden wir sogar unabhängig voneinander heraus, dass jeweils ein Ski von zwei unterschiedlichen Paaren die optimale Lösung wäre.

## Zur richtigen Zeit am richtigen Ort

Ein Beispiel meiner Sicherheit unterstreicht eine Situation unmittelbar vor dem Teamwettkampf in Turin. Ich ging zusammen mit Michael Gruber zum Testen. Ich probierte ziemlich lange herum, ehe ich mich für einen Ski entscheiden konnte. Der Grund war ein reines Luxusproblem. Ich hatte zwei Ski, die beide fast gleich gut waren. Und wenn zwei Sachen gleichwertig sind, fällt einem die Entscheidung oft schwer.
Ich betrachtete meinen Test als abgeschlossen und fragte Gummi, ob er sich schon für einen Ski entschieden habe. Er machte mir nicht gerade einen entschlossenen Eindruck. Kurz darauf traf er eine Entscheidung und ich fragte ihn, ob ich seinen Rennski mit meinem vergleichen solle. Ich zog den Rennski von Gummi rechts an und meinen links. Der Unterschied war wie Tag und Nacht. Ich brauchte die Ski gar nicht mehr zu tauschen. Der Ski von Gummi war verglichen mit meinem unlaufbar. Ich sagte zu ihm, dass er

meine beiden Ski probieren und sich dann einen davon aussuchen solle. „Mit dem Ski darfst du mir nicht laufen!“, fügte ich hinzu, worauf er sofort mit dem Testen begann. Mir war es egal, mit welchem Ski ich laufen würde, weil ich mir sicher war, dass beide sehr gut waren. Gummi war sehr erleichtert darüber, dass die Bedingungen plötzlich doch nicht mehr so schwer waren, wie er es mit seinen Ski noch befürchtet hatte. „Es rutscht ja richtig gut“, strahlte er und entschied sich für den Ski, der ihm beim Laufen besser vorkam. Wie wir später wussten, waren wir zu dem Zeitpunkt beide am richtigen Ort und trafen die richtige Entscheidung. Keine Ahnung, wie das Ganze ausgegangen wäre, wenn wir uns nicht abgestimmt hätten. Wir waren jedenfalls froh uns das Rennen auf diese Weise erleichtert und für uns und Österreich eine Goldmedaille gewonnen zu haben.

## Fritz und das Baby

Ich bringe meine Rennski persönlich zu den Technikern. Ich habe noch genug Zeit, bis ich mit dem Einlaufen und dem Aufwärmen für das Rennen beginne.
Als ich mich zurück auf den Weg zum Servicebereich machte, schaute ich nochmals hinüber auf die Zielgerade. Viel Wind wehte nicht und der, der blies, blies nach wie vor als Rückenwind ins Ziel hinein, was mir auf jeden Fall lieber war.
Als ich im Container angekommen war, gab ich Fritz meinen Rennski und tauschte mich nochmals mit ihm aus. Ich brauchte Fritz erst gar nicht um seine Meinung zu fragen, was meine Skiwahl anging. Ich sah in seinen Augen, dass er mein Baby, wie ich meinen sehr guten und verlässlichen Ski nannte, fast erleichtert entgegennahm. Er hatte keinerlei Bedenken, auch bei einsetzendem Schneefall nicht, dass dieser Schliff nicht durchhalten würde. Er ist der Mann am Schliffsektor. Er probierte die unmöglichsten Sachen aus, um die Ski schneller zu machen. Und nicht selten war auch ein Knüller dabei.

Dass er dafür unzählige Versuche in Kauf nehmen musste, die nichts brachten, tat seiner Geduld und Begeisterung keinen Abbruch.

## Ein schönes Weihnachtsgeschenk

Ich erinnere mich noch gut an den 24. Dezember 2005 in Kaprun, als ich mich mit ihm zum Skitesten traf. Wir testeten an diesem Tag einen Schliff heraus, der uns in naher Zukunft noch sehr viel Freude machen sollte. Ein Feiertag, ein Sonntag oder gar ein Urlaub tangierte Fritz nicht, wenn es um Entwicklungsarbeit ging.
Das Projekt Fritz Egger ist eindeutig auf den Präsidenten des Österreichischen Skiverbandes, Peter Schröcksnadel, zurückzuführen. Er erkannte schon sehr früh die Entwicklungsmöglichkeiten, die im Bereich Materialoptimierung steckten. Nur schade, dass dabei Stimmen, die darauf abzielten, das vorhandene Know-how auch nachhaltig für den Skiverband zu nutzen, nie ein offenes Ohr gefunden haben.

## Dankbarkeit und Wertschätzung lässt uns „waxln"

Ich war sehr ruhig, was meine Skiwahl betraf und hatte vollstes Vertrauen in unsere Service-Crew. Im Grunde ist es ein undankbarer Job, kommt man doch meist nur dann ins Gespräch, wenn etwas nicht funktioniert hat. Dankbarkeit und Wertschätzung ist das, was jedem von uns mit Abstand am meisten Freude macht. Und es ist auch das, aus dem heraus wir im Stande sind zu wachsen. In einem Arbeitsverhältnis ist es immer wichtig, die positiven Seiten zu unterstreichen. Es sind die positiven Aspekte, die uns Selbstsicherheit vermitteln. Darauf sollte man aufbauen und vertrauen. Wenn jemand mit Begeisterung bei der Sache ist, dann ist er auch immer bemüht, das Optimum aus der Situation herauszuholen. Ich hatte blindes Vertrauen zu Fritz Egger, Gaber Lah und Georg Reisenauer (Hetti).

## Motor auf Betriebstemperatur

Ich vergewisserte mich nochmals, ob auch alle Betreuer mit meinen Ersatzstöcken ausgerüstet waren. Einige von ihnen nahmen auch den zweitschnellsten Ski mit auf die Strecke, um im Fall eines Skibruchs wechseln zu können. Ein Horrorszenario, mit dem ich mich erst gar nicht näher auseinandersetzen mochte.

Meine Startnummer und die Seitennummern wurden bereits auf meinen Rucksack im Athletencontainer gelegt.

Ich war bereit, meinen Motor auf Betriebstemperatur zu bringen. Wenn es die Zeit zuließ, begann ich exakt eine Stunde vor dem Rennen mit diesem Prozedere. Das Aufwärmen selbst verlief meist sehr ähnlich, wenn auch das momentane Befinden immer ein gewichtiges Wort mitreden durfte, wie ich die folgenden 20 bis 30 Minuten gestalten wollte. Am Anfang stand lockeres Einlaufen auf dem nicht vorhandenen Programm. Nachdem ich mein Gefühl für die jeweiligen Bedingungen geeicht hatte, war es für mich wesentlich, einen guten Zug auf den Ski zu bringen. Das funktioniert natürlich nur, wenn ich schon mal etwas schneller laufe. Der Körper soll wissen, dass neuerlich eine Herausforderung auf ihn zukommt. Lieber war mir natürlich immer, wenn ich auf der Originalstrecke mein Aufwärmprogramm machen konnte. Hier ist der Stadionbereich bis kurz vor dem Start gesperrt, was mich auch nicht sonderlich störte, kannte ich doch jeden einzelnen Meter des Durch- und Zieleinlaufs. Manchmal hatte ich vor dem Rennen in den ersten Minuten des Einlaufens etwas müde oder schwere Beine. Das war bei mir aber meist auf den Vorstartzustand und in diesem Zusammenhang auch auf die Anspannung zurückzuführen, die sich aber meist nach wenigen Metern legte. Diesmal fühlte ich mich von Beginn an sehr gut, ich fühlte mich stark und ich freute mich auf das Rennen. Das klingt vielleicht komisch, aber das war bei mir nicht bei vielen Rennen der Fall. Worauf ich mich normalerweise freute, war die Zeit unmittelbar nach dem Rennen, ich freute mich auf das Gefühl erschöpft zu sein und alles gegeben zu haben. Sich auf das Rennen selbst zu freuen, sich darauf zu freuen, wie es irgendwann sehr, sehr anstrengend werden würde, hat auch einen etwas komischen Beigeschmack. Es ist nämlich ein großer Unterschied, ob man einfach sagt, dass man sich auf etwas freut oder ob man es auch aus tiefstem Herzen heraus tut. Ich jedenfalls freute mich wirklich, dass es endlich losging. Dieser Zustand ist für mich aber auch nicht ganz ungefährlich. Darum versuchte ich mich etwas zurückzunehmen und meine Vorfreude etwas einzudämmen. Sie sollte auf keinen Fall in Übermut ausarten.

Ich widmete mich voll und ganz dem Langlaufen. Die Strecke war in einem Top-Zustand, gestern beim Abschlusstraining sah das noch anders aus. Das war eines Abschlusstrainings bei Olympischen Spielen nicht würdig. Es gab Zeiten, da hätten mich solche vermeintlichen Kleinigkeiten zur Weißglut getrieben. Diesmal war es mir aber komplett egal. Ich nützte die erschwerten Trainingsbedingungen und sah es als Herausforderung, trotzdem locker auf dem Ski zu stehen und technisch sauber zu laufen. Schon einen Tag später durfte ich mich über eine Loipe freuen, die einem Teppich glich. Ich empfand es als äußerst positiv, solche Bedingungen vorzufinden. Und dann war ich plötzlich verwundert darüber, dass mir so was in dem Maße überhaupt auffiel. Ich sollte doch eigentlich andere Sorgen haben, als mich über eine normale Langlaufspur zu freuen. Trotzdem empfand ich es als amüsant, dass mir in diesen Minuten so etwas in den Sinn kam. Ich wusste natürlich, dass mir diese kompakten Verhältnisse entgegenkamen. Dadurch konnte ich meine Stärke, den Ski laufen zu lassen und bei jedem einzelnen Schritt dementsprechenden Druck aus den Beinen aufzubauen, perfekt ausspielen.

Dafür machte ich einige Gleichgewichtsübungen, die mir noch mehr Sicherheit vermitteln sollten. Ich bildete dabei mit den Langlaufstöcken hinter meinem Rücken eine waagrechte Linie, und da ich die Sonne im Rücken hatte, konnte ich im Schatten gut beobachten, wie ruhig ich aus den Beinen lief. Ein ruhiger Oberkörper und ein gutes Gleichgewichtsgefühl waren dafür Grundvoraussetzung. Man konnte diese Übung je nach Länge der Gleitphase auf einem Ski beliebig schwer gestalten. Das war eine meiner ersten Technikübungen, die ich beim Langlaufen lernte. Sie erweist mir bis heute gute Dienste. Schon nach wenigen Metern in dieser Position kam die nötige Sicherheit. Beim Langlaufen kann man nur schnell sein, wenn man locker und leicht auf dem Ski steht. Die Ski gleiten zu lassen, wirkt sich nicht nur positiv auf die Geschwindigkeit aus, sondern vor allem auf die Muskulatur, die bei weitem nicht so schnell übersäuert sprich müde wird. Die optimale Langlauftechnik lässt sich ganz einfach erklären: Mit so wenig Kraftaufwand so schnell wie möglich laufen. Investiert man dann auch noch mehr Kraft und verfügt über eine bessere Ausdauer, ist man bald schneller als die Konkurrenz. Wenn es mir gelingt, das auch in einem Rennen umzusetzen und wenn ich es obendrein noch schaffe, meinen Willen auszureizen und in ermüdetem Zustand taktisch die richtigen Entscheidungen zu treffen, dann sollte ich der Konkurrenz zumindest um eine Nasenlänge voraus sein.

## Gedanken und mehr

Ich bin schon warm genug und nähere mich bald der Stelle, an der in wenigen Minuten die Entscheidung fallen wird. Ich bin am Fuß des langen Anstiegs, den wir im Rennen gleich zweimal zu bewältigen haben. Ich laufe zügig hinein und versuche das Tempo gut in den Berg mitzunehmen. Solche Passagen waren für mich immer eine willkommene Möglichkeit, jenen Athleten auf den Zahn zu fühlen, die sich in meinem Windschatten aufhielten. Dort würde ich ihnen etwas von ihrer Substanz rauben können, um mich am Ende, so hoffte ich, durchzusetzen. Es ist klar, dass sich ein derartiges Manöver immer nur dann auszahlt, wenn man dabei weniger Substanz als die Verfolger verliert. Das gelang mir auch manchmal – gar nicht so selten musste ich jedoch einsehen, dass der Windschatten doch seine Auswirkungen hatte und ich aufgrund dessen nicht in der Lage war, meine Verfolger abzuschütteln.
Wer nichts wagt, der nichts gewinnt. So wird es auch diesmal sein.

Ich werde wieder einiges riskieren müssen, will ich dieses Rennen als Sieger beenden. Vor allem, weil ich versuchen sollte, so früh wie möglich auf die Spitzengruppe aufzuschließen, um mich für den alles entscheidenden Angriff zumindest kurz ausrasten zu können. Ausrasten ist in einem Rennen natürlich relativ. Wenige Meter oder Sekunden im Windschatten des Vordermannes können aber am Ende den Unterschied ausmachen. In diesem Rennen wird das aber eine Attacke sein müssen, bei der meine Konkurrenten den Glauben an den Sieg verlieren. Und mich soll diese Attacke dazu anregen, über mich hinauszuwachsen. Wer den Angriff bis über die Ziellinie hinaus mit aller Härte zu sich selbst durchziehen kann, der wird sich am Ende Olympiasieger nennen dürfen. Zu früh zu attackieren kann allerdings „tödlich" sein, und zu spät ist auch nicht viel besser, weil man dann ständig das Gefühl hat, nicht alles versucht zu haben. Sich in diesem Zusammenhang zu verpokern, wäre mir ja fast schon im ersten Bewerb über die 15 Kilometer gelungen. Für dieses Rennen, also die 7,5 Kilometer, nahm ich mir jedoch vor ausschließlich in mich hineinzuhören, nur auf mich zu schauen und dabei nicht auf andere zu schielen.

## Letzte Streckenbesichtigung

Als ich mit zügigem Tempo in den Anstieg hineinlief, trieb ich meinen Puls noch mal richtig in die Höhe. Ich lief sehr engagiert in der 1:1-er Technik, so weit diese noch effektiv war, den Anstieg hinauf. Die Stelle, an der ich auf eine andere Technik umstellen musste oder besser sollte, merkte ich mir genau. Sie sollte mir in wenigen Minuten im Rennen einen Anhaltspunkt geben. Die 1:1-er Technik ist die mit Abstand anstrengendste aber auch effektivste. Dabei macht man bei jedem Beinabstoß einen Doppelstockeinsatz. Man reizt sozusagen alle seine Möglichkeiten aus, um irgendwie schneller zu werden. Gleichgewicht, Koordination, Kraft, Schnellkraft und nicht zuletzt eine gehörige Portion Ausdauer sind dafür notwendig, um diese

Technik auch in Geschwindigkeit umzumünzen. Wird das Tempo zu langsam oder diese Technik zu kraftraubend, stellt man auf den asymmetrischen Schlittschuhschritt um. Das ist jener Schritt, den man für gewöhnlich verwendet, wenn es steil den Berg hinaufgeht. Dabei macht man bei jedem zweiten Beinabstoß einen räumlich und zeitlich etwas versetzten Stockeinsatz und kann zudem noch mit rechter und linker Führungshand variieren.
Insgeheim will ich natürlich diesen Punkt in der ersten Rennrunde weiter nach oben verlagern. Nicht des Egos wegen, sondern ganz einfach deshalb, weil ich aufgrund von Frequenz und Spritzigkeit schneller als der Rest sein will.
Ich bin an jener Stelle angekommen, an der ein Technikwechsel notwendig geworden ist. Ich stelle ab und laufe ganz langsam weiter. Es ist noch ein ganzes Stück nach oben. Ich bin ganz schön ins Schnaufen gekommen und spüre auch, wie das Laktat in die Muskeln schießt. Das sollte es auch, wollte ich doch jede einzelne Zelle in meinem Körper darüber informieren, dass sie sich gleich auf etwas gefasst machen kann.
Langsam lief ich den Anstieg nach oben und nahm mir vor, die darauf folgende Abfahrt nochmals im Renntempo zu absolvieren. Diese Kurve konnte ich im Traum anfahren.
Ich verschärfe am höchsten Punkt der Stelle erneut das Tempo. Mein Puls ist zwar noch relativ hoch, ich bin jedoch schon lange nicht mehr der Sklave meiner Pulsuhr sodass ich auch nicht mehr derart penibel auf meine Herzfrequenz Acht geben muss. Ich kenne mich und meinen Körper und weiß demnach auch, was und zu welchem Zeitpunkt ich mir in welcher Intensität zumuten kann. Meine Geschwindigkeit ist im Nu wieder sehr hoch und ich fahre die Kurve in gewohnter Manier an. Sie war heute eisiger als sonst. Wahrscheinlich sind im Vorfeld schon einige Athleten in die Kurve hineingerutscht und nicht umgestiegen. So sind eisige Stellen die logische Folge. Es gibt also für das Rennen zwei Möglichkeiten: driften oder umsteigen. Die Geschwindigkeit war heute an dieser Stelle höher als an den Tagen zuvor. Es wird mit Sicherheit ein sehr schnelles Rennen werden.

Das bedeutet zum einen, dass mir zwar weniger Zeit zum Aufholen meines Rückstands bleiben wird, zum anderen aber auch, dass ich bei diesen schnellen und kompakten Bedingungen einen enormen Druck auf die Ski bringen kann. Ich war davon überzeugt, dass das gut für mich sein würde.
In der Abfahrt herrscht leichter Gegenwind, und doch erreiche ich eine sehr hohe Geschwindigkeit. Somit konnte ins Stadion hinein, wie auch schon am Morgen, nur Rückenwind sein.

## Hineinfühlen und visualisieren

Gedanklich visualisierte und fühlte ich ein letztes Mal das, was in den letzten vier Jahren zu einem fixen Bestandteil meiner Vorbereitung zählte. Ich laufe gedanklich als Erster über die Ziellinie. Diesmal aber ist es verglichen mit vielen anderen gedanklichen Zieleinläufen etwas anders, weil der reale Ort, an dem ich mich gerade befinde, nicht mehr Kulisse für meine Vorstellungen ist, sondern jener Ort, an dem mein Traum in Erfüllung gehen soll.
Wieder spüre ich die Gänsehaut am ganzen Körper.
Das Stadion ist noch immer gesperrt. Egal. Ich brauche dort nicht mehr zu laufen. Ich habe jeden einzelnen Meter in mir gespeichert.

## Den Schmerz begrüßen

Ich bin komplett durchgeschwitzt und sehr gut aufgewärmt. Mir bleiben noch 35 Minuten bis zum Start. Es ist mir sehr wichtig, mich vor dem Start nochmals umzuziehen, damit die Muskulatur nicht unnötig auskühlt.
Faktoren, die mich von meiner Wettkampfvorbereitung ablenken könnten, gehe ich aus dem Weg. Ich brauche Ruhe vor dem Start. Deshalb habe ich mir auch angewöhnt, noch kurz vorher ein paar Meter zu joggen. Dadurch kann ich sicher sein, dass die für mich so

wichtigen Minuten vor dem Start ausschließlich mir gehören. Es ging mir dabei weniger darum, nochmals eine Gelegenheit zu bekommen, meine Beine auszulockern, sondern vielmehr darum, noch einmal durchzuschnaufen, meine Aufmerksamkeit und vor allem meine Bereitschaft, mich in den nächsten Minuten am und über dem Limit zu bewegen, mir selbst gegenüber noch einmal klar auszusprechen. Das sollte für einen Sportler zwar nichts Besonderes sein, ich musste dafür aber immer wieder sehr viel mentale Energie aufbringen. Es waren Kleinigkeiten kombiniert mit Gewohnheiten, mit denen ich meinen Körper, meinen Geist – mit denen ich mich als Teil des Ganzen und als Ganzes selbst auf diese Rennsituationen einstimmte.

## Der Tanz auf der Rasierklinge

Um intensive Reize zu setzen, versuchte ich mich immer wieder selbst auszutricksen. Es war für mich nicht möglich, einfach nur so mir nichts dir nichts beispielsweise ein intensives Intervalltraining einzustreuen. Vor einem harten Training versetzte ich mich oft in eine Art Wettkampfsituation, um auch wirklich das Maximum aus der anstehenden Einheit herauszuholen. Wenn es schon ordentlich wehtut, dann gleich in einer Schwingung, die mit einer Wettkampfsituation vergleichbar ist und für mich somit verwertbar wird. Bei so einem Intervalltraining legten wir beispielsweise ein und dieselbe Strecke acht- bis zehnmal hintereinander zurück. Die Aufgabenstellung bestand darin, jede einzelne Wiederholung so schnell wie möglich zu laufen und auch noch den letzten Durchgang in einer Zeit zu absolvieren, die im Bereich der ersten Wiederholungen lag. Diese Einheiten waren im Team ungleich effektiver als alleine. Alleine war es zwar ein absolutes Kopftraining und auch unglaublich hart, die alleine gelaufenen Zeiten kamen jedoch nie an die Zeiten Mann gegen Mann heran. Der Zugang und die Bereitschaft, wie man so ein Training anlegt, ist das Entscheidende. Ich verlangte mir immer schon von der ersten Wiederholung an alles ab. Danach war es der berühmte Tanz auf der Rasierklinge, ob ich das Training überstehe oder ob ich hinter meinen mir selbst auferlegten Zeiten blieb. Dabei vor Erschöpfung die Segel frühzeitig streichen zu müssen, war die absolute Ausnahme.

Nichts leichter, als sich in solchen Trainingseinheiten selbst anzuschwindeln. Entweder ich entscheide mich für einen intensiven Reiz oder ich lasse es gleich bleiben. Halbherzig die Dinge in Angriff zu nehmen, hat mich nie interessiert. Für das Gelingen eines Details und in weiterer Folge des Ganzen, ist es notwendig, sein ganzes Herz einzusetzen. Dann ist man zumindest, egal wie die Sache ausgeht, mit sich selbst zufrieden. Das ist das Einzige, was zählt. Geht es uns darum, einfach nur gut dazustehen, kann man sich den ganzen Aufwand gleich sparen. Seinem Umfeld ständig etwas vorzugaukeln, womöglich noch so lange, bis man selbst beginnt, an den Unsinn zu glauben, ist der Sache nie dienlich.

## Weiter als der Verstand erlaubt

Es kann nicht sein, dass man sein eigenes Leben ständig so gestaltet, wie es andere von uns erwarten.

Leben wir in so einem Fall unser eigenes Leben, oder leben wir dann das eines anderen, oder leben wir dann keines von beiden? Mit dieser Auffassung ist jedenfalls keinem geholfen und schon gar nicht uns selbst.

Den eigenen Weg zu finden und diesen mit Vertrauen und Überzeugung zu gehen, ist eine Möglichkeit, sich seine innere Zufriedenheit selbst zu schaffen und auch zu erhalten.

Diese Trainingseinheiten zeigten mir immer wieder auf, wo meine Grenzen lagen. Darüber hinaus wurde mir dabei klar, dass ich vor allem viel weiter gehen kann, als der Verstand es mir erlaubt. In den Rennen selbst wurde es nur selten so hart, wie in den härtesten Trainingseinheiten. Genau das war der Hintergedanke dieser Einheiten. Aus gelebten Erfahrungen heraus zu wissen, dass ich für jede Situation gerüstet bin, war die Erkenntnis, die mich stärker werden ließ. Mein Ziel war, sich ein Rennen so einzuteilen, dass ich einerseits so schnell wie möglich laufen kann und andererseits so über die Distanz komme, dass ich am Schluss noch die Möglichkeit habe, eine Attacke zu setzen. Leider gibt es für diese Taktik kein Patentrezept, sie von den Kraftreserven her auch umzusetzen. Dennoch habe ich immer versucht, mich im Training so zu überwinden, dass ich diese Taktik laufen kann.

In einem Rennen ist es entscheidend, eine gute Mischung aus seinen gemachten Erfahrungen und dem eigenen Wettkampfinstinkt zu finden. Dabei ist es wesentlich, sich gut zu kennen und sich genau so viel zuzutrauen, dass man in einem Rennen noch effektiv unterwegs ist. Das heißt, dass man nicht übersäuert oder gar eingeht. Im Training habe ich den Bogen immer wieder bewusst überspannt. Es gab beispielsweise eine Trainingsform, die dafür prädestiniert war, alles und noch mehr aus mir herauszuholen. Dafür suchten wir uns eine 400-Meter-Laufbahn. Wenn wir in Rif bei Salzburg waren, hatte ich die Bahn vor der Haustür und in der Mittagspause konnte ich von meinem Fenster hinunter auf den Ort schauen, der mir in Kürze wieder alles abverlangen würde. Es waren das jene Mittagsschläfchen, an denen mir schon beim Aufwachen der kalte Schweiß auf der Stirn stand.

Die Aufgabe war relativ einfach: Wir liefen 1 x 100 m, 1 x 200 m, 1 x 300 m, 1 x 400 m, 1 x 500 m und dann, mit der 500-m-Strecke beginnend, das Ganze wieder retour. Jeder einzelne Lauf sollte so schnell wie möglich gelaufen werden. Die Pausen dazwischen legten wir mit fünf Minuten fest. Jeder Lauf erfolgte im Einzelstart und die Zeiten wurden genau mitgestoppt. Das Training schaut am Papier nach nicht viel aus, ist aber so ziemlich das Brutalste, was ich je gemacht habe.

Ich sah in diesem Training jeden einzelnen Lauf als den Entscheidenden an. Ich lief jeden Lauf so, als ob er der Einzige wäre. Dieses Training war für mich in jeder Hinsicht extrem. Ich hatte zehnmal hintereinander das Vorstartzustand-Gefühl. Ich ging zehnmal über meine

Grenzen. Selbst wenn wir den ersten 100-m-Lauf nicht dazuzählen, bleiben immer noch neun „Grenzüberschreitungen" über.
Der letzte 100-m-Lauf war es mit Sicherheit. Es galt sich in kürzester Zeit sehr oft zu überwinden und dabei immer wieder zu versuchen, sich so schnell wie möglich zu erholen. So lange, bis auch der letzte Lauf überstanden war. Es ist diese Mischung aus Schnelligkeit und Schnelligkeitsausdauer, die den Athleten irgendwann zermürbt und ihn schlussendlich nur mehr über das Stehvermögen das Training beenden lässt. In so einem Training den Moment zu leben heißt, nicht an die Aufgabe als Ganzes zu denken, sondern ausschließlich jenem Lauf die Aufmerksamkeit zu schenken, der gerade ansteht oder den man gerade läuft. Die Sekunden vor jedem einzelnen Start verlangten mir rein psychologisch schon alles ab. Am Ende des Trainings ging es mir nicht gut, die Sinnfrage, weshalb ich mir das alles antue, stellte ich mir aber nie. Ich spürte jedes meiner Organe, besonders meine Nieren. Mir war schlecht, ich hatte am ganzen Körper Krämpfe, meine Ohren waren verschlagen und gesehen habe ich auch nur noch verschwommen. Ich war mir bewusst, dass ich wieder in meine autonom geschützten Reserven vorgedrungen war. Ja, ich konnte diese Reserven ankratzen. Ob das sinnvoll ist oder war, das ist eine andere Geschichte. Ich hatte jedenfalls die Gabe, meine persönliche Schmerzgrenze sehr weit nach oben verschieben zu können. Eine Gabe, die aber erst dann zum Vorteil werden kann, wenn ich mich genau einzuschätzen lerne und spüre, wann ich wie weit gehen kann. Genau um das zu lernen, machte ich solche Trainingseinheiten, und ich machte sie mit meinem persönlichen Zugang. Nichts leichter, als so ein Training auf Reserve anzulaufen und sich auf den letzten einhundert Metern nochmals richtig zu verausgaben. Natürlich ist man auch so am Ende müde und man hat auch was trainiert. Den tieferen Sinn hinter so einem Intervall-Training sah ich jedoch in einem ganz anderen Bereich. Und um in diesen Bereich auch vordringen zu können, war es für mich eben notwendig, mich zuerst komplett auszupressen, um in weiterer Folge noch irgendwo Energiereserven

ausfindig zu machen. Und diese Energiereserven dann auch anzuzapfen, darin sah ich die große Herausforderung.
Auf ein Langlaufrennen übertragen bedeutet das, dass der Grenzbereich erst dort beginnt, wenn wir glauben schon am Limit zu sein. Die persönliche Leistungsgrenze ist immer relativ. Wissenschaftlich gesehen gibt es natürlich unzählige Parameter, die einem sagen, dass hier der Punkt ist, wo einfach nichts mehr geht. Ich konnte – jedenfalls für mich – herausfinden, dass sehr wohl immer noch etwas geht. Die Bereitschaft, der Wille und die Nähe zu mir selbst sind dafür Grundvoraussetzung. Geht nicht gab's nicht – und die Grenzen setzen wir uns immer selbst. Lassen wir uns von anderen limitieren und erklären, wo unsere Grenzen liegen, werden wir immer nur genau so weit kommen, wie es uns zuvor eingetrichtert wird. Die wirklichen Grenzen herauszufinden heißt Mut aufzubringen und sich auf die Suche nach ihnen zu machen. Unsere Grenzen sind keine fest einbetonierten Plafonds. Unsere Plafonds sind in alle Richtungen beliebig verschiebbar. Dorthin zu kommen und es sich auch zunutze zu machen, darin sah ich meine Aufgabe als Sportler.

## Vorstartzustand

Ich jogge wenige Meter und schnaufe dabei nochmals entspannt durch. Ich fühle mich gut. Die Anspannung ist natürlich größer denn je, und ich kenne mich mittlerweile zu gut, um nicht zu wissen, dass diese Anspannung weg sein wird, wenn ich aus dem Start hinauslaufe. Ab diesem Zeitpunkt zählt nur noch mit mir alleine zu sein. Ich trage die volle Verantwortung für alles, was ich mache. Dieser Rucksack ist keinesfalls leicht, er verliert jedoch sein Gewicht, wenn man die Freiheit, welche hundertprozentige Eigenverantwortung mit sich bringt, mit einbezieht. Diese Freiheit öffnet mir alle Möglichkeiten. Jene Möglichkeiten, die ich mir über Jahre des Trainings angeeignet und die mir den Weg zu mir selbst gezeigt haben. Jeder Weg, egal wie gut man glaubt ihn zu kennen, hält uns ständig mit Überraschungen auf Trab. Es geht ums Tun im Jetzt, und in diesem Jetzt findet man immer Neues. Diese neuen Aufgaben sind dazu da, gelöst und bewältigt zu werden. Das ist es, worum es geht: Im Sport gleich wie im Leben.

Ich habe noch etwas mehr als 20 Minuten bis zum Start. Es ist Zeit wieder zurück zum Athletencontainer zu kommen. Meine Blicke richten sich nochmals in Richtung Himmel. Es ist immer noch in etwa gleich kalt wie zu der Zeit, als ich Skitesten war. Die Wolken, die herumziehen, bringen allenfalls leichten Schneefall. Schneefall, der meinem Rennski sogar entgegenkäme. Ich kann beruhigt sein.

Im Container sind alle meine Teamkollegen, sie treffen ebenfalls die letzten Vorbereitungen für den Start. Die Stimmung im Raum ist etwas eigenartig. Ihrer Körpersprache entnehme ich, dass sie sich nicht mehr wirklich große Chancen auf Medaillen ausrechnen.

Die Grundvoraussetzung, will man eine verbleibende Chance auch nützen, ist immer noch an sie zu glauben. Nur so kann man das Unmögliche möglich machen. Ich spüre auch, dass meine Teamkollegen mit mir mitfiebern und mir alles Gute für dieses Rennen wünschen. Für mich zählt immer die Devise, dass das, was ich einem anderen vergönne, auch mir selbst vergönnt ist. So gesehen vergönne ich es jedem einzelnen Athleten Olympiasieger zu werden. Die eigene Vorstellung macht den Unterschied aus. Meine Vorstellung ist sonnenklar. Trotzdem bin ich noch unendlich weit davon entfernt.

Ich ziehe mir meine Startnummer an. Es ist die Nummer zwölf. Neun Plätze trennen mich von einer Medaille und ganze elf Plätze von meinem tief in mir versiegeltem Ziel. Dazu muss ich zuerst meinen doch beachtlichen Rückstand gutmachen und erst dann sind jene Entscheidungen gefragt, die mir den nötigen Vorsprung bis übers Ziel hinaus verschaffen sollen.

Ich schnüre mir meine Langlaufschuhe so wie ich es gewohnt bin. Meine Laufmütze und eine warme Überjacke sind das Nächste, was ich mir anziehe. Die Laufbrillen verstaue ich in meinem Rucksack.

Ich werde sie wetterbedingt erst kurz vor dem Start aufsetzen. Der Sack, der für nach dem Rennen vorgesehen ist, war schon die längste Zeit verstaut. Um ihn gebrauchen zu können, dauert es noch einige Zeit. Eine Zeit der harten aber herzlichen Arbeit, wenn man so sagen kann.

## Am Weg zum Start

Ich schaute noch kurz auf die Stelle, an der ich meine Ersatzstöcke platziert hatte, und als ich sah, dass sie nicht mehr dort standen, wusste ich, dass sie von den Betreuern bereits auf der Strecke verteilt worden waren. Ich hatte ohnehin nicht vor, mit ihnen in der nächsten halben Stunde nähere Bekanntschaft zu machen.
Ich verschließe den Rucksack und mache mich auf den Weg in Richtung Langlaufstadion.
Ich brauchte keinem in die Augen zu schauen um zu wissen, wer sich von den Athleten und deren Betreuern noch Hoffnungen auf Medaillen machte; es waren jedenfalls mehr als genug für diese wenigen Plätze am Podium.
Auf dem Weg zum Stadion wurde die Freude auf das Rennen mit jedem Schritt größer. Der Moment, an dem ich mich beweisen durfte, stand unmittelbar bevor. Auf solche Aufgaben soll man sich freuen und nicht in Ehrfurcht erstarren, dachte ich. Es geht nicht darum im Vorfeld den „coolen Hund“ zu spielen und nach außen hin jedem zu zeigen, dass man der Sache sowieso gewachsen ist. Es geht einzig und allein darum, für das, wofür man lebt, auch in jenem Moment zu leben, in dem der Druck scheinbar neue Dimensionen annimmt. Gelingt uns das, werden wir den Druck entweder gar nicht spüren oder ihn aber in einer Intensität spüren, die uns für das Gelingen zusätzlich hilft.
Es sind die Minuten vor dem Start, in denen du dir entweder selbst dein bester Freund bist oder aber glaubst, deinen größten Gegner in dir zu haben. Das Gespräch mit mir selbst war bei mir in diesen

Minuten immer entscheidend. Ein Gespräch, in dem mir Worthülsen nicht weiterhelfen konnten. Ein Gespräch, in dem ich mir selbst nichts vorgaukeln konnte. Es war die Summe aller entscheidenden Faktoren, die zusammen das Vertrauen widerspiegelte. Ein Vertrauen, mit dem alles steht und fällt. Ist das Vertrauen zu klein oder gar nicht vorhanden, heißt es Ursachenforschung zu betreiben und das Tun in den Vordergrund zu stellen. Ist das Vertrauen hingegen groß, heißt es Bodenkontakt zu bewahren und Demut vor Übermut zu stellen.

## Unterschiedliche Sichtweisen

Vor einigen Jahren bei einem Weltcup in Frankreich erlebte ich ein klassisches Beispiel, wie unterschiedlich man an einen Start herangehen kann. Das Wetter war damals wirklich furchtbar. Es stürmte, als ob es kein Morgen gäbe. Beim Einlaufen für das Rennen konnte ich die Loipe fast nicht mehr erkennen und musste zum Teil sogar über richtige Schneewechten steigen. Zudem ging ein derartiger Sturm, dass mir beim Laufen an manchen Stellen richtig die Luft wegblieb. Ich war gerade dabei, mich ärgern zu beginnen, als ich einen japanischen Athleten sah, der an diesen rauen Bedingungen wirklich zerbrach. Er hatte sich schon vor dem Start aufgegeben und sich mit seinem „armen Ich“ unter eine Decke geschmissen. Als ich das sah, beschloss ich, dieses Rennen als Chance zu sehen. Den Großteil der Athleten brauchte man an diesem Tag gar nicht mehr zu schlagen, sie waren gerade dabei, das selbst zu tun. Es wurde für mich ein unvergessliches Rennen. Bei mehr Wind bin ich nur noch im Training in Island am Gletscher während eines richtigen Islandtiefs gelaufen. Dieses Rennen in Frankreich wird mir ewig in Erinnerung bleiben, vor allem deshalb, weil es im Leben immer auf die Sichtweise ankommt. Ich hatte meine und der japanische Kollege hatte seine – beide sind richtig, wenn auch nicht gleich effektiv.

## Der Ordnung halber

Ich stehe im Skimarkierungs-Bereich. Christoph Eugen war schon da und passte auf unsere Wettkampfski auf. Jeder Athlet war dafür verantwortlich, seine Ski selbst zu markieren. Laut Reglement darf während des Rennens maximal ein Ski gewechselt werden, und um das auch kontrollieren zu können, bedurfte es eben dieser Markierung. Wie vor jedem anderen Rennen auch galt es nun die Transponder abzuholen und oberhalb des Langlaufschuhs zu fixieren. Dabei handelt es sich um einen eingebauten Chip, der die Zeiten zur Wettkampfleitung und in weiterer Folge zu den Fernsehstationen weiterleitet. Dieser wird mittels Klettverschluss an beiden Beinen fixiert. Zwei Aufgaben, die man nicht vergessen darf, will man sich nach dem Rennen nicht unter DSQ (disqualified) auf der Ergebnisliste wiederfinden.
Den Chip positionierte ich natürlich so weit vorne wie nur möglich. Eine Kleinigkeit – gewiss. Aber bei einem knappen Zieleinlauf kann das den entscheidenden Unterschied ausmachen.

## Atemzüge der Freiheit und Leichtigkeit

Es sind nur noch wenige Minuten bis zum Start und noch weniger bis zu jenem Zeitpunkt, an dem wir Athleten den Skimarkierungs-Bereich verlassen müssen, um geschlossen zum Start zu gehen. Das soll den Spannungsbogen für die Zuschauer vor Ort und für jene vor den Bildschirmen erhöhen. Auch meine Spannung steigt. Für das Fernsehen ist es zudem leichter, noch schnell einige Athleten vor dem Start für Nahaufnahmen vor die Linse zu bekommen.
Ich habe meine Überbekleidung ausgezogen und alles in meinem Rucksack verstaut. Meine Ski und meine Stöcke befinden sich direkt neben mir, meine Startnummer sitzt und ist auch die richtige. Die Transponder sind an beiden Beinen fixiert, jetzt fehlt nur noch meine Brille. Sie ist für mich sehr wichtig, weil ich sehr lichtempfindlich bin und mich ohne Brille der Schnee derart blendet, dass ich eher müde

als angriffslustig werde. Darüber hinaus kommt es nicht selten vor, dass der Langlaufstock des Vordermanns irgendwo im Gesicht landet, und davor wollte ich zumindest meine Augen schützen.
Ich nütze die verbleibenden Sekunden, um mich auszulockern. Wir müssen zum Start. Meine Beine sind frisch und ich bin davon überzeugt, der anstehenden Aufgabe gewachsen zu sein. „Es zählt nur das, was du jetzt gerade tust“, sage ich mir immer wieder. Ich freue mich nicht nur oberflächlich auf das Rennen, ich freue mich aus meinem tiefsten Inneren heraus. Tiefe Atemzüge vermitteln mir meine Entschlossenheit und beruhigen mich gleichzeitig. Gerade in den letzten Minuten vor dem Start bewährt es sich, trockene Klamotten anzuhaben, weil so die aufgewärmte Muskulatur warm bleibt. Ich öffnete in Gedanken meine Organe, vor allem meine Lunge. Sie kann in den nächsten 20 Minuten jede Unterstützung brauchen, die sie kriegen kann. Die Lunge steht für mich für Freiheit. Das ist genau das Gefühl, mit dem ich vom Start weg vertraut sein möchte. Bei einem Rennen läuft man zwar in einem abgegrenzten Bereich, der Zugang zu mir selbst ist aber so intensiv, dass sich sämtliche Begrenzungen in mir auflösen. Diese Freiheit mit Leichtigkeit zu verbinden, darin liegt das Geheimnis, ob ich in einem Rennen schnell sein und ob ich es darüber hinaus als relativ einfach empfinden werde. Bei meinen besten Rennen war ich im Ziel oft noch sehr fit. Das soll nicht heißen, dass ich in so einem Rennen nicht an meine Grenzen gehen musste. Dieses Gefühl war nur die Bestätigung dafür, dass Gewinnen leicht gehen darf und dass der Spruch, man kann es nicht erzwingen, abgedroschen aber wahr ist. Und auch heute darf es leicht gehen. Ich bin auf alles vorbereitet und meine Taktik steht, und wenn es sein muss, kann ich die Taktik auch im Rennen umstellen, dachte ich. Ich nahm mir vor, auf Reserve zu beginnen, dann einen lockeren und guten Zug auf den Ski zu bringen und schließlich die Entscheidung am letzten Anstieg zu suchen.
Das sind meine drei Anhaltspunkte: Reserve, Zug und Schlussanstieg. Gerade in den flacheren Passagen wird es wichtig sein, mit relativ wenig Kraftaufwand ein enormes Tempo laufen zu können.

Um das umsetzen zu können, bedarf es aber natürlich einer ausgefeilten Technik. Diesem Bereich widmete ich jede Minute des spezifischen Ausdauertrainings. Das Ausdauertraining, egal ob es auf Langlaufski im Winter oder auf Skiroller beziehungsweise Inlineskates im Sommer stattfand, sah ich immer auch gleichzeitig als Techniktraining. Die Zeit, die ich in mein Training investierte, wollte ich eben auch zu hundert Prozent verwerten können.
Ich fixiere die Schlaufen meiner Stöcke. Die Schlaufen müssen sitzen. Sie sind für die Umsetzung der optimalen Technik mitentscheidend. Endlich ist der Moment, in dem ich mir meine Rennlatten anschnallen kann, gekommen; ich entferne mit Hilfe der Serviceleute der Bindungs- und Skifirmen den Schnee von den Langlaufschuhen; sie sind auch die Einzigen, die uns in den Startbereich begleiten dürfen. Ich habe meine Arbeitsutensilien beisammen. Natürlich probiert man sofort wie der Ski rutscht. Nur wenige Versuche reichen und ich weiß, entweder sind die Bedingungen heute sehr schnell, oder ich habe einen sehr guten Ski unter den Füßen, vielleicht auch beides. Rechts an der Seite steht Christoph Eugen. Unsere Blicke treffen sich. Er zeigt mir symbolisch jene Übung, die ich vor ein paar Augenblicken noch in Gedanken gemacht habe: das Öffnen der Lunge. Dabei atmeten wir tief ein und erweiterten gedanklich unseren Brustkorb und somit auch unsere Lunge ins Unendliche. Die Handinnenflächen zeigen zu Beginn zur Lunge und werden dann in Richtung Himmel vom Körper weggestreckt.
Ich nicke Gilo zu. Er gibt mir durch seine Geste seine Verbundenheit mit auf die Strecke.

## Das Langlaufrennen

Das Rennen beginnt und der Erste nach dem Springen startet hinaus. Es ist der Deutsche Georg Hettich. Er hat genau 54 Sekunden Vorsprung auf mich. Bis zu meinem Start scheint eine Ewigkeit zu vergehen. Ich habe das Gefühl, den Sekunden der offiziellen Zeit-

nehmung helfen zu müssen, dass sie es schaffen, auf die nächste Sekunde umzuspringen. Ein Läufer nach dem anderen startet hinaus und macht sich auf die 7,5-Kilometer-Strecke.
Vom Start weg geht es relativ lange flach hinaus. In kurzer Zeit ein hohes Tempo aufzunehmen, ist dabei wichtig. Meine unmittelbaren Konkurrenten zeigen es mir vor. Sie machen es gut, aber ich habe schon beim Zuschauen das Gefühl, dass ich diesen Abschnitt gleich schneller angehen werde. Die Uhr zählt den Countdown herunter. Ich bin gierig endlich hinauszustarten. Zu allem Überfluss hält mich die letzten zehn Sekunden noch ein Starter fest. Ein Frühstart ist praktisch ausgeschlossen. Ich will jetzt endlich laufen. Der Renninstinkt ist spürbar und präsenter denn je. Aggressivität ist in so einem Rennen gut. Sie darf aber nicht ausufern, zählt es doch gerade am Beginn des Rennens geduldig zu sein und nicht schon auf den ersten Metern alles zerreißen zu wollen. Die vermeintlich kurze Distanz über 7,5 Kilometer im Sprintbewerb wird am Ende mit Garantie noch lange genug werden. Die Uhr zählt die letzten Sekunden herunter. Der Starter hält mich immer noch fest, er kann meinen Drang, die Aufholjagd zu beginnen, wohl auch bis in seine Haarspitzen spüren. Der norwegische Stadionsprecher, Kjell Erik Kristiansen, der auch als die „nordische Stimme“ bekannt ist, kündigt mich an. Seine Stimme ist nicht zu überhören, ich nehme ihn aber nur noch dumpf im Hintergrund wahr. Es wird gleich losgehen, und ich habe es in wenigen Sekunden selbst in der Hand, mir mein tief in mir versiegeltes Ziel zu verwirklichen. Die digitale Anzeige auf der Uhr zählt die letzten Sekunden herunter. Fünf, vier, drei, zwei, eins und los.
Ich starte mit kräftigen Schüben aus Armen und Beinen vom Start hinaus. Es gleicht einem Sprint – und doch verspüre ich sehr viel Ruhe in meinen Bewegungsabläufen. Keine Spur mehr von Nervosität. Ich fühle, wie ich an Geschwindigkeit zulege. Mein Oberkörper nimmt mit zunehmendem Tempo eine immer tiefere und somit aerodynamischere Haltung ein. Die Stöcke positionierte ich schon kurz nach dem Start unter meinen Achseln, die Hände sind weit vor dem Körper. Ich bin gerade auf einer leichten Bergab-Passage, sie ist wie

für mich gemacht. Die Spur ist unheimlich schnell. Das lässt auf eine kurze Laufbestzeit schließen. Bei hoher Geschwindigkeit gut am Ski zu stehen und den Ski richtig laufen zu lassen, ist genau das, was mir entgegenkommt. Obendrein haben wir es heute mit sehr kompakten Schneeverhältnissen zu tun, auch das sollte ein Vorteil für mich sein. Das bedeutet, dass der Druck, den ich aus den Beinen auf den Ski bringe, fast direkt auf den Schnee sprich die Unterlage übertragen wird. Wenn die Bedingungen hingegen weich sind, verpufft sehr viel Druck im Schnee. Schon sehr früh sehe ich die Läufer vor mir näherkommen. Eine relativ große Gruppe ist nur wenige Sekunden vor mir gestartet. Darunter auch der Deutsche Ronny Ackermann. Einer meiner langjährigen unmittelbaren Konkurrenten. Ronny und ich haben uns schon sehr viele Kämpfe auf den unterschiedlichsten Strecken geliefert. Und auch wenn wir im Wettkampf nicht immer einer Meinung waren, verstanden wir uns abseits des unmittelbaren Zweikampfes sehr gut. Er war bei diesen Olympischen Spielen nicht in der Form, in der er sich wünschte zu sein. Dennoch war er nach dem Springen vor mir. Ronny zu unterschätzen wäre ein Fehler, den ich mir nicht verzeihen könnte. Darum entschließe ich mich keinem aus der Gruppe, auf die ich in Kürze aufschließen werde, auch nur im Ansatz eine Chance zu geben, mit mir mitlaufen zu können. Wir befinden uns in der Spitzkehre, die uns in den langen Anstieg der ersten Runde führt. An diesem Anstieg wird es in der letzten Runde so richtig zur Sache gehen. Das Tempo, das ich jetzt anschlage, ist auch schon enorm. Mit deutlich höherem Tempo laufe ich auf die Gruppe vor mir auf. Als wir gemeinsam in die Kehre einbiegen, entscheiden sich die Läufer vor mir, darunter auch Gummi und Bieles, den engeren Radius in der Innenseite der Kurve zu laufen. Somit ist der Weg für mich in der Außenkurve frei. Ich entschied mich dabei zwar für den etwas längeren, aber dafür auch um eine Nuance flacheren Weg. Mein Tempo ist sehr hoch und ich kann den Schwung richtig gut in den Anstieg mitnehmen. Beim Überholen ist es immer wichtig, das Tempo kurzzeitig deutlich zu verschärfen, um zu vermeiden, dass man zu lange nebeneinander herläuft. Die Gefahr, irgendwo hängen zu bleiben, ist selbst bei den breitesten Strecken sehr hoch. Ich bin beinahe selbst von mir überrascht, mit welcher Entschlossenheit ich an dieser Gruppe vorbeilaufe. Nur Magnus Moan, der zwei Sekunden nach mir startete, blieb an mir dran. Ich habe fast den Eindruck, als ob sie uns Platz machen wollten. Auch der sonst so hartnäckig abzuschüttelnde Ronny Ackermann macht keine Anzeichen, mein Tempo mitzugehen. Aus so einem Überholmanöver schöpft man natürlich zusätzliche Kraft, trotzdem ist es auch der Augenblick, in dem sich der Verstand bei mir meldet. Ich wundere mich plötzlich nämlich ein bisschen darüber, weshalb ich dieses Rennen um so vieles schneller als alle anderen aus dieser Gruppe anlaufe. Mein Gefühl sagt mir aber eindeutig, dass ich mich nach wie vor an meinen Fahrplan halten kann. Ich habe noch immer das Gefühl, diese erste von drei zu laufenden Runden mit ausreichend Reserven angegangen zu sein. Warum soll ich also in einem Moment, in dem es sehr leicht geht, Zweifel eine Chance geben. Zumal es in den letzten Jahren einzig und allein mein Gefühl war, auf das ich hörte. Darüber hinaus investierte ich eine Menge Zeit, um auch den Mut aufzubringen, ausschließlich meinem Gefühl zu vertrauen. Ich kann und will auch nicht beurteilen, wie sich die Konkurrenz zu diesem Zeitpunkt des Rennens fühlt. Mein Empfinden hingegen kann ich sehr wohl einschätzen; es ist gut, es ist genaugenommen sogar sehr gut.

Obwohl ich mit höllischem Tempo unterwegs bin, laufe ich den Anstieg mit Kraftreserven hinauf. Einen Anstieg, der mir in diesen Sekunden flacher vorkommt als je zuvor. Ich habe nie mitgezählt, wie oft ich diesen Anstieg schon gelaufen bin. So flach empfand ich ihn aber noch nie. Die Bedingungen sind sehr schnell, kompakt und auch der Wind kommt von hinten und ich freue mich schon auf meine gedanklichen Markierungen am Loipenrand. Sie werden mir gleich Aufschluss darüber geben, wie schnell die Bedingungen wirklich sind. Bergauf ist die 1:1-er Technik wie gesagt zwar die schnellste, aber gleichzeitig auch jene Technik, die den größten Kraftaufwand erfordert. Es war ein internes Spiel im Rennen mit mir selbst und es sollte mir auch dabei helfen, Aufschluss über meinen Geschwindigkeitsbereich und den dazu notwendigen Kraftaufwand zu bekommen.

Man kann das mit dem Radfahren vergleichen und der Wahl der Übersetzung. Normalerweise ist es so, dass man bei höherer Steigung auch eine größere Übersetzung fährt. Das heißt, je steiler es wird, desto höher wird auch die Zahl der Zacken im Zahnkranz des Hinterrades. Hat man jedoch genug Schmalz in den Beinen, schafft man auch einen höheren Gang und ist dementsprechend über mehr Kraftaufwand schneller am Ziel. Eins aber ist auch klar: Die beste Übersetzung nützt nichts, wenn man sie nicht treten kann.

Heute habe ich in meinen Armen und Beinen anscheinend mehr als genug Kraft. Im Augenwinkel habe ich jene Stelle, die ich mir aus der Aufwärmrunde gemerkt habe, schon erfasst. Sie kommt mit schier unglaublicher Geschwindigkeit auf mich zu. Ich stelle schon in der ersten Runde meinen persönlichen Rekord deutlich ein. Und das Schönste dabei: Ich habe immer noch das Gefühl, sehr behutsam mit meiner Kraft umzugehen.

Ich laufe in dieser Technik noch einige Meter weiter und stelle früher als notwendig auf die kraftsparendere Technik, den asymmetrischen Schlittschuhschritt, um. Gefühlsmäßig verkürzte sich der Anstieg für mich durch das hohe Tempo erheblich.

Viele Faktoren spielen für den bisherigen Rennverlauf eine Rolle. Der schnelle Schnee, der Wind, das Material und – da war ich mir ganz sicher – meine Form. Am Ende des Anstiegs kann ich bereits die Spitzengruppe erkennen; es ist zwar noch ein gutes Stück bis dorthin, dass ich sie aber so früh im Rennen schon sehen würde, damit rechnete ich nicht. Immerhin bin ich fast eine Minute später losgelaufen und befinde mich erst bei Kilometer zwei. Ich fühle in mich hinein und die Rückmeldung ist gut. Und interessanterweise meldet sich bei jeder Überprüfung des Gefühls auch gleich der Verstand. Als ob er die Rolle des Gegenspielers der Gefühlsentscheidungen übernommen hätte. Der Verstand macht mit der Frage *Bist du denn nicht viel zu schnell in dieses Rennen gestartet?* auf sich aufmerksam. Doch das Gefühl sagt nein und meint, dass ich mich in meinem optimalen Geschwindigkeitsbereich bewege. Ich helfe mir damit, den Einwand des Verstandes als kleine Prüfung an mich selbst zu werten. Gerade in Momenten, in denen es am wichtigsten ist, gilt es dem Gefühl wie wahren Freunden die Stange zu halten. Meinem Gefühl konnte ich immer vertrauen. Es begleitet mich nun schon lange und ich war mit ihm stets gut beraten. Diese Tatsache erlaubt es mir, in gewohnter Manier weiterzulaufen. Ich bin schon fast an der höchsten Stelle der Strecke angekommen. Zu dieser Stelle werde ich in wenigen Minuten wieder kommen, zuvor gilt es aber noch die schnelle Abfahrt zu bewältigen und die zweite, etwas flachere Schleife zu laufen. Ich forciere am Ende des Anstiegs das Tempo nochmals und laufe aktiv über die Kuppe. Ein Anstieg ist für mich immer erst dann zu Ende, wenn ich in der darauffolgenden Abfahrt so schnell bin, dass ich beruhigt in die Hocke gehen kann. Einen Anstieg schnell zu laufen, ist das eine. Dabei auch noch über die Kuppen schneller zu werden, unterscheidet jedoch die guten von den sehr guten Läufern. Es erfordert viel Kraft und Überwindung – an beidem soll es mir heute nicht fehlen. Ich arbeite in die Abfahrt hinein, kann somit viel Tempo aufnehmen und noch mehr davon mitnehmen. Das sollte sich schon im nächsten kleinen Anstieg auswirken. Ich fahre den Berg im Vergleich zu vielen anderen Athleten in einer ungewöhnlich tiefen Hocke hinunter. Die Geschwindigkeit an dieser Stelle ist hoch, sicher an die 50 bis 60 Stundenkilometer. Jedenfalls schnell genug, damit es sich auszahlt, eine vernünftige aerodynamische Position einzunehmen. Ich will einfach jeden einzelnen Meter der Strecke optimal nützen, um Zeit gutzumachen. Bevor es in den nächsten kleinen Anstieg hineingeht, erwartet mich noch eine kurze Kompression. Diese gilt es mit aller Achtsamkeit durchzufahren und mit kurzen aber schnellen Schritten liegt der kleine Hügel auch schon wieder hinter mir. Bevor ich zum ersten Mal den Durchlauf im Stadion passiere, kommt noch eine kurze Abfahrt, die unter einer Brücke hindurchführt. Die Spitzengruppe ist nur noch wenige Sekunden vor mir. Ich bin überrascht, dass ich den gesamten Rückstand so schnell aufholen

konnte. Mir kann es recht sein, denke ich, und eigentlich hätte mir auch nichts Besseres passieren können. Denn je früher es mir gelingt, desto länger kann ich mich für die Schlussattacke sammeln und ausrasten. Ich fliege förmlich an die Gruppe vor mir heran. Jetzt höre ich auch den Stadionsprecher, der sich ebenfalls etwas verwundert zeigt. Ich habe fast meinen kompletten Rückstand schon nach knapp 2,5 Kilometern aufgeholt. Als ich mich der Gruppe nähere, wird mir erst bewusst, dass ich wirklich um einiges schneller unterwegs bin als meine Konkurrenten. Nach 2,5 Kilometern war ich noch knapp zehn Sekunden hinter dem Führenden Hettich. Rund 200 Meter später habe ich mich im Windschatten der Spitzengruppe eingereiht. Ich fühle mich nach wie vor sehr gut und habe immer noch das Gefühl, genug Reserven zu haben. War auch gut so, immerhin habe ich noch zwei von drei Runden vor mir. Es ist mir egal, wie schnell oder wie langsam meine Gegner ihr Rennen anlegen. Ich kenne meine Verfassung, und wenn ich ehrlich bin, bin ich froh, heute nicht gegen mich selbst antreten zu müssen. Ich reduziere mein Tempo rechtzeitig, um zumindest eine Zeit lang den Windschatten der Spitzengruppe auskosten zu können. Wir befinden uns im Stadionausgang auf dem Weg in die zweite Schleife. Im Augenwinkel sehe ich jene Verfolger, die ich im ersten Anstieg überholt habe. Kein Grund nervös zu werden, dachte ich und blieb geduldig im Windschatten der Führenden.
Vom Sommertraining war ich es gewöhnt, entweder alleine zu laufen oder eben – wenn wir in der Gruppe trainierten – die meiste Zeit die Führungsarbeit zu machen. Jetzt will ich zumindest einmal für kurze Zeit hinterherlaufen. Zu gut ist mir eine besondere Trainingseinheit in Erinnerung geblieben.

## Arbeitsverweigerung im Training?

Es stand damals eine Trainingseinheit mit den Skirollern von Altenmarkt über Flachauwinkel bis Zederhaus und retour an. Es sollte für mich eine etwas andere Einheit werden. Mein Ziel war es in den knapp zwei Stunden nicht einen Meter Führungsarbeit zu übernehmen. Natürlich informierte ich niemanden über mein Vorhaben, und schon bald wunderten sich meine Teamkollegen, was denn heute mit mir los sei. Ich verzichtete in diesem Training einfach einmal auf den physischen Trainingsreiz und übte mich in geduldigem Hinterherlaufen. Dieser Nachmittag gestaltete sich anfangs nicht besonders spannend für mich. Auch die Trainer, die uns mit einem Auto begleiteten, wussten natürlich nichts von meiner speziellen Abmachung mit mir selbst. Es kam während dieser Einheit zu Diskussionen unter den Athleten und infolgedessen entstanden Uneinigkeiten über die Aufteilung der Führungsarbeit. Egal was kam, ich beteiligte mich einfach an nichts. Ich mischte mich auch nicht in die Gespräche ein. Mit Fortdauer wurde dieser Nachmittag doch noch richtig amüsant. Dazu muss man wissen, dass Geduld in einem Rennen nicht immer meine große Stärke war. Aber diese Einheit, bei der ich stumm und teilnahmslos hinterherlief, brachte mich auf diesem Gebiet weiter. Es war unglaublich, um wie viel einfacher es war hinterherzulaufen, als ständig vorne Tempo zu machen. Das war für mich zwar keine neue Erkenntnis, aber in dem Ausmaß hätte ich es mir nicht gedacht. Mit der Zeit nahm sich zum Glück der eine oder andere immer wieder ein Herz, um im Wind zu laufen – und hin und wieder versuchte sich sogar jemand abzusetzen. Natürlich alles aussichtslose Unterfangen – aber sehr amüsant. Ein Zielsprint am Ende des Trainings durfte natürlich nicht fehlen. Danach war jedem klar, was ich an jenem Nachmittag im Sinn hatte. Es war wieder einmal Learning by Doing.

In einem Rennen genügen oft wenige Atemzüge im Windschatten, um sich zu sammeln und von neuem durchzustarten. Diesen Prozess zumindest einmal in einem Training gleich über zwei Stunden durchzuziehen, gab mir die Gewissheit, dass es nur allzu vernünftig ist, den Windschatten, wenn er sich anbietet, zumindest kurz in Anspruch zu nehmen.

## Zurück im Rennen – eingangs zweite Runde

Ich reihe mich also im Windschatten dieser Fünfergruppe ein. Mit Moan und mir, der mir immer noch dicht auf den Fersen ist, waren wir jetzt also sieben Athleten im Kampf um drei Medaillen und einen Platz an der Sonne. Das Tempo kommt mir nicht besonders hoch vor. Nachdem ich aber dazugelernt habe, entscheide ich mich dafür, frühestens beim nächsten flachen Anstieg mein Tempo wieder zu erhöhen. Das ist auch eine willkommene Möglichkeit, meine Ski mit denen der anderen Athleten zu vergleichen. Ich kann mich in deren Windschatten spielen. Ein beruhigendes Zeichen. Um im Windschatten nicht mithalten zu können, bedarf es schon eines sehr schlechten Skis, um sich im Windschatten jedoch spielen zu können, braucht es schon einen sehr guten. Und den habe ich eindeutig. Es ist nicht leicht in einem Rennen, in dem es um relativ „alles“ geht, die richtigen taktischen Entscheidungen zu treffen. Attackiert man zu früh, kann man das unter Umständen am Ende teuer bezahlen, und attackiert man zu spät, gibt man jenen Athleten möglicherweise eine Chance, die im Normalfall keine haben dürften und einem womöglich in einem Zielsprint das Leben noch schwerer machen, als es hätte sein müssen. Und ein Zielsprint ist nicht unbedingt das, worauf ich mich einlassen möchte. Ein Grund mehr, früh genug das Heft in die Hand zu nehmen und die Gegner sukzessive müde zu machen, ohne es dabei selbst zu werden.
Viel Zeit zum Überlegen hat man sowieso nicht. Mein Vorhaben – aus dem Stadion hinaus – nicht im Wind zu laufen, habe ich schon fast geschafft. Wir befinden uns in einer kurzen Abfahrt, bevor es in einer Linkskurve einen flachen aber relativ langen Anstieg hinaufgeht. Ich bin im Windschatten etwas schneller als die Läufer vor mir und wechsle nach links, um in keine Kollision verwickelt zu werden. Mit diesem Schritt nach links hatte ich den kürzesten Weg und das Überholmanöver glich fast einer Attacke. Gut, denke ich, wenn das heute wirklich so leicht gehen sollte, dann versuche ich einfach nur das Tempo hochzuhalten und das Rennen von der Spitze aus zu be-

stimmen. Meine kurze Zeit des Sammelns hatte ich, und für zuviel Zurückhaltung ist jetzt sowieso nicht die richtige Zeit. Ich nütze meine Technik und meine Kraft, um diesen Anstieg hinaufzugleiten. Anfangs spüre ich noch den Atem meiner Verfolger, wenig später merke ich, dass sie mit meiner Tempoverschärfung schon ihre Probleme haben.

Es war ein unglaubliches Gefühl, nicht zu attackieren und trotzdem zu merken, dass der Großteil der Athleten bereits Schwierigkeiten hatte, mir zu folgen.

Fritz Egger stand genau an dieser Stelle und feuerte mich an. Ich konnte seine Begeisterung förmlich spüren und ich bemerkte allein an seinen Zurufen, dass ich wirklich recht schnell unterwegs sein musste. Hinter dieser Attacke, welche ich noch nicht als solche empfand, steckte viel Arbeit und jahrelanges Training. Sie ist kein Geschenk zum richtigen Zeitpunkt, sie ist die Ernte jener Saat, um deren Betreuung ich mich jahrelang liebevoll kümmerte.

Auf diesen Metern der Strecke wird mir das erste Mal klar, dass ich heute wirklich besser bin als meine Konkurrenten. Durch diese Klarheit mobilisierten sich noch zusätzliche Kräfte. Ich fühlte mich stark wie selten zuvor.

Sollte ich mir aber nicht genügend Kraftreserven zurückhalten, kann der Schlussanstieg sehr lang werden. Zu präsent sind noch die Erinnerungen an das Rennen vor einem Jahr. Ich habe großen Respekt, verspüre aber auch große Freude, bald wieder diesen alles entscheidenden Anstieg hinauflaufen zu können. Ich nehme das Tempo wieder etwas heraus und übe mich in Geduld. Wir sind wieder eine große Gruppe. Ich will sie jetzt auch noch nicht abhängen, ich will ihnen nur ein bisschen auf den Zahn fühlen, sie müde machen, wenn möglich zermürben. Es ist kein Geheimnis, dass es in einem Rennen immer schwieriger ist auf Tempoverschärfungen zu reagieren, als sie selbst zu gestalten. Auf diese Taktik setze ich und auf das, dass mein ganzes Rennen auf diesen letzten steilen und beinharten Anstieg ausgerichtet ist. Ich behalte mir vor allem mental all meine Reserven für diesen Streckenabschnitt

bereit. Dort will ich von unten weg ein Tempo anschlagen, das mich weiter wachsen lassen soll. Ein Tempo, das mich meinem sportlichen Traum einen entscheidenden Schritt näher bringen soll. Es ist aber noch nicht so weit. Ich habe noch den letzten Stadiondurchlauf vor mir und danach die lange Gerade hinaus bis zum Fuß eben dieses Anstiegs. Noch einmal habe ich die Möglichkeit, mir einen Überblick zu verschaffen: Wie groß ist unsere Gruppe, wo sind die Verfolger? Ich sah mich und unsere Gruppe samt Verfolger auf der großen Videoleinwand im Stadion. Noch sind wir eindeutig zu viele für die drei Plätze am Podium. Mit gebücktem Oberkörper und kräftigen Schüben aus den Beinen versuche ich, wie schon auf den ersten Metern des Rennens, dem Wind zu trotzen und dabei Kraft zu sparen. Dennoch so schnell wie möglich zu laufen ist das, was ich von mir verlange. Es ist, als ob ich für diesen Schlussanstieg Anlauf nehmen würde. Ich kann es kaum noch erwarten, aber davon kommt er auch nicht schneller näher, denke ich. Ich werde noch einiges an Energie aufwenden müssen, um die Stelle zu erreichen, an der gleich ein Rennen im Rennen stattfinden wird. Das Tempo ist hoch und ich merke, wie sich hinter mir die Gruppe in die Länge zieht. Ein Beweis dafür, dass sich meine unmittelbaren Gegner auch schon im Flachen mächtig anstrengen müssen. Ohne die Stöcke einzusetzen, skate ich mit geducktem Oberkörper dem Schlussanstieg entgegen. Diese Art des Laufens war immer eine Spezialität von mir. Ich liebe es auf diese Weise mit hoher Geschwindigkeit über den Schnee zu gleiten. Dazu kommt, dass meine Verfolger weniger Windschatten abbekamen, als sie es sich wünschten.
Mental war ich auf die kommenden vielleicht zweieinhalb Minuten vorbereitet. Es sollten jene Sekunden und Minuten werden, für die ich die letzten Jahre gelebt hatte. Sekunden, die zwischen Sieg und Niederlage entscheiden werden.
Ich habe mich in unzähligen Trainingseinheiten für diesen letzten Anstieg geschunden und mich bis über meine Grenzen hinaus gefordert. Egal wie hart es gleich werden wird, ich bin für diese

Situation gerüstet. Wir laufen nochmals an den Betreuern vorbei, bevor wir sie im Anstieg gleich erneut passieren werden. Sie sind wohl auch alle sehr gespannt, welches Ende dieses Rennen nehmen wird.

Sie stehen allesamt auf der Ebene des letzten Anstiegs und können daher gut die Passage, die zum Fuß des Anstiegs führt, einsehen. Es ist nicht mehr weit, bis uns die scharfe Rechtskurve wieder den Weg in den Anstieg vorgeben wird. Ich will wieder den gesamten Schwung aus der Geraden in die Kurve mit in den Anstieg hineinnehmen und gleich einen Überraschungseffekt erzielen. Niemand in der Gruppe außer Moan hatte die Gelegenheit, mich an dieser Stelle in der ersten Runde zu beobachten. Gelingt es mir, meine Tempoverschärfung durchzuziehen, werden meine Verfolger schon außerordentlich viel Kraft benötigen, um eine mögliche sich auftuende Lücke zu schließen – und sei diese Lücke auch noch so klein.

Die alles entscheidende Stelle liegt unmittelbar vor mir. Ich hole etwas aus, öffne aber gleichzeitig keine Lücke für die Athleten hinter mir. Mit viel Druck und der nötigen Aggressivität starte ich meinen Angriff. Es interessiert mich jetzt auch nicht, wer unmittelbar hinter mir läuft. Ich bin mehr als genug mit mir selbst beschäftigt. Und am Ende sollte ohnehin niemand mehr mit mir mithalten können. So ist das zumindest in meiner Vorstellung abgespeichert. In meiner Vorstellung bin ich diesen Anstieg schon in allen erdenklichen Varianten hinaufgelaufen. Ich spürte auch in diese unterschiedlichen Varianten hinein und erfuhr dabei, wie sie sich anfühlen sollten. Es gab eine Variante, die sich mehr oder weniger durchsetzte. Irgendwie bin ich schon richtig neugierig, wie die wirkliche Variante ausschauen wird. Eines aber hatten alle imaginierten Möglichkeiten gemeinsam: Der Schlüssel zum Erfolg wird sein, mit hohem Tempo in den Berg – wie wir Langläufer sagen – hineinzulaufen und dennoch in der Lage zu sein, bis über die Ziellinie hinaus schneller zu werden. Das heißt, auch im Anstieg eine Art Steigerungslauf zu machen und sich dennoch Kraftreserven für einen möglichen Zielsprint zu sparen.

## Freie Technik

Wie gesagt, im Langlauf kann man nur schnell sein, wenn man einerseits ausreichend Kraft und Ausdauer zur Verfügung hat. Andererseits bringen Kraft und Ausdauer nur dann etwas, wenn man sie auch mit einer optimalen Technik kombinieren kann und somit Kraft, Ausdauer und Technik als Tempo auf den Schnee bringt. Das ist die Herausforderung. Zudem gibt es nichts Unterschiedlicheres als die optimale Technik. Diese herauszufinden ist Aufgabe eines jeden Sportlers. Ein Prozess, der durch die verschiedensten Änderungen immer wieder neu abgestimmt werden muss. Auf diese Weise bleibt auch für einen routinierten Athleten das Training spannend. Ich adaptierte meine Technik ständig. Ich probierte die unterschiedlichsten Sachen aus. Fühlte ich mich in der Bewegung wohl damit, bedeutete das für mich, dass ich mit der jeweiligen Modifikation auch schnell sein kann, ohne überflüssig viel Kraft zu verschwenden. Nicht immer waren solche Veränderungen auch von außen sichtbar, im Inneren spürbar waren sie für mich allemal.

Der 1:1-er Schritt, den ich weiter oben schon einmal angesprochen habe, ist der Schritt, mit dem ich mich ständig hätte beschäftigen können, wobei dessen Entwicklung wohl trotzdem nie zu einem Ende gekommen wäre. Ich liebte diesen Schritt. Er war an Dynamik mit keinem anderen vergleichbar.

Dieser Schritt macht meiner Meinung nach die freie Technik erst so richtig frei. Die Frequenz dem Gelände anzupassen und bei jedem einzelnen Schritt eine gute Be- und Entlastung zu machen, ist der Schlüssel zum Erfolg. Kraft im Oberkörper und in den Beinen ist Grundvoraussetzung für die Effizienz.

## Der alles entscheidende Schlussanstieg

Die Kraft in mir kann ich jetzt förmlich angreifen und es ist an der Zeit, sie hier loswerden zu dürfen.

Ich laufe mit hohem Tempo aus der Wende heraus und in den Berg hinein. Je höher die Geschwindigkeit am Fuß des Berges ist, desto weiter kommt man praktisch von allein hinauf. Ich skate mit viel Druck, um die hohe Geschwindigkeit auszunützen. Es gibt keine Positionskämpfe an dieser Stelle. Meine Verfolger sind wohl genug damit beschäftigt, an mir dranzubleiben. Nach wenigen entschlossenen Metern meinerseits, folgte dem ersten kurzen Anstieg ein Übergang. Dort gilt es weiter zu forcieren. Genau an solchen Stellen kann man sich behaupten und zeigen, wie stark man drauf ist. Dementsprechend schnell und aktiv schob ich auch in die Abfahrt hinein. Dort unten sollte die richtige Tempo-Bolzerei erst beginnen. Ich wollte diese kurze Abfahrt dazu nützen, weiter an Geschwindigkeit zuzulegen. Ich komme gar nicht auf die Idee, nochmals kräftig durchzuschnaufen. Dafür nahm ich mir jetzt keine Zeit mehr. Mir ging es gar nicht darum, gleich ein Loch aufzureißen, mir ging es vielmehr darum, eine Art Ausscheidungsrennen zu machen, um am Ende alleine vorne zu sein. Ich befinde mich an der Spitze. Mit dem Geschwindigkeitsüberschuss, den meine Verfolger in meinem Windschatten haben, sollte es ihnen doch möglich sein, mich anzugreifen, dachte ich. Ich machte mich in der kurzen Bergab-Passage natürlich so klein wie möglich, um auch den Luftwiderstand so gering wie möglich zu halten. Das Tempo zu hundert Prozent mitzunehmen und mit wirklich größtem Druck loszustarten, war jetzt entscheidend. Jeder, der noch unmittelbar hinter mir läuft, soll wissen, dass ich meine komplette Vorbereitung auf diese Stelle ausgerichtet habe. Ich fliege den Anstieg hinauf. Ich habe ein Gefühl, als würde ich leichter werden.

Der Anstieg ist für mich im Vergleich zur ersten Runde nochmals „flacher“ geworden.

Die Bedingungen sind immer noch sehr schnell, obwohl mittlerweile Schneefall eingesetzt hat. Das störte aber mich und meine Ski nicht im Geringsten. Sie rutschten auch nach ungefähr sechs absolvierten Kilometern immer noch hervorragend. Der Wind kommt von hinten und unterstützt mich auf seine Art. Faktoren, in deren Genuss natürlich nicht nur ich komme. Ich habe aber sehr wohl das Gefühl, dass nur ich allein die Neigung des Anstiegs als flacher empfinde. Ich spüre, dass sich hinter mir die Spreu vom Weizen trennt. Magnus Moan und Georg Hettich, der Olympiasieger aus dem ersten Bewerb, sind wieder die Einzigen, die mir jetzt noch dicht auf den Fersen sind. Moan sicherte sich im ersten Wettkampf hinter mir die Bronzemedaille. Hettich machte mir das Leben im ersten Rennen genau an dieser Stelle schwer und setzte sich auch ins Ziel hinein durch. Sämtliche Betreuer standen an dieser Stelle am Loipenrand, und viele Stimmen schrien auf uns ein. Normalerweise bin ich immer auf einige wenige Stimmen fixiert, die ich auch gut heraushöre. Bei diesem Rennen nehme ich aber praktisch keine Stimmen mehr bewusst war. Aber nicht, weil ich schon so kaputt bin, sondern weil ich so in mich vertieft bin. Ich will ganz einfach so schnell wie möglich diesen Berg hinauf, dann noch so schnell wie möglich den Berg wieder hinunter und so schnell wie möglich ins Ziel. Keinem sollte das schneller gelingen als mir. Es war unglaublich, welche Energie ich noch in mir hatte.

Die Stelle am Loipenrand, die ich mir noch aus der ersten Runde merkte, liegt schon weit hinter mir und ich laufe immer noch im 1:1-er. Ich arbeite mich den Anstieg hinauf und fühle dabei, wie ich ständig an Kraft zulege, anstatt sie zu verbrauchen. Zu merken, dass die Verfolger langsam abreißen lassen müssen, gibt mir nochmals einen zusätzlichen Energieschub. Jetzt stelle ich auf den herkömmlichen asymmetrischen Schritt um und paddle den restlichen Anstieg hinauf. Ich bin immer noch richtig spritzig und habe das Gefühl, im Anstieg tatsächlich noch schneller zu werden. Weit ist es nicht mehr, bis ich an der höchsten Stelle angekommen sein werde. Ich reize nochmals alles aus und habe dennoch das Gefühl, mir ein paar Kraftreserven übrig zu lassen. Die darauffolgende Abfahrt ist sehr schnell. Dafür ist es absolut notwendig, gut und locker am Ski zu stehen. Und auch für die Zielgerade kann es nicht schaden, noch etwas im Köcher zu haben. Ich denke nicht bewusst an das Erlebnis bei den vorolympischen Wettkämpfen vor einem Jahr, aber es war in meinem Hinterkopf immer noch präsent. Mich begleitet nach wie vor eine nette Brise Rückenwind den Anstieg hinauf, was auch bedeutet, dass ich auf der Zielgeraden ebenfalls Rückenwind haben werde. Ich lasse nicht locker und kämpfe um jede halbe Sekunde Vorsprung. Dadurch erhoffte ich mir zumindest eine gewisse Sicherheit für die letzten verbleibenden Meter. Ich weiß, dass eine Lücke zwischen mir und meinen Verfolgern entstanden ist. Nur dumpf registriere ich die Zurufe der deutschen Betreuer für Georg Hettich. Umdrehen ist selbstverständlich verboten. Vorne spielt die Musik und der Gegner soll spüren, dass es mich überhaupt nicht interessiert, was sich hinter mir abspielt. Es ist das Wichtigste, den Verfolgern jegliche Hoffnung auf den Sieg zu nehmen. Im Zweifelsfall bleibt nach der Ziellinie noch genug Zeit zum Schauen. Jetzt zählt nur das Laufen. Grund genug, über die Kuppe und somit über die höchste Stelle der Strecke nochmals richtig Druck zu machen. Ich bin voller Enthusiasmus und sprühe vor Energie. Sie ist so intensiv, dass ich gegebenenfalls müde Beine oder gar einen kaputten Felix gar nicht wahrnehmen würde. Der Berg liegt hinter mir, und ich bin immer noch in einer Verfassung, die mir das Gefühl gibt, zumindest Herr der Lage zu sein. Bevor es in die Abfahrt geht, ist noch eine scharfe Rechtskurve zu bewältigen. Eine Gelegenheit, zumindest unauffällig in einem Augenwinkel zu sehen, wie groß mein Vorsprung ist. Das, was ich sehe, ist o.k., hat aber keinesfalls etwas mit beruhigend zu tun und erlaubt mir auch nicht die geringste Schwäche zu zeigen oder gar Fehler zu machen. Ich steige noch relativ leichtfüßig um die Kurve. Sie ist schon etwas eisig und nicht zu unterschätzen. Doch auch dafür bin ich gerüstet.

## Die Kleinigkeiten machen's aus

Zu oft bin ich – beispielsweise – in vielen Trainingseinheiten im Winter bewusst sehr schnell den Skiweg auf den Rittissberg in Ramsau hinaufgelaufen, um dann die Skipiste auch im erschöpften Zustand mit den Langlaufskiern zu bewältigen. Ich wollte mein Training im-

mer so gestalten, dass es im Wettkampf nichts mehr geben konnte, was ich im Training nicht schon erlebt hatte. Das war meine Devise, die ich über Jahre verfolgte.
Von Kindesbeinen an bin ich ein leidenschaftlicher Skifahrer gewesen, was mir auf den schmalen Langlauflatten immer wieder entgegenkam.
Oft machte ich mich in einem Langlaufrennen selbst darauf aufmerksam, wirklich gut am Ski zu stehen. Ein Eigenlob, das vor allem der Koordination gut tat, welche gerade im erschöpften Zustand zusehend litt. Das half mir bei schwierigen Abfahrten und heiklen Situationen mich immer wieder ganz gut aus der Affäre zu ziehen und diverse Situationen zu meistern.

## Zurück zur Entscheidung

Und mit Hilfe eines persönlichen Zuspruchs meistere ich auch die wohl wichtigste Kurve all meiner Langlaufrennen und versuche so schnell wie möglich eine tiefe Hocke einzunehmen. Selten zuvor bin ich mir in einem Langlaufrennen auch gleichzeitig wie eines unserer Abfahrtsasse vorgekommen. Ich gebe die Hände weit vor den Körper und werde sehr schnell. Meine Ski gehen wie die Feuerwehr. Der Schneefall wird immer stärker und zu meiner Verwunderung meine Ski schneller. Es geht wieder auf die Kompression zu. Jetzt gilt es alles an Geschwindigkeit mitzunehmen. Mit zwei, drei Stockeinsätzen gehört der Hügel der Vergangenheit an. Angeschlagen, aber eigentlich noch immer spritzig schlucke ich diesen kurzen Gegenhang. Gerade nach einer längeren Abfahrt gibt es oft ein böses Erwachen, wenn die übersäuerte Muskulatur nach einer fast ausschließlich statischen Belastung in der Abfahrt wieder loslegen soll. Um eine zusätzliche und auch unnötige Belastung zu vermeiden, versuche ich nicht zu lange in der statischen Hockeposition zu bleiben, sondern auch immer etwas mit den Beinen mitzuarbeiten. Bevor ich noch eine leicht ansteigende Passage zu bewältigen habe, geht es unter der

Brücke durch. Als ich nach der Unterführung ein letztes Mal aus der Hocke herausgehe, bemerke ich sofort, dass mich der Wind nicht bremst, sondern unterstützt. Und auch um meine Kraft und meine Koordination steht es noch ganz gut. Genau an dieser Stelle war ich vor über einem Jahr stehend k.o. Ein letztes Mal bemühe ich mich kräftige Schübe aus Armen und Beinen zu machen. Durch den Rückenwind laufe ich ein wenig aufrechter als normal; ich nütze den Wind, um mich die letzten paar hundert Meter regelrecht ins Ziel treiben zu lassen.

Ich fühle mich den Umständen entsprechend gut und meine Aufmerksamkeit ist ausschließlich nach vorne gerichtet. Ich will kein Risiko eingehen und ziehe meine Taktik – bis über die Ziellinie hinaus schneller zu werden – mit größter Konsequenz durch. Ich muss mich weder umdrehen, um zu sehen, wie groß mein Vorsprung ist, noch muss ich meinen Betreuern am Streckenrand in die Augen schauen, um zu wissen, dass sie sich bei mir, was den Sieg angeht, immer erst dann sicher sein können, wenn ich die Ziellinie überquert habe. Und mein Vorsprung ist auch nicht groß genug, um mich schon in Sicherheit zu wiegen – es sind nur ein paar Meter, ein paar Sekunden. Ich quetsche nochmals alles aus mir heraus. Jetzt Reserven zu sparen, wäre sinnlos. Es ist nicht mehr weit bis ins Ziel, und mit diesem Schlussantritt werde ich meinen Verfolgern erneut den Glauben nehmen, mich noch einholen zu können. Ich befinde mich schon auf der Zielgeraden und sehe die rote Linie auf mich zukommen. Mich trennen vielleicht noch hundert Meter. Nachlassen kommt nicht in Frage. Ich arbeite auf den letzten Metern dieses Rennens gleich wie auf den ersten. Meine jetzige Verfassung ist zwar mit jener zu Beginn des Rennens nicht zu vergleichen; der Zug, den ich auf meine Ski bringe, ist aber immer noch gut. Ich glaube natürlich an meine Siegchancen –, bin mir meiner Sache aber immer noch nicht zu sicher. Ein Rennen ist erst nach der Ziellinie zu Ende. Zu viel ist mir im Laufe meiner Karriere gerade auf den letzten Metern schon passiert. Das Ziel kommt rasant näher. Und gleich rasant kommt auch jenes Ziel näher, für das ich mein Leben lang gearbeitet, ja gelebt habe. Ich durchlebe die Echtversion dessen, was ich in Gedanken schon so oft durchlebt habe – bei Olympischen Spielen als Erster über die Ziellinie zu laufen. Jetzt, in diesem Augenblick, gelingt mir das. Ich laufe bei Olympischen Spielen als Erster über die Ziellinie.

Ich reiße die Arme nach oben, und mein Blick wendet sich dem Himmel zu. Eine Flut an Gefühlen bricht über mich herein. Ich bin körperlich absolut am Limit, meine Emotionen sind in diesen Sekunden aber ungleich stärker und kompensieren meine totale Erschöpfung.

## *Um-Weg*

Ich habe tatsächlich das geschafft, was ich immer schaffen wollte. Mich erfüllte ein Gefühl der vollkommenen Zufriedenheit. Ich war über meinen Weg, den ich mit aller Liebe und Begeisterung zu Ende gegangen bin, glücklich, und ich war glücklich darüber, dass ich mich von den vielen Ängsten und Zweifeln, die natürlich auch bei mir immer wieder anklopften, nicht beeinflussen ließ. Ich sehe heute meine Ängste und Zweifel als wichtigen Teil von mir, dessen Aufgabe es war, mich auf Herz und Nieren zu prüfen und mir all jene Dinge aufzuzeigen, die es zu verändern oder einfach zu ignorieren galt. Es war wichtig, Täler als solche wahrzunehmen und sie anschließend auch zu durchschreiten. Es sind die Täler, die einem immer wieder eine Vielzahl an Möglichkeiten bieten, den Weg zum Gipfel von neuem aufzunehmen und diesen auch mit größter Konsequenz zu gehen. Den tieferen Sinn vieler Probleme auf meinem Weg zum Olympiasieg sehe ich heute darin, geprüft worden zu sein, wie fest ich entschlossen war, diesen Weg auch bis zum Ende zu gehen. Ein Weg, der sich im ersten Moment als Umweg herausstellte, war aus heutiger Sicht mehr als notwendig, um den persönlichen Weg zu finden. Ein *Um-weg* eben.

## Sich ein Leben lang in den Spiegel schauen können

Entscheidend ist der Weg, entscheidend ist zu wissen, was ich für mein Ziel getan habe; entscheidend ist, was ich in mir spüre und was ich selbst in meinen Augen sehe, wenn ich in den Spiegel schaue; entscheidend ist, was ich über mich denke. Ich lebe für mich, darum bin ich so, wie ich bin. Lebte ich für andere, müsste ich so sein, wie andere mich gerne haben wollen. Zu sein, wie man ist, ist auf Dauer das Einzige, was funktioniert. So zu sein, wie es womöglich andere von uns erwarten, funktioniert auch – aber eben nicht lange.
Man kann über einen langen Zeitraum hinweg vielen etwas vorspielen. Man kann sich auch selbst über einen langen Zeitraum hinweg etwas vorspielen, dabei muss man sich jedoch immer im Klaren darüber sein, dass das niemals gut ausgehen wird. Etwas vorzuspielen bedeutet immer, an den Kulissen zu arbeiten, die ein Problem nach allen Seiten beschirmen, ja unsichtbar machen sollen. Die Kulissen verändern sich, das Problem, die Probleme bleiben. Die Folgen werden Unzufriedenheit, Selbstmitleid und die Angst davor sein, dass die anderen, denen man tagtäglich begegnet, letztendlich die Kulissen als Kulissen erkennen.

## Was du anderen vergönnst, sei auch dir vergönnt

Ich habe mich über meinen Erfolg sehr gefreut. Was mich aber auch sehr gefreut hat, war, dass sich so viele Athleten, Trainer und Betreuer unterschiedlichster Nationen mit mir gefreut haben. Jeder Athlet will Olympiasieger werden, aber für die wenigsten geht dieser Traum in Erfüllung – trotzdem haben sie mir meinen Erfolg von Herzen gegönnt. Und das wiederum ist der Grundstein für den persönlichen Erfolg. Man muss lernen, die Leistung anderer anzuerkennen, wer das nicht kann, verschwendet zu viel Energie mit leistungshemmenden Gefühlen wie Missgunst, Neid oder Selbstmitleid. Ich habe mich immer mit allen Siegern mitgefreut. Auch wenn sie mich

unter Umständen bitter abgehängt haben. Ich habe auch versucht die Energie, die Sieger in solchen Momenten ausstrahlen, in mich aufzusaugen. Diese Energie hat mich die Sommermonate über motiviert zu trainieren, um sie irgendwann auch in mir zu spüren und in der Folge ich derjenige bin, der sie ausstrahlen darf.
Das, was du anderen gönnst, sei auch dir vergönnt – im Positiven wie auch im Negativen.

## Nützen wir unser Werkzeug

Als ich die Ziellinie überquerte, habe ich mir meinen sportlichen Lebenstraum erfüllt. Ich bin Olympiasieger in der Nordischen Kombination; ich bin jetzt sogar Doppelolympiasieger in der Nordischen Kombination.
Das war ein Ziel, das vor langer Zeit und auch für lange Zeit in der Zukunft lag, das aber sukzessive näher kam und jetzt Realität geworden ist. Jeden einzelnen Tag habe ich für dieses Ziel gelebt, um dann vielleicht auch diesen Tag der Umsetzung erleben zu dürfen.
Am heutigen Tag, aber auch über den Zeitraum der Olympischen Spiele hinweg, hatte ich stets das Gefühl, mein Ziel erreichen zu können. Natürlich gab es viele Tage in meiner Karriere, an denen Ängste und Zweifel die Macht übernahmen. Sie galt es aus der Welt zu schaffen und an deren Aufarbeitung zu wachsen. Ich lernte mich im Laufe der Jahre immer besser kennen und infolgedessen wusste ich auch immer genauer, wie ich unter Druck reagieren würde – darüber hinaus hatte ich immer mein persönliches Werkzeug bei der Hand. Dieses Werkzeug bin ich selbst. Es geht darum, es anwenden zu lernen.

## Vorstellen und fühlen

Ich war darüber erstaunt, wie exakt die Realität mein imaginiertes *Drehbuch* umsetzte.

Das Entscheidende dabei waren eindeutig die Gefühle und Empfindungen, die ich bei jeder *Szene* hatte.

Über den ganzen Zeitraum und Ort der Spiele hängte ich einen gedanklichen Schleier der Leichtigkeit. Meine Aufmerksamkeit richtete sich auf das Gefühl, das ich bei richtig guten Sprüngen verspürte. Ich ging dabei gar nicht intensiver auf Details ein. Ich stellte mir vor beziehungsweise spürte, wie ich im Anlauf an Geschwindigkeit zunehme, mich ruhig, dynamisch und entschlossen vom Schanzentisch löse und in der Luft leicht und schnell und spielerisch von ihr getragen werde; wie ich für Bruchteile von Sekunden die Schwerkraft überliste und den Telemark leichtfüßig in den Radius des Aufsprunghangs setze. Ich wollte die Gesamtheit des Sprungs in mir spüren und es auch dabei belassen. In meiner Vorstellung existierte immer ein normaler und kein außergewöhnlicher Sprung. Ich wollte mir auf der Schanze eine gute Ausgangsposition schaffen, um mir im folgenden Langlaufrennen alle Möglichkeiten auf den Sieg zu bewahren. Ich fühlte mich sogar in die Zeitspanne zwischen den beiden Disziplinen hinein. Abschalten, sich kurz erholen und sich von neuem sammeln und vorbereiten – keine außergewöhnlichen Dinge. Auch beim Langlaufen fühlte ich mich in Situationen hinein, wie es sein würde, eine große Gruppe anzuführen und sie im Anschluss stehen zu lassen oder wie es sich anfühlen würde, den perfekten Druck auf den Ski zu bringen. Ich fühlte jeden Meter des Schlussanstiegs in mir, ich war mit der Strecke verbunden, ja verwachsen; ich kannte ihre Tücken, wusste aber gleichzeitig, wie ich sie anzugehen hatte. Auch zur Zielgeraden baute ich eine enge Verbindung auf. Sie wollte ich unter allen Umständen auf meiner Seite haben. Ich fühlte die Gänsehaut wie es ist, bei Olympischen Spielen als Erster über die Ziellinie zu laufen. Ich stellte mir vor, wie es sein würde, wenn ich mir selbst die größte und vielen anderen Menschen eine Freude mache; ich stellte mir vor, wie der Druck von mir abfällt und mich tiefe Zufriedenheit erfüllt.

## Stärke deine Stärken

Im Laufe meiner Karriere fragten mich viele Menschen, weshalb ich immer wieder so viel Energie ins Langlaufen stecken würde, anstatt mich doch einmal ein Jahr lang vorwiegend dem Springen zu widmen. Und ich würde lügen, wenn ich verneinte, dass es nicht viele Augenblicke gegeben hat, in denen ich über diese Frage ernsthaft nachgedacht habe. Ich kam dabei aber immer wieder zu dem Ergebnis, dass es für meine Art diesen Sport zu betreiben, nur einen Ansatz geben kann. Und der lautet: Stärke deine Stärken, dann werden deine Schwächen automatisch kleiner werden. Den Fokus auf das zu legen, was gut funktioniert, und das, was gut funktioniert, ständig zu verbessern und weiterzuentwickeln, das war mein Ansatz. Und das Interessante daran war, dass es auf einmal auch mit dem Skispringen ganz gut klappte.

Ich war, bin und werde nie der Typ von halben Sachen sein. Entweder stehe ich zu hundert Prozent hinter dem, was ich mache, oder ich mache es gar nicht. Selbstverständlich muss man dann auch zu den Folgen, die Entscheidungen immer mit sich bringen, stehen. Und das auch in Zeiten, in denen es schlecht bis gar nicht läuft. In solchen Situationen ist es immer schwer, an den eigenen Entscheidungen nicht zu verzweifeln und ihnen weiter zu vertrauen. Dennoch: Wir haben uns irgendwann für eine Richtung entschieden und müssen nun auch für die Auswirkungen, die diese Entscheidung zur Folge hat, gerade stehen. Allein dadurch werden sich Veränderungen ergeben und neue Perspektiven öffnen. Immer nur auf der Erfolgswelle dahinzuschwimmen ist genauso unrealistisch wie ein ewiges Formtief. Und das zu wissen, half mir dabei, die Zuversicht wiederzufinden.

## Schätze, was du hast

In meinem Fall habe ich das erreicht, was ich erreichen wollte. Und ich bin davon überzeugt, dass jeder von uns seine Ziele erreichen kann. Das Motiv oder die Triebfeder, die hinter persönlichen Zielen steckt, ist entscheidend. Leider sehen viele Menschen in Geld und Macht ihre Hauptmotivation, etwas zu erreichen. Natürlich müssen wir alle von etwas leben. Dennoch sind es andere Werte, die das Leben so lebenswert machen. Viele haben dermaßen viel Arbeit und Geld, dass gar keine Zeit mehr bleibt, es auszugeben oder gar zu wissen, was man damit anfangen soll. Und andere jammern ständig zu wenig Geld zu haben. Dabei ist klar, dass sich mit Jammer- und Nörgelei, mit Neid und verzweifelten Schicksalsanrufungen das bisschen Geld, das man hat, nicht in einen Haufen Scheine verwandeln wird, darüber hinaus ist es auch sinnlos, sich ständig vor Augen zu halten, was man alles nicht hat, anstatt das zu schätzen, was man hat.

## Der Glaube an uns selbst

Wilfried Vettori hat schon immer gesagt, dass man sich aus einer Sprungkrise nur selbst herausspringen kann. Und mit den Krisen des Lebens ist es das Gleiche. Wollen wir einen unbefriedigenden Zustand verändern, müssen wir uns selbst bei der Nase nehmen und uns aus dem Sumpf herausziehen. Allein dadurch, dass wir ein Problem selbst anpacken, wird unser Selbst-Vertrauen wieder wachsen. Sich in solchen Momenten auf die Hilfe von außen zu verlassen, ist in den wenigsten Fällen dauerhaft der Schlüssel zum Erfolg. Jene, von denen man sowieso weiß, dass sie auf unserer Seite sind und uns in allen Lebenslagen unterstützen werden, können uns in solchen Situationen nicht wirklich helfen. Wir wollen den Zuspruch von jenen Menschen hören, denen wir mitunter eine Freude machen, wenn es bei uns selbst nicht ganz so gut läuft. Aber warum brauchen wir das? Warum wollen wir von Menschen hören, dass wir etwas schaffen können, die ohnehin – und sei es insgeheim – nicht an uns glauben? Es ist einzig und allein der Glaube an uns selbst, der uns in solchen Momenten fehlt. Das wird allein schon daraus deutlich, dass wir in Momenten des Erfolges oder in Zeiten, in denen wir auf der Welle des Erfolges schwimmen, deren Zuspruch eben gerade nicht suchen. Die Tugenden, die wir im Erfolg haben, auch im Misserfolg an den Tag zu legen, ist die Möglichkeit, die Straße des Erfolges wieder zu finden. Vorausgesetzt, wir verwechseln diese Tugenden nicht mit Übermut und Überheblichkeit.

## Gedanken im Zielbereich

Es ist nicht wichtig, wer dir etwas zutraut. Man kann sich auch im Vorfeld nicht viel davon kaufen, wenn einem viele sehr viel zutrauen. Es zählt einzig und allein das, was man sich selbst zutraut. Im Vorfeld darauf Energie zu verschwenden, wer wem wie viel zutraut, ist vollkommen sinnlos und soll ausschließlich Spiel der Medien sein und auch bleiben. Als Athlet aber hat man sein Herz, seine Kraft und seinen Siegeswillen in die Sache und nicht in das Was-Wäre-Wenn zu stecken.

Ich bin momentan überwältigt und gefasst zugleich. Und das ist angesichts der Häufigkeit meiner gedanklichen Olympiasiege auch nicht wirklich verwunderlich. Eine Szene meines Drehbuchs wurde jedoch von der Realität übertroffen: Es war das Strahlen der Augen des engsten Betreuerstabes. Diese Augen strahlten live noch um ein Vielfaches mehr, als sie es in meiner Vorstellung taten. Ich saugte diese Eindrücke in mich auf. Das Strahlen zweier Augen blieb mir vorerst noch verwehrt. Wo war Jacky? Er stand noch irgendwo im Anstieg und ließ dort in aller Stille seinen Gefühlen freien Lauf, wie er mir später eingestand.

## Einfach herrlich

Auch ich hatte unmittelbar nach dem Sieg das Bedürfnis, wenigstens für ein paar Minuten alleine zu sein. Alleine hieß in diesem Fall zu dritt. Erich Wagner begleitete mich fürsorglich und der Mann der Antidopingbehörde durfte mir natürlich nicht von der Seite weichen. Um meinen Sieg zu genießen und auch ein paar Minuten für mich zu sein, bot sich ein kleines Zelt im Zielbereich an. Dort sollte auch mein Lieblingswäschesack seinen Auftritt bekommen. Ein gutes Gefühl, sich nach dem Erreichen des sportlichen Traums umzuziehen. Ich zog mir meine trockenen Sachen an und genoss die Ruhe. Nach ein paar Minuten drängte mich Erich erneut, mich zu beeilen. Auch ein Kamerateam filmte bereits ins Zelt, und ich war froh, zumindest schon wieder etwas anzuhaben.

## Sport als geniale Lebensschule

Bevor die „Flower Ceremony" – oder wie es auf Deutsch so schön heißt – die Blumenzeremonie – begann, stellte ich mich den wartenden österreichischen Journalisten, die heute ähnlich wie ich viel Spaß an ihrer Arbeit hatten. Ich freute mich, ihnen heute auf diese Weise etwas zurückgeben zu können.

Ich musste bei diesen Spielen immerhin drei Medaillen gewinnen, um einmal das Vergnügen zu haben, eine Siegerehrung am „Medalsplaza" in Turin zu erleben, die einer Siegerehrung bei Olympischen Spielen auch gerecht wurde. Das, was in den Stadien passierte, glich mehr jenen Zeremonien, die man von Vereinsrennen her kennt.

Heute kann ich sagen, dass ich nicht von den Medaillen selbst, sondern vielmehr davon, wie ich sie gewonnen und was ich alles für sie getan habe, profitiere. Diese Tugenden auf den Alltag umzusetzen, ist spannend, wenn auch nicht immer leicht. Insofern ist der Sport eine geniale Lebensschule.

## Bewegung ist Leben

Und wenn ich sage, dass wir Menschen auf viel Bewegung hin ausgerichtet sind und dass uns Bewegung dabei hilft, gesund und zufrieden zu sein, dann hoffe ich auch insgeheim, dass ich damit keinem Leser etwas Neues sage; ich halte diesen einfachen Gedanken jedoch für derart wichtig, dass man ihn nicht oft genug wiederholen kann. Bewegung ist Leben. Bewegung bezieht sich aber nicht nur auf körperliche, sondern auch auf geistige Aktivität. Beides ist wichtig für unser Wohlbefinden. Für beide Bereiche können wir nur heute etwas machen. Nehmen wir uns keine Zeit, uns körperlich oder geistig zu bewegen, nehmen wir uns auch keine Zeit zu leben. Unter körperlicher und geistiger Bewegung verstehe ich auch, dass man sich Zeit für sich selbst nimmt – sich selbst an die erste Stelle zu reihen, um danach wieder für Familie und Freunde da zu sein. Keine Zeit zu haben, lasse ich nicht gelten. Wenn jemand sagt, er habe keine Zeit, dann bedient er sich in meinen Augen lediglich der billigsten aller Ausreden.

## Schritt für Schritt

Belastung und Erholung, das ist das Prinzip des Trainings. Es ist aber auch das Prinzip des Arbeitens. Dieses Buch konnte nur entstehen, weil ich mir neben dem Schreiben auch Zeit für mich selbst genommen habe. Ich schrieb meist in den Morgenstunden, was für mich teilweise einen beinahe meditativen Charakter hatte. Ich musste vom Schreiben aber auch Abstand gewinnen und mich dazwischen ausreichend bewegen. Wenn ich beispielsweise laufen gehe, denke ich nie an die gesamte Strecke, sondern lege meine Aufmerksamkeit auf kurze Teilstücke. Auch die schaffe ich nur, wenn ich einen Schritt nach dem anderen mache. Diesen Zugang auf dieses Buch zu übertragen, war Grundvoraussetzung, dieses Projekt auch zu realisieren. Am Anfang dieses Buchprojekts hätte ich am liebsten

alles in den ersten Satz hineingeschrieben. Es funktioniert aber nur Wort für Wort, ein Satz nach dem anderen – und am Ende soll ein Buch entstanden sein. Ein Ende, das ganz von allein kommen wird, das jedoch niemals kommen wird, wenn man ständig daran denkt. Es schreckt einen ab, wenn man zu Beginn eines Projekts an dessen Ende denkt. Es muss beispielsweise für einen Raucher, der sich entschlossen hat, das Rauchen aufzugeben, unendlich schwer sein, wenn er sich ständig daran erinnert, dass er in seinem Leben keine Zigarette mehr rauchen soll – nicht eine einzige. Dabei wäre es viel einfacher, wenn sich der Raucher vornähme, nur heute keine Zigarette zu rauchen. Schafft er es heute, ist ja morgen schon wieder heute und somit schon wieder die nächste Chance gekommen, einen Tag ohne Rauchen zu genießen. Und falls unser Raucher den heutigen Tag als zu lange empfinden sollte, dann soll er sich eben die Stunde vornehmen, die er gerade durchlebt. Und jene, die sich auch das nicht vorstellen können, sollten sich fragen, ob sie überhaupt mit dem Rauchen aufhören wollen.
Für sich wollen und nicht wegen anderer.

## Zum Thema Doping

Ich wollte für mich dieses Rennen gewinnen. Ich wollte wissen, was ich schaffen kann, wenn ich etwas unbedingt will.
Nachdem ich nun diese Medaille erstmals in der Hand halten durfte – umhängen darf man sie ja erst bei der richtigen Siegerehrung – und alle Fotographen zumindest einige Fotos machen konnten, ging es zur Pressekonferenz. Die Dopingkontrolleure begleiteten mich – wie es sich gehört – auf Schritt und Tritt. Unmittelbar nach dem Zieleinlauf unterschreibt man ein Formular, sich innerhalb einer Stunde bei der Dopingkontrolle einzufinden. Um keine Möglichkeiten der Manipulation zu haben, wird man von diesem Augenblick an bewacht. Für mich konnten Anti-Doping-Gesetze nie streng genug sein, ganz einfach deshalb, weil ich es als unerträglich empfinde, sich und alle

anderen zu betrügen. Darüber hinaus kann man jungen Menschen nur durch sauberen Sport Perspektiven vermitteln. Durch Doping im Sport kommt es jedoch so weit, dass man jungen Menschen zwar immer noch empfehlen kann, Sport zu treiben, ihnen aber mitunter davon abraten muss, sich dem Spitzensport zu verschreiben.

Der Preis für den Erfolg darf nie auf Kosten der Gesundheit gehen. Natürlich wird nie jemand, der seine Aufgabe darin sieht, die Leistung von Sportlern und Sportlerinnen mit unerlaubten Mitteln zu steigern, erwähnen, dass diese Mittel auch negative Auswirkungen auf die Gesundheit und somit auf das Leben nach dem Sport haben können. Erfolge zu feiern ist schön, Medaillen zu gewinnen, ist ebenfalls schön. Dafür seine Gesundheit aber auch nur im Geringsten aufs Spiel zu setzen, lohnt sich nicht. Abgesehen davon kann ich mir nicht vorstellen, mit erlogenen und betrogenen Erfolgen eine Freude zu haben. Ich meine eine Freude, die dich innerlich zurücklehnen und die dich von ganzem Herzen stolz auf dich selbst sein lässt!

Die, die das zusammenbringen, sind meines Erachtens unter die Rubrik skrupellos einzustufen. Sich dabei selbst so lange zu betrügen, bis man den Betrug gar nicht mehr als solchen wahrnimmt, ist dafür wohl die einzige Erklärung.

Gibt es wirklich Sportler, die sich selbst ein Leben lang in den Spiegel schauen können, obwohl sie genau wissen, dass sie sich ihre „sportlichen Erfolge“ allesamt erschlichen und erlogen haben? Und sind sie in diesem Zusammenhang wirklich damit zufrieden, wenn sie für sich selbst in die Richtung argumentieren: *„Die anderen dopen ja auch“ „Ohne Doping hab’ ich ja keine Chance“ „Das, was ich mache, ist ja eigentlich gar kein richtiges Doping“*? Sind das wirklich die passenden Argumente, um mit sich selbst wieder im Reinen zu sein oder ins Reine zu kommen? Zu bescheißen heißt für mich, nicht einmal im Ansatz an sich selbst zu glauben. Für jene ist das Wort Selbst-Vertrauen ein Fremdwort und trotzdem wollen sie oft schlichtweg als „Selbst-Vertrauen in Person“ dastehen.

Was für den Bereich des Sports gilt, muss im Übrigen auch für alle anderen, in welchem Bereich auch immer tätigen Menschen gelten, die glauben, mit unfairen Mitteln und Methoden schneller ans Ziel zu kommen. Die Erfahrungen, den persönlichen Weg gegangen zu sein, werden sie wohl nicht nützen können, ganz abgesehen davon, dass sich ihre Begeisterung darüber wohl ohnehin in Grenzen halten dürfte.

## Als ich mich für meinen Wohnort rechtfertigen musste

Doping war ja das zentrale Thema in Turin. Und es kam auch nicht von ungefähr, dass die zweite Frage, die mir bei der Pressekonferenz gestellt wurde, sich auf dieses Thema bezog. Ich wurde gefragt, weshalb ich in Ramsau am Dachstein wohne und ob ich mit jener Person, die hauptverantwortlich für die Eskapaden in Turin war, etwas zu tun hätte.

Daraufhin musste ich innerlich beinahe lächeln. Immerhin saß ich bei Olympischen Spielen als Olympiasieger in einer Pressekonferenz und musste mich für meinen Wohnort rechtfertigen. Ich erklärte, dass es in Ramsau einen Bauernhof gebe, und dass auf diesem Bauernhof eine sehr hübsche und überaus liebenswerte Tochter wohne. Diese Tochter sei nun schon seit fast sieben Jahren meine Freundin und diese Freundin sei auch der Grund, weshalb ich in Ramsau wohne. „Weiters" fuhr ich fort, „habe ich mit erwähnter Person nichts am Hut." Mehr war zu diesem Thema nicht zu sagen und auch der Journalist, der mir diese Fragen stellte, war mit meiner Antwort zufrieden. Das Thema Doping sollte mich, den österreichischen Sport und den Sport im Allgemeinen noch lange beschäftigen. Ich habe mir über die Jahre angewöhnt zu sagen, was ich mir denke, dass man sich mit dieser Art nicht nur Freunde macht, ist klar. Ich habe meine Meinung, und wenn ich danach gefragt werde, spreche ich sie auch aus. Zum Thema Doping wurde immer wieder ich gefragt, vor allem auch deshalb, weil diejenigen, die dafür verantwortlich waren und es zum Teil immer noch sind, nie Manns genug waren, die Suppe, die sie sich selbst eingebrockt haben, auch selbst auszulöffeln. Keine Antworten genügen in diesem Zusammenhang eben auch schon oft als Antworten.

## Vorfühlen

Im April 2006, unmittelbar nach unserem gemeinsamen Teamurlaub auf Hawaii, wurde ich neuerlich auf sehr interessante Weise mit dem Thema Doping konfrontiert.
Am Tag nach meinem Olympiasieg – also eigentlich erst morgen – traf ich mich vor meiner Abreise aus Turin mit Toni Innauer. Ich wusste zu diesem Zeitpunkt noch nicht, ob ich meine Karriere mit dieser Saison beenden werden würde oder ob ich noch eine Saison dranhängen sollte. Falls ich meine Karriere aber fortsetzen sollte, was zu diesem Zeitpunkt wie gesagt noch in den Sternen stand, sollte das auf alle Fälle so geschehen, dass ich seitens des Verbandes das O.K. bekomme, meinen eigenen Weg weitergehen zu können. Das heißt, ich wollte mein Training weiterhin so gestalten, wie ich es für richtig empfand, ich wollte meinen persönlichen Zugang zum Spitzensport weiter verfolgen und mir nichts von außen aufoktroyieren lassen. Dieser Punkt war mir vor allem deshalb so wichtig, weil ich wusste, dass ein Umbruch der Mannschaft bevorstand und dass es auch sicher war, dass uns mit Ende der Saison Günther Chromecek und Andreas Felder nicht mehr als Trainer zur Verfügung stehen würden.
Zu dem Zeitpunkt, als das erwähnte Gespräch zwischen Toni Innauer und mir stattfand, war noch nicht klar, wer künftig Cheftrainer der Nordischen Kombination werden würde. Es gab zwar schon gewisse Tendenzen, es war aber noch nichts beschlossen worden und ich wollte mich im Vorfeld mit Toni über Grundlegendes einigen. Mir ging es vor allem darum, mein intuitives Training weiter zu forcieren. Was ich mir aber auf keinen Fall mehr antun wollte, war, mein Training strikten Trainingsplänen oder dem rigiden Zepter der Sportwissenschaft zu unterwerfen. Eine mögliche weitere

Saison mit Rückschritten zu beginnen, war nicht das, was ich anstrebte. Und Toni unterstützte mich voll und ganz, was dieses Anliegen betraf. Zudem teilte er mir mit, dass es für die Nordische Kombination und auch für das neue Trainerteam sehr gut wäre, wenn ich zumindest noch ein Jahr anhängen würde. Er versicherte mir also, dass ich auch in Zukunft meinen Weg gehen könne. Somit war dieses Thema für mich erledigt und wir verblieben so, dass ich mich bei ihm melden würde, wenn ich mich, was die Fortsetzung meiner Karriere anlangt, entschieden hätte. Und entscheiden wollte ich mich bis spätestens Anfang April nach dem gemeinsamen Teamurlaub auf Hawaii im Anschluss an das Weltcupfinale in Sapporo (JPN). Die Zeit von April bis Mai ist gerade in einem Vorbereitungsjahr, in dem ich erstmals seit vier Jahren auf den spezifischen Grundlagenausdauerblock im Anschluss an die Saison verzichtete, sehr wichtig für eine seriöse Vorbereitung auf den kommenden Winter. Das war auch der Grund, weshalb ich mir ein zeitliches Limit setzte und meine Entscheidung eben nach dem Urlaub bekannt geben wollte. Ich hatte wirklich keine Ahnung, wofür ich mich entscheiden würde. Ich wollte mich zu diesem Zeitpunkt, also am Tag nach meinem Olympiasieg, mit diesem Thema auch gar nicht auseinandersetzen. Jetzt an die unzähligen Trainingsreize zu denken, die wieder anstehen würden, hätte ohnehin keinen Sinn gehabt. Ich beschloss meine Aufmerksamkeit auf die verbleibenden Weltcuprennen zu richten und mich dem Thema erst dann wieder zu widmen, wenn ich dazu etwas Abstand hatte.

## Ein Strandlauf auf Hawaii

Lange Zeit beschäftigte mich das Thema, ob ich meine Karriere fortsetzen oder doch lieber beenden sollte, überhaupt nicht. Der Urlaub ging dem Ende zu und der Tag der Entscheidung kam immer näher. Wir hatten sehr viel Spaß auf Hawaii, auch wenn es von zehn Tagen neun regnete. Es tat mir gut, fern der Heimat abzuschalten, mich fallen zu lassen und ein paar Bier zu trinken. Kurz vor dem Ende des Urlaubs meldete sich mein Bewegungsdrang, dem ich mit ein paar entspannten Strandläufen nachkam. An einem dieser Tage, es regnete wieder einmal wie aus Kübeln, ging ich zusammen mit Jacky laufen. Da ohnehin die meisten Straßen unter Wasser standen und der Weg zum Strand nicht weit war, gingen wir barfuß aus dem Haus und an den Strand, an dem nach einigen gemeinsamen Laufminuten jeder von uns sein eigenes Tempo wählte. Ich genoss diesen Strandlauf sehr. Es regnete, als gäbe es kein Morgen. Ich lief mit nacktem Oberkörper. Ich fühlte mich pudelwohl und war zufrieden und hatte große Freude an der Bewegung. Mir gingen viele Gedanken durch den Kopf, unter anderem auch der, in ein paar Tagen eine zukunftsweisende Entscheidung treffen zu müssen. Ich fragte mich, was ich denn gerne machen möchte, dann aber setzte ich mich vor allem mit der Frage auseinander, was ich am liebsten mache. Die Antwort war klar: Es sind immer noch das Training und die damit verbundenen Wettkämpfe, die mich erfüllen. Ich sah in meiner sportlichen Entwicklung noch viele Möglichkeiten, und wollte mein Potenzial noch weiter ausreizen.

Ich entschied mich also meine Karriere fortzusetzen. Ich entschied mich aber auch dafür, nur noch ein einziges Jahr dranzuhängen, dann sollte Schluss sein. Danach wollte ich einer Veränderung in meinem Leben eine Chance geben. Nach einer guten Stunde war ich wieder an dem Punkt angelangt, an dem ich meinen Lauf begonnen hatte, aber dieser Punkt vermittelte mir nun völlig neue Perspektiven. Jacky war ebenfalls von seinem Strandlauf zurückgekommen und wir spazierten gemeinsam durch die überschwemmten Straßen zu unserem Haus. Es dauerte nicht lange und er fragte mich, ob ich schon wüsste, was ich in Zukunft tun werde. Ich erzählte ihm, was mir in der letzten Stunde so durch den Kopf gegangen sei, und dass ich mich dazu entschlossen hätte, noch ein Jahr weiter zu machen. Ich hatte das Gefühl, dass auch Jacky erleichtert war – ich war es jedenfalls.

## Hinter seinen Entscheidungen stehen

Eines habe ich im Laufe der Jahre auch gelernt: Wir müssen im Leben ständig Entscheidungen treffen. Mal größere, mal kleinere. Bei einer Entscheidung geht es immer darum, eine Richtung einzuschlagen. Dabei versucht der Verstand uns Vor- und Nachteile aufzulisten und uns Argumente für oder gegen eine Entscheidung zu liefern. Das Gefühl sagt uns meist klar, in welche Richtung es gehen soll. Deckt sich das Gefühl mit den Argumenten des Verstandes, fällt uns eine Entscheidung meist sehr leicht und wir fühlen uns in unserem Bauchgefühl bestätigt. Sprechen der Kopf und der Bauch jedoch nicht die gleiche Sprache, werden wir unsicher. Dabei ist wichtig, ja geradezu essentiell, dass wir, wenn wir eine Entscheidung getroffen haben, danach auch zu einhundert Prozent hinter dieser Entscheidung stehen. Entscheidungen zu treffen, um daraufhin immer wieder alles in Frage zu stellen, bringt uns auf unserem Weg nicht weiter. Mit der Gewissheit zu agieren, dass wir für uns die richtige Entscheidung getroffen haben, optimiert auch unser Tun.

## Wieder zuhause

Unmittelbar nachdem ich am Salzburger Flughafen gelandet war, teilte ich offiziell in einem Interview dem ORF Landesstudio Salzburg meine Entscheidung mit. Danach vereinbarte ich einen Termin mit Toni Innauer und bat ihn, unser Gespräch gemeinsam mit dem, das stand mittlerweile fest, neuen Cheftrainer Helge Bartnes, einem Norweger, der im letzten Jahr schon den B-Kader der ÖSV-Kombinierer trainierte, fortzusetzen. Der Grund für dieses Dreier-Gespräch war schlicht und einfach der, dass ich mich auch in Gegenwart des neuen Trainers vergewissern wollte, mich in meiner letzten Saison keinen Experimenten mehr unterziehen zu müssen und auf Altbewährtes vertrauen zu dürfen.

## Grünes Licht für intuitives Training

Ich fuhr also am 5. April 2006 nach Innsbruck in das Büro des ÖSV, um mich dort mit Helge und Toni an einen Tisch zu setzen. Ich erklärte vor allem Helge, wie ich in den letzten Jahren gearbeitet hatte. Dabei ging ich insbesondere auf die Freiheit, was die Gestaltung meines Trainings unter Trainer Chromecek anlangte ein.
In dem Gespräch wollte ich mich vor allem vergewissern, dass mein eigentlicher Trainer weiterhin mein Gefühl bleiben darf, es war mir ein Anliegen, auch weiterhin keinen Trainingsplänen unterworfen zu sein und ich wollte die Freiheit haben, nicht bei allen Trainingskursen mitfahren zu müssen. Es war auch in der Vergangenheit immer schon so, dass ich zum Beispiel bei Trainingskursen mit Schwerpunkt Rad zuhause bleiben konnte. Ich verzichtete über all die Jahre auf ein Radtraining, weil ich es für mich weder fürs Langlaufen noch fürs Skispringen als gut empfand. Ich verbrachte dafür umso mehr Zeit mit Lauftraining und natürlich mit dem spezifischen Training auf den Skirollern. Darin sah ich meine Möglichkeiten, mich weiterzuentwickeln.
In unserem Dreier-Gespräch stellte ich darüber hinaus klar, dass ich auf sportmedizinische Untersuchungen komplett verzichten wolle. Das Thema Doping war nach wie vor gerade in Österreich mit dem Vorfall der österreichischen Langläufer und Biathleten in Turin in aller Munde.
Dazu ist zu sagen: Für mich liegt die Grundvoraussetzung für jegliches Doping in einer perfekten sportmedizinischen Betreuung – ja Überwachung. Im Training legte ich schon lange keinen Wert mehr auf Laktat-Kontrollen, ich verzichtete auf die Pulsuhr und darüber hinaus zählten Indikatoren wie die Höhe des Hämoglobins oder des CK-Werts für mich seit jeher mit zu den unwichtigsten Sachen und waren deshalb für mich auch nicht leistungsbestimmend. Ich sah mich nicht als Sportler, dessen Leben in Wertetabellen zerlegt wird und der ausschließlich aufgrund der Interpretation dieser Tabellen beurteilt wird. Für mich geht es im Spitzensport nicht darum,

irgendwelche Ärzte und Sportwissenschaftler mit meinen Werten zufrieden zu stellen.
Ich verfolge den Ansatz, generell auf medizinische Unterstützung zu verzichten, um so möglichen Wind, der Richtung Doping blasen könnte, erst gar nicht aufkommen zu lassen, um in weiterer Folge auch nie etwas aus den Segeln nehmen zu müssen. Ich wollte ein Problem, noch bevor es überhaupt dazu fähig ist, einen Keim auszubilden, auf der Stelle ersticken. Da ich mich in den letzten Jahren sowieso nie mehr auf die Trainingsempfehlungen der Sportmediziner einließ, leuchtete das auch meinem zukünftigen Trainer ein. Ich sagte Helge und Toni auch, dass ich keinen Teamarzt brauchen würde. Entweder ich bin gesund und fit, dann kann ich hoffentlich auch ohne Ärzte trainieren oder Wettkämpfe bestreiten, oder ich bin krank oder verletzt, dann gehöre ich ins Bett oder ins Krankenhaus. Ich bin kein Gegner der Schulmedizin, ich bin aber auch keiner ihrer Fürsprecher und meide sie – wie wohl jeder von uns –, wo es nur geht. Ich habe gerade vor der Notfallmedizin größte Hochachtung. Bin ich aber noch selbst irgendwie entscheidungsfähig, dann mache ich einen großen Bogen um Medikamente und Operationen.
Wir einigten uns darauf, dass ich die Gesundenuntersuchungen machen werde, auf die sportmedizinischen Tests jedoch verzichten würde. Diese Art von Absicherung seitens des Verbandes leuchtete mir voll und ganz ein. Ich hatte bei unserem Gespräch auch den Eindruck, dass wir vom Gleichen redeten und dass Helge und Toni meinen Zugang auch guthießen. Darüber hinaus würden meine Trainingsmethoden dem Mannschaftsgefüge auch in keiner Weise schaden, sah ich mich doch eine Karriere lang viel mehr als Teamplayer denn als Einzelkämpfer. Als das Gespräch beendet war, sagte Helge noch zu mir, dass er sich auf unsere Zusammenarbeit freue. Die Freude sei ganz meinerseits, entgegnete ich ihm, war es doch auch für mich eine große Herausforderung, in meiner letzten Saison nochmals mit einem neuen Trainergespann anzupacken.
Wir hatten soweit alles besprochen, als es an der Tür klopfte. Es war Peter Schröcksnadel, Präsident des Österreichischen Skiverbandes,

der mich in sein Büro bat, und da das noch nicht oft der Fall war, ging ich davon aus, dass es sich um etwas Wichtiges handeln würde. Ich setzte mich und wir plauderten kurz über Belangloses, ehe er mir folgenden vertraulichen Brief überreichte:

**FÉDÉRATION INTERNATIONALE DE SKI**
**INTERNATIONAL SKI FEDERATION**
**INTERNATIONALER SKI VERBAND**

EINGEGANGEN
13. März 2006
Erl.............

Österreichischer Skiverband
Herrn Prof. Peter Schröcksnadel
Präsident
AT-6020 Innsbruck
AUT

Oberhofen, 9. März 2006
(dokument16)

**T/E ratio**
**Vertraulich**

Sehr geehrter Herr Schröcksnadel

Der Internationale Ski Verband hat im letzten halben Jahr bei drei Proben auf dem Athleten Felix Gottwald einen Bericht des entsprechenden Dopinglabors erhalten, dass der T/E Quotient erhöht war > 4.0. Aufgrund der durchgeführten GC/C/IRMS Analysen und der Langzeitstudie kam das Labor zum Schluss, dass es keinen Hinweis auf die Applikation von Testosteron oder eines Prohormones von Testosteron gibt. Die Proben wurden deshalb als negativ beurteilt.

Da der Athlet bei Kontrollen vor einem Jahr keinen erhöhten T/E Quotienten aufwies, raten unsere Experten dringend, dass der Athlet sich in ärztliche Behandlung begibt um abzuklären, dass es sich nicht um erste Anzeichen einer Krankheit handelt.

Wir bitten Sie, diese Angelegenheit so vertraulich als möglich zu behandeln. Besten Dank.

Mit freundlichen Grüssen

INTERNATIONALER SKI VERBAND

Sarah Lewis
Generalsekretärin

CH-3653 Oberhofen (Switzerland), Tel. +41 (0)33 244 61 61, Fax +41 (0)33 244 61 71
FIS-Website: http://www.fis-ski.com/ ftp-site: ftp://ftp.fisski.ch
TVA – VAT – MWST: 377 542

Mir wurde schon beim Lesen des Briefes heiß, und wenn ich nicht gewusst hätte, dass man von ein paar Zeilen Text nicht krank werden kann, ich hätte gemeint, ich sei es in diesem Augenblick geworden. Dass ich mich plötzlich gesundheitlich derart angeschlagen fühlte, dafür war vor allem jener Satz verantwortlich, in dem stand, dass die Experten der FIS (Internationaler Skiverband) mir dringend rieten, mich in ärztliche Behandlung zu begeben, um abzuklären, „dass es sich nicht um erste Anzeichen einer Krankheit handelt."
Ich war von der Vermutung, eventuell krank zu sein, geschockt.
Peter Schröcksnadel versicherte mir, dass über den Inhalt des Briefes, der auch mit dem Wort vertraulich überschrieben ist, niemand Bescheid wisse. Er sagte mir auch, dass er meine Einstellung kenne und dass er selbst nicht genau wisse, ob er, wenn er an meiner Stelle wäre, einen Arzt aufsuchen würde. Er bot mir aber an, sich bezüglich geeigneter Ärzte zu erkundigen.
An meinem Unbehagen änderte dieses Angebot jedoch nichts. Ich sagte zu ihm, dass ich ihn über alle weiteren Schritte meinerseits, was diesen Vorfall anlangt, auf dem Laufenden halten würde, verabschiedete mich und verließ sein Büro.
Alexandra, die mit mir nach Innsbruck gefahren war, wartete inzwischen beim Auto auf mich. Wir stiegen ein, schwiegen eine Weile, dann gab ich ihr den Brief. Nach der Lektüre war auch ihr der Schock ins Gesicht geschrieben, sie schaute mich mit großen Augen an und fragte mich sehr besorgt, wie es mir gehe? Ich sagte, dass ich mich im Moment nicht gerade gut fühle und momentan auch nicht sicher sei, was ich tun solle.
Nachdem mir auf die Schnelle kein Arzt einfiel, sinnierte ich weiter. Einen Moment später kam mir Hubert Gröbner in den Sinn, ein Arzt, der uns vor einigen Jahren manchmal im Weltcup begleitete. Er ist ein netter Kerl und ich erinnere mich noch daran, wie er mich stundenlang beim Skitesten unterstützte. Darüber hinaus lernte er mich als einen Athleten kennen, der sich nach einem Sieg nicht zuerst bei seinen Ärzten bedanken musste. Ich entschloss mich, ihn zu kontaktieren und ihn um Rat zu fragen. Nach einiger Zeit gelang

es mir, ihn zu erreichen. Ich hatte schon lange nichts mehr von ihm gehört und dementsprechend überrascht war er auch von meinem Anruf.
Ich las ihm den Brief noch im Auto übers Handy vor und versprach den Brief umgehend per E-Mail weiterzuleiten. Seine Reaktion beruhigte mich zwar nicht restlos, war aber immerhin eine erste Reaktion eines Schulmediziners, dem ich vertraute. Er meinte am Telefon, er gehe davon aus, dass nichts Ernsthaftes dahinterstecke und dass er es aus der Ferne sogar so gut wie ausschließen könne, dass es sich bei dem erhöhten Wert um ein Anzeichen für eine schwerwiegende Krankheit handle. Vielmehr gehe er davon aus, dass lediglich mein Hormonhaushalt etwas durcheinander geraten sei und er das gerade bei Spitzensportlern nicht weiter als ungewöhnlich empfinde. Er empfahl mir aber unbedingt eine genaue Untersuchung meines Blutbildes machen zu lassen, um weitere Informationen zu bekommen und demzufolge auch auf Nummer sicher gehen zu können.
Das alles beruhigte mich nicht wirklich, aber irgendetwas sagte mir, dass ich mich jetzt nicht verrückt machen lassen darf. Während Hubert Gröbner sich um einen Termin für diese Untersuchung kümmerte, kontaktierte ich Martin Weber. Ich hatte das dringende Bedürfnis, mich energetisch durchchecken zu lassen. Martin sollte mir behilflich sein, die Ursache für die erhöhten Werte aufzuspüren. Am Telefon sagte er zu mir, ich könne sofort bei ihm zuhause vorbeikommen und dass er sich sehr freue, mich wiederzusehen. Ich fuhr auf der Stelle von Innsbruck nach Oberösterreich; das Wiedersehen mit Martin hatte bei aller Freude für mich doch einen beunruhigenden Beigeschmack.
Dennoch fühlte ich mich allein aufgrund der Tatsache, in Kürze bei ihm zu sein, um ein Vielfaches besser. Ich unterhielt mich mit Alexandra während der Autofahrt sehr gut und wir wurden zunehmend ruhiger und gelassener. Ich fühlte mich mit jedem gefahrenen Kilometer besser und ich nahm mir vor, mich nicht weiter von einem Stück Papier verunsichern zu lassen.

## Große Aufgabe, hohe Werte

Es tat gut, Martin wiederzusehen. Unsere Treffen waren einerseits immer für eine Überraschung gut und andererseits für mich auch immer eine Art Bewusstseinserweiterung.
Als wir bei ihm ankamen, begrüßte er uns mit einem Lächeln. Er wusste – oder besser gesagt spürte – wieder einmal mehr als ich. Er checkte mich durch und ich fühlte mich während der Behandlung sehr wohl. Ich war nun doch schon einige Male bei ihm, empfand jedoch jede Behandlung immer wieder als etwas Besonderes. Nach der Behandlung fühlte ich mich, als könnte ich die Welt umarmen. Wir unterhielten uns an diesem späten Nachmittag sehr lange miteinander, zerpflückten diverse Sichtweisen und kamen dabei immer wieder auf das Thema Werte, oder besser gesagt auf den Normierungswahn in modernen Gesellschaften zu sprechen und deren verheerende Tendenz, alle Menschen über einen Kamm zu scheren, obwohl jeder von uns einzigartig und außergewöhnlich auf seine Art ist.
Heruntergebrochen auf den Sport beziehungsweise auf die Sportwissenschaft heißt das, dass nur derjenige erfolgreich sein wird, dessen Körper jene Werte erreicht, welche die Wissenschaft zuvor als gut bis optimal festgelegt hat. Ich sah mich als Mensch und Sportler nie als Produkt von Statistiken, sondern immer als eigenständige Person. Es ist nicht die Masse, die etwas erreicht, sondern immer die einzelne Person. Dementsprechend unterschiedlich sind auch die Werte der einzelnen Personen untereinander. In meinem Fall war eben das Verhältnis Testosteron zu Epitestosteron außerhalb einer Norm. Mit Fortdauer des Gesprächs wurde mir auch immer bewusster, mit welchem Energieaufwand ich auf mein Ziel hingearbeitet hatte. Ich steigerte mich derart in mein „Projekt Olympia“ hinein, dass sich sogar mein Hormonhaushalt etwas einfallen ließ. Für mich war das ein weiterer Beweis dafür, was man alles bewegen kann, wenn man sich für seine Ziele auf liebevolle Art „aufopfert“, wenn man einen Weg geht, auf dem es keine faulen Kompromisse und keinen Platz für Ausreden gibt und auf dem die Verantwortung

jedes einzelnen Schrittes bei einem selbst liegt. Für mich war der Fall damit eigentlich vom Tisch. Energetisch war ich mehr als nur gesund – ich war topfit. Und für mich war das der beste Beweis dafür, dass ich mich wirklich in keiner Weise begrenzte.
Ich vereinbarte natürlich einen Termin für diese umfassende Blutuntersuchung, war aber davon überzeugt, dass dabei nichts mehr herauskommen würde. Meine Überzeugung wurde auch zu einem späteren Zeitpunkt nach Erhalt meines Befundes bestätigt.

## Anrufe in Abwesenheit

Am Abend des 10. April 2006, nach einem Krafttraining in Ramsau, holte mich diese für mich schon wieder fast in Vergessenheit geratene Geschichte von neuem ein. Ich stieg damals in mein Auto, als mir auf meinem Handy ungefähr zehn Anrufe in Abwesenheit auf dem Display entgegenleuchteten. Gut die Hälfte der Anrufe kam von Toni Innauer, und der Eindruck, dass es sich dabei um eine ziemlich dringliche Sache handeln dürfte, täuschte mich auch nicht, als ich ihn zurückrief und er mir mitteilte, dass unser künftiger Cheftrainer zurückgetreten sei und sein Amt beendet habe, bevor er es überhaupt angetreten hatte. Und natürlich interessierten mich Helges Gründe für diese für mich zu diesem Zeitpunkt doch sehr überraschende Entscheidung. Die Antwort auf meine Frage fiel kurz aber nicht minder prägnant aus. Der Grund für den Rücktritt, so Toni Innauer, sei ich!
Wow – dachte ich, der hat aber Durchhaltevermögen. Und selbstverständlich fragte ich auch gleich nach, was ich denn getan hätte, um den designierten – wie man so schön sagt – Cheftrainer zu dieser Entscheidung verholfen zu haben. Toni sprach aus, was ich mir in derselben Sekunde dachte und meinte, es gehe um den Brief und um den damit verbundenen „Misstrauensantrag“ gegen mich. Es hatte ganz den Anschein, als sei der mit vertraulich überschriebene Brief beim ÖSV zu einer Art offiziellem Rundschreiben mutiert.

Toni wies darauf hin, dass er im Zuge des Frühjahrsstresses den Brief, der, aus welchen Gründen auch immer, bei ihm auf dem Schreibtisch gelandet war, ganz vergessen und sich nichts dabei gedacht habe, ihn auch an Personen wie den Teamarzt weiterzugeben. Mit mir persönlich redete in diesem Zusammenhang niemand, noch interessierte sich jemand für meinen Gesundheitszustand. Über mich und meine für manche sichtlich „suspekten Werte" wurde aber sehr wohl gequatscht. Gequatscht in einem Ausmaß, das den Cheftrainer, besser gesagt ehemaligen Cheftrainer Helge Bartnes, so misstrauisch gestimmt haben muss, dass er in mir wohl einen potentiellen „Doper" gesehen haben dürfte. Abgesehen davon, dass wohl keiner der Beteiligten den vertraulichen Brief der FIS inhaltlich verstanden haben dürfte, war ich von Helges Reaktion richtig gehend beeindruckt. Für ihn steht die Ethik des Sports gleich wie für mich über allem. Diesen Grundsatz sah er ernsthaft gefährdet. Gefährdet aus dem Grund, weil er mir sämtliche Argumente, die ich für mich im Vorfeld als Antidopingprophylaxe in Anspruch nahm, komplett ins Gegenteil auslegte:

Mein Ansatz, mit dem ich von Beginn an jeglichen negativen Impuls verhindern wollte, war jetzt der Grund, weshalb man meinte, mir schlichtweg nicht mehr vertrauen zu können. Ich wollte mein eigenes Training durchziehen, ich wollte nicht alle Trainingskurse verpflichtend mitmachen und ich wollte auf sportmedizinische Untersuchungen verzichten. *Der Gottwald will im Trainingsprozess nicht greifbar sein und er will sich bei Trainingskursen abseilen. Der Gottwald will das deshalb, weil er nicht will, dass man mit ihm sportmedizinische Untersuchungen anstellt und dass man ihm in die Karten schauen kann.*

Aus Missverständnis wurde Unvertrauen und plötzlich fand Helge eine Erklärung dafür, weshalb ich ausgerechnet, wenn es um Medaillen ging, erfolgreich war. Manche beim ÖSV hatten offenbar das Gefühl, dass ich – womit auch immer – in der Lage sei, meine Leistung bei wichtigen Anlässen auf überaus verdächtige Art und Weise zu steigern.

Für mich war die ganze Geschichte auch deshalb so interessant, weil ich wie noch nie zuvor in meinem Leben damit konfrontiert war, wie unterschiedlich Menschen einem etwas auslegen können, wenn sie nur wollen.

Es nervte mich damals, dass ausgerechnet ich mich für etwas rechtfertigen musste, mit dem ich absolut nichts am Hut hatte, habe und auch nie haben werde. Als ich mir dann auch noch von einer im Skiverband immer noch tätigen Person, bei der der vertrauliche Brief ebenfalls am Schreibtisch gelandet war, damit drohen lassen musste, dass dieser Brief sehr wohl auch in falsche Hände kommen könne, sah ich als einzige Möglichkeit über dieses intrigante Verhalten hinwegzusehen, diese unter unvorstellbarem Stress stehende Person für mich schlichtweg als unzurechnungsfähig zu erklären.

Für mich gibt es in diesem Zusammenhang keine „falschen Hände".

## Augen auf

Ich war in diesem Zusammenhang wieder einmal richtig erstaunt, wie wenig die Menschen in unserem unmittelbaren Umfeld über unsere Art des Arbeitens, des Trainierens und unseren Zugang zum Leben im Allgemeinen kapiert hatten. Wir beschäftigten uns nun schon über zehn Jahre mit Bereichen, von denen andere anscheinend nicht einmal wissen, wie man sie ausspricht. Bereiche, die in ihrer Unerschöpflichkeit für uns immer Neues bereithielten, die wir nie völlig beherrschten und die für uns deshalb so spannend waren. Es ist eine Arbeit, die zum täglichen Begleiter wird, eine Arbeit, die das Leben füllt und erfüllt.

Wissenschaftlich kann man jene Bereiche, mit denen ein Teil unserer Mannschaft gearbeitet hat, erst zum Teil oder eben noch nicht nachweisen. Ich brauchte keine wissenschaftlichen Beweise, ich selbst war mein bester Beweis. Gerade für wichtige Entscheidungen ist die Gefühlsebene ein genialer Zugang. Ich habe sehr oft Entschei-

dungen getroffen, bei denen wenig bis gar keine Verstandesargumente dafür gesprochen haben. Sehr oft war ich erstaunt, dennoch meinem Gefühl vertraut zu haben.
Fast noch als Kind – mit 13 Jahren – entschied ich mich für den Sport und gegen den elterlichen Autobetrieb. Ich war als Sportler nicht talentiert und die Zukunft als Kfz-Mechaniker wäre zumindest halbwegs abgesichert gewesen. Hätte damals der Verstand einen Einfluss gehabt, wäre der rote Faden in diesem Buch wohl ein anderer. Es war aber mein Gefühl, meine Intuition, die mich ins Schigymnasium brachte.
Wir brauchen vor Entscheidungen keine Angst zu haben. Das würde nur bedeuten, dass wir Angst vor uns selbst haben. Es gibt aber keinen Grund, Angst vor uns selbst zu haben. Es gibt nur Gründe, sich mit uns selbst zu beschäftigen und auf diese Weise Grenzen aufzuheben.

## Erstens anders, zweitens als man denkt

Der Rücktritt vor dem eigentlichen Antritt des Chef-Trainerpostens des Norwegers Helge Bartnes war also mit dieser Geschichte zu begründen. Aber nachdem ich mich ausführlich mit ihm über dieses Thema unterhalten hatte, verstand er mich. Sein Stolz ließ es allerdings nicht zu, einen Rücktritt vom Rücktritt zu machen. So kam es, dass Alexander Diess neuer Cheftrainer für die Nordische Kombination wurde. Er war schon als Sprungtrainer bei uns im Gespräch und übernahm dann in weiterer Folge als Cheftrainer die Nationalmannschaft. Es war für mich in meinem letzten aktiven Jahr sehr interessant, die doch sehr unterschiedlichen Arbeitsweisen zweier Trainer kennen zu lernen. Ich bin heute sehr dankbar, dieses eine Jahr mit der Mannschaft nach den Olympischen Spielen von Turin noch miterlebt zu haben, spürte aber deutlich, dass es an der Zeit war, dem Wunsch nach Veränderung nachzukommen.

## Zurück zur Pressekonferenz

Nachdem ich also zur Zufriedenheit aller meinen Wohnort Ramsau ausreichend argumentieren konnte, beantwortete ich geduldig die restlichen Fragen der Journalisten der internationalen Pressekonferenz.

Für jeden von uns war es bereits das zweite Mal, dass wir uns in dieser Runde und vor allem in diesem Rahmen trafen. Georg Hettich und Magnus Moan waren auch schon im ersten Einzelbewerb Medaillengewinner. Nur die Reihenfolge war diesmal eine andere, und ich war unendlich glücklich, jetzt als Olympiasieger in der Mitte zu sitzen. Georg Hettich genoss nach dem ersten Wettkampf dieses Privileg. Er komplettierte nach der Silbermedaille im Team nun mit einer Bronzemedaille seinen ganz persönlichen Medaillensatz. Magnus Moan, der im ersten Bewerb hinter mir die Bronzemedaille gewann, wurde heute nur wenige Sekunden hinter mir Zweiter und gewann Silber.

Bei diesen Olympischen Spielen gelang es nur uns drei, eine Einzelmedaille zu gewinnen. Einerseits ein klarer Beweis für unsere Form und andererseits wurde daraus deutlich, wie wichtig ein erster guter Wettkampf bei einem Großereignis ist. In der Euphorie des Erfolges macht man instinktiv vieles richtig. Man spart sich die Energie für das Wesentliche auf und verzichtet darauf, vieles zu hinterfragen. Das Vertrauen scheint in einer solchen Situation schier grenzenlos zu sein.

## Wuchten

Die große Kunst im Leben ist, sich gerade in jenen Momenten, in denen wir glauben, alles sei gegen uns, wieder auf Schiene zu bringen – aber dass das nicht immer ganz einfach ist, ist auch klar. Es wird aber schon um vieles einfacher, wenn wir uns darüber im Klaren sind, dass es eigentlich keinen Grund dafür gibt, sich selbst nicht zu vertrauen.

Und es ist auch kein Zufall, dass es einerseits Tage gibt, an denen man sich pudelwohl fühlt, an denen einem einfach alles gelingt und andererseits Tage auf uns zukommen, an denen wir uns selbst nicht mögen und die einfach unrund laufen. An solchen unrunden Tagen werden Entscheidungen sehr oft zu Fehlentscheidungen und energieraubende Auseinandersetzungen – in welchen Bereichen auch immer – häufen sich. *Heute ist einfach nicht mein Tag,* sagt man sich dann oft. Manchmal suchen wir uns auch völlig unberechtigt irgendeinen Sündenbock, der, weil wir schlecht drauf sind, das Ganze ausbaden soll. Interessanterweise findet sich auch immer jemand, an dem wir Dampf ablassen können. Selbstverständlich ändert dieses Sündenbock-Suchen nichts am Problem, sondern verschiebt dessen Lösung nur nach hinten. Besser ist es, sich zu fragen: *Was stört mich, was nervt mich dermaßen an diesen Lappalien, dass sie mich so aus dem Konzept bringen und mir den ganzen Tag vermiesen?* Verfährt man so, hat man dabei die Chance, sich selbst besser kennen zu lernen. Dieser Ansatz setzt allerdings Ehrlichkeit voraus. Wir müssen uns ehrlich fragen: *Sind das wirklich die Probleme im Leben, für die es sich lohnt, sich aufzuregen?*

## Heute ist alles, was wir haben

Es geht um die Zeit, die wir täglich für uns brauchen, die wir für uns brauchen, um auch wieder für andere da sein zu können. Und da Zeit bekanntlich relativ ist, gibt es auch kein Patentrezept dafür, das uns exakt angibt – nicht in Sekunden, nicht in Minuten, nicht in Stunden – wie lange jeder Einzelne von uns braucht, um wieder ausgeglichen zu sein oder aber auch endlich erst jenen Zustand erreicht, den wir gemeinhin als ausgeglichen bezeichnen. Dabei geht es auch um die Intensität, mit der man es schafft, für sich da zu sein. Am effektivsten beispielsweise ist bei mir immer noch eine Stunde zu laufen oder zu meditieren – beides am besten am Morgen, bevor der Tag mit seinen kleinen und größeren Freuden aber auch Heimsuchungen loslegt. Für jemand anderen wiederum ist es ausreichend und auch das Richtige, einen kurzen Spaziergang zu machen, um sich Zeit für sich zu nehmen, wieder einem anderen genügt es in Gedanken für ein paar Minuten seiner Lieblingsbeschäftigung nachzugehen; manchmal kann es auch schon genügen, sich in Gedanken auf eine Bank zu setzen oder einen imaginären Ausblick zu genießen. Sicher ist jedenfalls, dass uns der Urlaub, der erst in einem halben Jahr ansteht, momentan nicht weiterhilft; was jedoch helfen kann, ist der Gedanke an ihn. Und selbst wenn dieser Urlaub schon nächste Woche angetreten werden könnte, würde uns das jetzt nichts nützen. Wir brauchen heute eine Möglichkeit uns selbst wieder zu mögen, auf dass wir uns schon bald wieder lieben können. Der heutige Tag ist alles, was wir haben.

## Empfangen und ausstrahlen

Ich sehe es als meine Aufgabe an, als Mensch und Sportler etwas auszustrahlen und den Menschen auf diese Weise auch etwas mit auf ihren Weg zu geben. Menschen, die dafür offen sind, werden es annehmen. Menschen, die dafür nicht offen sind, werden es gar nicht merken und es somit auch nicht als aufdringlich oder gar lästig empfinden. Den gleichen Ansatz verfolge ich mit diesem Buch. Manche Leser werden sich etwas herauskitzeln können, manche empfinden es vielleicht als unterhaltsam und andere wiederum kommen gar nicht erst bis zu dieser Stelle. Ich versuche mit offenen Augen und Ohren durch die Welt zu gehen und dabei Verwertbares aufzunehmen.

## Dopingkontrolle

Es war nun schon fast eine Stunde vergangen, seit ich als Erster über die Ziellinie gelaufen war. Die Zeit drängte, und ich ging zur

Dopingkontrolle. Erich Wagner war die ganze Zeit damit beschäftigt zu telefonieren und anstehende Termine zu koordinieren.
Ich habe klugerweise schon während der Pressekonferenz begonnen, viel Wasser zu trinken. Nach einem Rennen ist der Wasserhaushalt am unteren Limit. Die Höhenlage trägt das ihrige dazu bei. Kurz und gut, ich habe schon etwas vorgesorgt, damit die anstehende Dopingkontrolle kein endloses Unterfangen werden würde, wollte ich doch auch vom gemütlichsten Teil des Tages etwas mitbekommen. Nämlich der Zeitpunkt, an dem sich unsere gesamte Mannschaft im Wachscontainer versammelt und in aller Ruhe auf den Erfolg anstößt. Diese Feier im kleinsten Kreise war für uns schon so etwas wie ein Ritual geworden. Es war zudem der bodenständigste Rahmen, den man sich für eine Medaillenfeier vorstellen konnte. Zum Glück konnten wir mit Recht behaupten, dass wir in den letzten Jahren hierbei schon viel Erfahrung sammeln durften. Immerhin hatten wir in den letzten fünf Jahren 13 Mal die Gelegenheit dazu. Anders gesagt, von 15 möglichen „Waxlraumpartys" ergriffen wir 13 Mal die Chance.
Ich konnte mir also denken, dass diese Feier schon im Gange war. Meine Motivation war, mich bei der Dopingkontrolle zu beeilen, um dann zumindest ein Bier trinken zu können – für viel mehr würde ohnehin keine Zeit sein. Zumindest dann nicht, wenn es bei den Telefonaten, die Erich die ganze Zeit führt, um Termine geht, die ich wahrnehmen soll.

## Das Prozedere

Ich meldete mich bei der Dopingkontrolle an und wurde von meiner Begleitperson sozusagen ordnungsgemäß übergeben. Wir waren rechtzeitig da, ich setzte mich hin und nahm mir was zu trinken. Ich habe es mir schon als junger Sportler angewöhnt, bei einer Dopingkontrolle ausschließlich aus versiegelten Wasserflaschen zu trinken und eine Flasche, die ich einmal geöffnet hatte, auch nicht mehr aus der Hand zu geben. Als Sportler bist du für alles, was sich in deinem Körper befindet, selbst verantwortlich. No na. Mit Doping ist es wie mit einer Schwangerschaft. Ein bisschen schwanger geht auch nicht. Auch wenn es heutzutage leider an der Tagesordnung ist, dass nach positiven Dopingkontrollen erst einmal diskutiert wird. Ausreden und mögliche Erklärungen in diesem Zusammenhang haben ja meist richtigen Unterhaltungswert. Die wenigsten gestehen sich ein Fehlverhalten ein und akzeptieren die Konsequenzen.

Jedenfalls hatte ich nun wirklich schon Routine in Sachen Dopingkontrollen. Allein pro Medaille stehen hier in Turin drei Kontrollen an. Bei der ersten Kontrolle, unmittelbar nach dem Wettkampf, werden Urin und Blut kontrolliert und danach ist es Pflicht, sich innerhalb der nächsten 24 Stunden noch einmal zu einer Blutkontrolle im olympischen Dorf zu melden.

Bei drei Medaillen sind das neun Kontrollen. Zusätzlich hatte ich noch zwei unangekündigte Trainingskontrollen, welche unter der Bezeichnung „out of competition“ laufen, da sie außerhalb eines Wettkampfs stattfinden. Diese Kotrollen waren für uns unkompliziert, weil sich das Antidoping-Kontrollzentrum innerhalb des olympischen Dorfes befand und wir somit sehr kurze Wege hatten. Ein klarer Vorteil, wenn man im olympischen Dorf wohnt.

Als ich zur Dopingkontrolle kam, waren schon einige Athleten da. Eine fixe Reihenfolge existiert aber nicht, weil sich die Natur in Sachen Wasserlassen noch nicht hat überlisten lassen. Der Schnellste wird auch hier der Erste sein. Die Blutkontrolle geht relativ schnell, es bietet sich auch an, sie vor der Urinkontrolle zu machen, weil so bereits zuvor getrunkenes Wasser die Chance erhält, seine Wirkung zu entfalten.

## Engpässe

Es ist schon gemein, nicht zu können, wenn man muss, und wenn man dann erst einmal draußen ist, muss man in einer Tour auf die

Toilette. Das Ganze ist eben Teil des Spiels, und wenn es hilft, den Sport sauberer zu machen, sollten alle Möglichkeiten ausgeschöpft werden. Von mir aus hätte ich auch täglich kontrolliert werden können. Zudem wäre es sehr sinnvoll, Dopingproben auf Lebzeiten immer wieder neu untersuchen und ahnden zu können, um auf diese Weise einen zeitlichen Rückstand der Fahnder gegenüber den „Erfindern" aufzuholen. Zumal ich ausschließlich für lebenslange Sperren bin. Nur so bekommen es schwarze Schafe mit der Angst zu tun. Ich habe schon den Eindruck, dass die Pharmaindustrie gleich zweimal ihr Geld verdient. Zuerst beim Vertrieb nicht nachweisbarer Mittel und etwas später lässt man sich die Nachweislichkeit gut bezahlen.

Leider sehe ich es auch so, dass der Spitzensport in Sachen Doping zwar nicht der Hauptkunde der Pharmaindustrie ist, wohl aber eine Art „Testimonial" für alle Hobbysportler darstellt. Hobbysportler, die bereit sind, sich alles Erdenkliche einzuwerfen, nur um beispielsweise eine Zeit von A nach B, die wirklich keinen Menschen interessiert, um Hausnummer zwei Minuten zu unterbieten. Wie die Macht der Pharmaindustrie überhaupt beängstigend ist. Oft habe ich den Eindruck, dass zuerst Impfstoffe in rauen Mengen hergestellt werden, um in der Folge medial eine Epidemie in die Welt zu setzen. Schließlich gehört ja auch Impfstoff, bevor er sein Ablaufdatum erreicht hat, unter die Menschen gebracht. Eine Nachrichtenmeldung, dass in Notfällen Versorgungs-Engpässe den einen oder anderen Impfstoff betreffend auftreten könnten, sollte da im Normalfall genügen. Spätestens dann strömen die Menschen in die Apotheken und Praxen der Ärzte. Ein Phänomen des Massenbewusstseins.

## Ein dicker langer Strich

Ich habe meine Blutkontrolle bereits hinter mir und fülle gerade sorgfältig die Formulare aus. An jener Stelle, an der man Angaben über sämtliche Zusatzernährung oder Medikamente zu machen hatte,

hatte ich immer leichtes Spiel. Ich brauchte lediglich einen dicken Strich von links unten nach rechts oben zu ziehen. Das war auch immer der Moment, in dem die jeweiligen Leiter der Antidopingstelle große Augen bekamen. Daraus schließe ich, dass es nicht mehr viele Athleten gibt, die komplett ohne Zusatzernährung, Vitaminpräparate oder sonstigem Zeug auskommen wollen.

## Wenn's läuft, dann läuft's

Es ist so weit. Ich glaube, ich sollte einen Versuch wagen. Eine Toilette war mittlerweile frei geworden und ich kündigte mich voller Selbstvertrauen an – sogar jetzt war es hilfreich, es an den Tag zu legen. Und das hat seine Gründe, es ist zum Glück nicht alltäglich, sich mit einem Mann eine Toilette zu teilen, seine Hose bis zu den Knien fallen lassen zu müssen und zudem während des Wasserlassens nicht nur beobachtet, sondern schlichtweg angestarrt zu werden. Die Spiegel rund um die Toilette vom Boden bis zur Decke sind auch nicht das, was ich als Standard bezeichnen würde. Egal wie viele Dopingkontrollen ich machte, ich empfand es nie als angenehm Harndrang zu erzwingen und mir selbst den Befehl „Wasser, marsch" zu erteilen.
Über das Geräusch eines laufenden Wasserhahns, mit Hilfe von warmem Wasser, das ich mir über die Hand laufen ließ und mit einigen selbst verordneten Bauchmassagen gelang es mir schließlich doch, die gewünschte Menge abzuliefern. Es war vollbracht. Wenn's läuft, dann läuft's.

## Prozedere

Jetzt musste ich nur noch sämtliche Formalitäten erledigen, und mich würde nicht mehr viel von einem gemütlichen Bier trennen. Und das ganze Prozedere, das die ordnungsgemäße Verstauung

der Urinproben definierte, sah folgendermaßen aus: Eine Styroporbox aus vielen verschiedenen Boxen aussuchen, die gewählte Box öffnen und die beiden Fläschchen (A- und B-Probe) herausnehmen und auspacken, Nummern der Fläschchen, der Deckel und der Box vergleichen. Beide Fläschchen öffnen und den Urin in beide Behälter aufteilen und versiegeln. Zumindest ein Tropfen muss immer im Glas bleiben, um den PH-Wert feststellen zu können.
Ich kann mich nicht daran erinnern, während meiner ganzen Karriere jemals eine Box erwischt zu haben, an der die Nummern nicht übereingestimmt hätten. Trotzdem kontrollierte ich jedes Mal die Nummern mindestens so genau wie meine Sprungbindung vor jedem Sprung. Ich stellte beide Fläschchen auf den Kopf und kontrollierte nochmals, ob sie auch dicht waren. Danach war wieder der Papierkram dran. Name, Adresse, Geburtsdatum und im Optimalfall die Passnummer. Dann machte ich meinen langen dicken Strich von links unten nach rechts oben, den Rest füllte die für die Dopingkontrolle verantwortliche Person aus. Die Nummern der Proben wurden auf das Formular übertragen und waren ebenfalls korrekt. Ich las mir alles noch einmal in Ruhe durch, bevor ich den Bogen mit meiner Unterschrift autorisierte. Ich konnte zum gemütlichen Teil übergehen.

## Waxlraumparty

Als ich bei der Tür draußen war, registrierte ich erstmals, dass es diesmal vielleicht doch nicht ganz so gemütlich zugehen würde, wie wir das von früher gewohnt waren. Ist das etwa schon die erste Kehrseite der Medaille? Nein, ich sah das öffentliche Interesse als Annerkennung meiner Leistungen der letzten Jahre, die mit dem heutigen Wettkampf ihren Höhepunkt erreicht hatten. Ein Kamerateam des ORF erwartete mich schon und machte sich mit uns gemeinsam auf den Weg zu dem Event des heutigen Tages. Zu

unserem Wachscontainer waren es ohnedies nur wenige Meter und schon nach ein paar Schritten konnte ich eine ausgelassene Stimmung hören. Das sind die Momente, die ich in meinem Leben nicht missen möchte. Ein kurzer Blick in den Container genügte, und ich sah einen glücklichen Betreuerstab.
Es ist nie übertrieben viel Platz in so einem Wachscontainer, aber einen halbwegs gemütlichen Platz zum Sitzen hat bis jetzt noch jeder gefunden. Die Stimmung war großartig. Jeder hatte ein Bier in der Hand, Speck und Käse waren größtenteils aufgeschnitten und auch ein Schnaps machte die Runde. Es war Zeit zu feiern.
Meine Mannschaft bereitete mir wirklich einen herzlichen Empfang, und ich sah Zufriedenheit in den Augen jedes Einzelnen. Wir hatten alle sehr hart für diese Olympischen Spiele gearbeitet und nun durften wir sie auch noch mit so einem Erfolg abschließen. Für unsere Mannschaft waren es schon vor diesem abschließenden Wettkampf sehr erfolgreiche Spiele. Diese dritte Medaille im dritten Wettkampf – noch dazu in Gold – war die Krönung einer sensationellen Zusammenarbeit. Und um das zu erreichen, musste jeder von uns mehr tun, als nur seinen Job machen. Jeder Einzelne war mit einer Begeisterung und Leidenschaft bei der Sache, die ihresgleichen sucht. Jetzt war auch der Moment gekommen, in dem viel Druck von jedem Einzelnen abfiel.
Ich schnappte mir ein Bier und wir tranken auf unseren Erfolg. Unglaublich, wie gut dieses Bier war. Es waren der Rahmen, die Menschen und der Anlass, die dieses Bier für mich so unvergesslich machten. Es dauerte nicht lange, und der Großteil der Serviceleute der anderen Nationen machte es sich in unserem Container ebenfalls gemütlich. Platzproblem gab es keines, wir rückten einfach etwas enger zusammen. Im Grunde waren wir wirklich eine Familie, auch wenn im Wettkampf natürlich jeder auf seinen eigenen Vorteil schaute. Es war wirklich sehr nett in diesen Momenten, und wir Österreicher freuten uns über jeden, der bei uns vorbeischaute. Sie kamen um zu gratulieren, sie kamen, weil sie wussten, dass es bei uns immer etwas zu trinken gab . Sie kamen, um die österreichische

Gemütlichkeit mit uns zu genießen und um mit uns auf diesen Moment anzustoßen.
Meine Zeit das Ganze richtig auszukosten, war leider sehr knapp. Aber auch in diesem Moment geht es nicht um die Quantität, sondern um die Qualität der Zeit. Und die war nicht zu überbieten. Außerdem sollte mir im Leben nichts Schlimmeres passieren, als zu einer Siegerehrung von Olympischen Spielen fahren zu „müssen". Noch dazu um eine Goldmedaille überreicht zu bekommen.
Nachdem das erste Bier gegen den Durst sehr schnell leer war, genehmigte ich mir noch eines und nahm mir noch etwas vom fein aufgeschnittenen Käse und Speck.
Erich und ich packten uns schön langsam zusammen. Das Shuttle, das uns nach einer ungefähr zweistündigen Autofahrt zur Siegerehrung auf den Turiner Hauptplatz bringen sollte, wartete schon auf uns – zuvor musste ich aber noch meine Sachen aus unserem Athletencontainer holen.
Wir vereinbarten, dass wir uns am Abend im Österreicher-Haus treffen und dort weiterfeiern würden. Ich war mir nicht sicher, ob jeder Einzelne auch bis zum Abend durchhalten würde. Die Geschwindigkeit, mit der eine Dose Bier nach der anderen getrunken wurde, stimmte mich diesbezüglich skeptisch.

## Mit dem Shuttle zum Medalsplaza

Ich machte mich mit Erich auf den Weg nach Turin. Zuvor wurden wir aber noch lautstark, ja geradezu frenetisch verabschiedet. Jedem Medaillengewinner wurde ein Shuttle zur Verfügung gestellt. Und ich freute mich schon, wenn ich im Auto ausreichend Zeit haben würde, um in Ruhe telefonieren zu können.
Die Shuttles mussten zusammenwarten, weil wir von einer Polizeieskorte nach Turin begleitet wurden. Magnus Moan war mit seiner Begleitung schon hinter uns, es fehlte noch Georg Hettich. Georg Hettich war auch der Grund dafür, weshalb wir nicht nur von einer

Polizeieskorte begleitet wurden, sondern auch von einem Wohnwagen, der als mobile Dopingkontrolle fungierte. Er schaffte es sichtlich noch nicht, einen Becher anzufüllen. Wir fuhren also in Polizeibegleitung nach Turin. Wobei fahren die reinste Beschönigung ist, wir fuhren nicht, wir krochen; ich bin in meinem ganzen Leben noch nie derart langsam mit einem Auto irgendwohin gefahren. Der Grund war das Wohnmobil, das nur sehr langsam die Passstraße hinauf- und hinunterkam. Sich aufzuregen, wäre in diesem Moment wirklich überflüssig gewesen. Ich fragte mich nur, wie wir bei diesem Tempo je rechtzeitig bei der Siegerehrung in Turin sein sollten. Aber wie heißt es so schön, ohne Sieger – keine Ehrung.

Es folgte ein Stopp nach dem anderen. Jeder von uns musste irgendwann austreten und zum Glück musste das auch Georg Hettich, der diese Angelegenheit gleich mit seiner Dopingkontrolle kombinierte. Für diesen Zweck parkte unsere Eskorte auf einem Autobahnrastplatz und wir warteten, bis wir uns endgültig von dem langsamen Wohnmobil verabschieden konnten. Ab diesem Zeitpunkt gab es für uns keine Verkehrsregeln mehr. Wir fuhren mit Blaulicht Richtung Turin. Vor der Stadt wurden wir an eine Motorradeskorte der Polizei übergeben, danach waren wir in Windeseile im Zentrum angekommen. Die wichtigsten Telefonate hatte ich erledigt und die Zeit, um alle eingegangenen SMS zu beantworten, würde sowieso nicht ausreichen.

Auch zuhause feierten alle. In Ramsau, Zell am See und in Salzburg bereiteten sich meine Liebsten, meine Freunde und meine Fans auf die Übertragung der Siegerehrung vor.

## Die Zusammenkunft erfolgreicher Sportler

Ich konnte es kaum glauben, aber wir waren tatsächlich überpünktlich in Turin angekommen und hatten jetzt auch noch genug Zeit, eine Kleinigkeit zu essen. Ich bin ja nach wie vor in Topform und deshalb auch immer hungrig.

Wir gingen in den für uns vorgesehenen Bereich, wo wir genau über den Ablauf der Zeremonie aufgeklärt wurden. Nachdem wir auch noch alle nicht regelkonformen Firmenlogos des Olympiaausrüsters abgeklebt hatten, widmeten wir uns dem Buffet. Dort wurde es wieder einmal deutlich, dass Sportler einfach einen äußerst gesunden Appetit haben.

Ich traf viele Sportler aus anderen Sparten, aber über einen freute ich mich besonders. Es war Pavel Rostovtsev, ein russischer Biathlet, der heute mit der Mannschaft die Silbermedaille gewonnen hatte und den ich bis jetzt nur aus Erzählungen kannte. Er war ein guter Freund von Michael Grossegger. Pavel und Michael haben schon viele gemeinsame Abenteuerurlaube in Russland verbracht. Unter all diesen Urlauben stellte das Highlight zweifelsohne Heli-Skiing in Kamtschatka dar. Kamtschatka ist eine russische Halbinsel nordöstlich von Japan – am anderen Ende der Welt sozusagen. Ich habe mit Michael oft darüber gesprochen, dass ich nach den Spielen einmal selbst mit von der Partie sein möchte, woraufhin er mich stets über die strengen Qualifikationsrichtlinien aufklärte. Medaillen waren gerade gut genug, um sich für Kamtschatka zu qualifizieren. Um diese Qualifikationsrichtlinien wusste wohl auch Pavel Rostovtsev, der auf mich zukam und mir gratulierte. Er gratulierte mir aber nicht für meine heute errungene Goldmedaille, sondern dafür, mich eindeutig für Kamtschatka qualifiziert zu haben.

Wir verbrachten Mitte Juni desselben Jahres auch eine unglaubliche Zeit in einer Umgebung, die mit nichts auf dieser Welt vergleichbar ist.

Allein für dieses Erlebnis hat es sich schon ausgezahlt, Olympiasieger zu werden, auch wenn ich in diesem Jahr auch ohne Medaille mitfliegen hätte dürfen – zu oft habe ich dieses Angebot schon aufgeschoben. Diesmal wollte ich mir diesen Traum verwirklichen.

Bei der Siegerehrung war die Stimmung unter den Athleten gelöst. Unsere Skispringer, die gleich wie das gesamte Wintersportland Österreich großartige Spiele abgeliefert hatten, hatten ihre Siegerehrung ebenfalls noch vor sich. Von draußen hörten wir immer wieder Menschenmassen, die durch Musik für die Siegerehrungen eingestimmt wurden. Die Turiner Veranstalter verstanden es wirklich, ein hervorragendes Abendprogramm zu inszenieren. Siegerehrungen begleitet von tollen Konzerten ließen den Turiner Hauptplatz aus allen Nähten platzen.

## Freundschaften pflegen

Mir blieb noch etwas Zeit und so wollte ich noch schnell jemanden telefonisch erreichen. Ich wusste, dass Wolfgang Becker, ein langjähriger Freund von mir und Direktor vom Universitäts- und Landessportzentrum in Salzburg/Rif, an diesem Abend in Turin plante, sich nach meiner Siegerehrung einen Eiskunstlaufbewerb anzuschauen. Bei aller Liebe zum Eiskunstlauf, es sollte mir doch gelingen, ihn noch umzustimmen. Er sollte sich, anstatt sich einen Doppel-Axel nach dem anderen anzuschauen, besser mit mir im Anschluss an die Siegerehrung wieder auf den Weg nach Sestriere machen, um dort den Tag ausklingen zu lassen. Den Ablauf im Österreicher-Haus kannte ich mittlerweile schon von den ersten beiden Medaillenfeiern, und ich nahm nicht an, dass sich daran heute Grundlegendes ändern würde.
Ich wusste auch, dass sich einige unseres Teams bereits auf die Heimreise gemacht hatten. Die Spiele wurden gegen Ende für jeden Beteiligten lang, darum konnte ich jeden verstehen, der das eigene Bett jenem im olympischen Dorf vorzog. Ich wollte mir einen netten Abend mit netten Menschen machen. Dabei sollte Wolfgang nicht fehlen. Zwischen uns entstand im Laufe der vielen Jahre, in denen ich als Leistungssportler die Vorzüge dieses wohl in Europa einzigartigen Sportzentrums in Salzburg/Rif genießen durfte, eine enge Freundschaft. Wir pflegten diese Freundschaft auch dann, wenn wir beide nicht viel Zeit hatten. Ein Punkt, in dem ich von ihm sehr viel lernen konnte. Gerade in der Zeit, als dieses Buch entstanden ist, habe ich mich sehr oft dabei ertappt, wirklich gute Freundschaften

sträflich zu vernachlässigen. Es geht im Leben jedoch nie darum, irgendetwas nachzuholen. Es geht schlichtweg darum, Prioritäten zu setzen. Freundschaften sollten auf dieser Liste sehr weit, wenn nicht ganz oben stehen.
Ich rief also Wolfgang an und er zögerte keinen Augenblick, um mit Erich und mir im Anschluss an die Siegerehrung wieder in die Berge zu fahren, um dort gemeinsam zu feiern.

## Momente teilen

Es sollte nicht mehr lange dauern, bis die Nordische Kombination mit der Siegerehrung an der Reihe war; ich fragte mich, welche Gefühle mich auf dem Podest überkommen würden. *Wird es so emotional werden, wie wir es von Aussagen unterschiedlichster Sportler kennen?*
*Sollte das wirklich der Höhepunkt werden, für den es sich am Ende gelohnt hat zu arbeiten?*
Diese Fragen stellte ich mir, ich versuchte aber erst gar nicht, vernünftige Antworten darauf zu finden. Ich nahm mir vor, die Stimmung aufzusaugen und an jene Menschen zu denken, denen ich in meinem Leben sehr viel zu verdanken habe. Gerade diese besonderen Momente meines Lebens versuche ich mit ihnen zu teilen.

## Gedanken bündeln

Ich ließ mir den Tag und den Verlauf dieser Spiele nochmals durch den Kopf gehen. Ich dachte zurück an viele besondere Trainingstage, die hinter diesem Erfolg standen. Einheiten, bei denen ich mich bis weit über die Grenzen schinden lernte. Es waren aber nicht nur die außergewöhnlichen Einheiten, die am Ende den Unterschied ausmachten. Es waren auch jene Einheiten, die durch Monotonie und Konsequenz geprägt waren. Jede einzelne war die wichtigste.

Es war so viel in meinem Kopf, und doch war ich frei. Es schossen hunderte Gedanken auf einmal durch mich hindurch und im nächsten Augenblick hatte ich wieder das Gefühl, alle Gedanken restlos abgelegt zu haben.
Ich war stolz auf mich selbst. Heute Nachmittag hatte ich mir mein sportliches Lebensziel erfüllt. Ich schaffte es, alles aus mir herauszuholen und mich am Limit zu bewegen. Ich fühlte eine innere Sicherheit und spürte den Boden unter den Füßen. Ich hatte Glück, Glück Menschen zu treffen, die mir die wahren Tugenden des Lebens vorlebten.

## Grenzen auflösen

Ich wollte gut springen und mir eine Ausgangsposition verschaffen, die mir die Chancen auf den Sieg bewahren würde. Ich wollte auf der Schanze mein Leistungspotenzial abrufen, über mich hinauswachsen wollte ich in der Loipe. Meine Triebfeder war einfach der Schnellste in der Loipe zu sein und schneller als alle anderen den Berg hinaufzulaufen.
Darin liegt aus heutiger Sicht auch der Grund, weshalb ich meine Erfolge in der Nordischen Kombination hauptsächlich über das Laufen erzielte. Meine Aufmerksamkeit, meine ganze Energie steckte vor allem in dieser kämpferischen Disziplin, in der es darauf ankommt, sich durchzusetzen und an und über seine Leistungsgrenzen zu gehen. Es war dabei immer mein Wille, den ich besser und besser kennen lernen wollte. Ich wollte wissen, welche Möglichkeiten in mir stecken. Ich wollte meine persönlichen Grenzen dort ansiedeln, wo ich sie mir setzte und nicht dort, wo andere glauben zu wissen, wo sie sind.
Diese Vorstellungen, diese Gedanken oder schlichtweg diese Energien wurden heute zu klarer Wirklichkeit. Ich war gut gesprungen und außerordentlich gelaufen. Ich habe mein Ziel erreicht. Gleich die Medaille überreicht zu bekommen ist natürlich sensationell

schön und ein einzigartiger Moment im Leben eines Sportlers. Es hat mit der eigentlichen Leistung aber nichts mehr zu tun, symbolisch gesehen aber natürlich einen großen Wert.

## Siegerehrung

Meine ersten beiden Siegerehrungen hatten nichts von diesem Flair des Turiner Hauptplatzes. Wir Athleten standen in Pragelato im Langlaufstadion ohne großen Rahmen auf einem Podest und bekamen relativ formlos unsere Medaillen überreicht. Die Bundeshymne war – sozusagen – nur mit gespitzten Ohren zu hören. Die Zeremonie war ganz nett, ich bin aber trotzdem froh darüber, nicht für eine Siegerehrung die letzten Jahre gearbeitet zu haben.
Mittlerweile ist die Stimmung unter uns Athleten ins Nachdenkliche gekippt. Das ist kein Wunder, bekommt doch jeder von uns eine weitere Medaille überreicht. Zu Georg Hettich ist zu sagen, dass er es sensationell gut verstand, seine Form und den damit verbundenen „Lauf" nicht vor dem Ende der Spiele zu hinterfragen. Magnus Moan gewann heute seine zweite olympische Medaille. Man könnte meinen, erst seine zweite, dazu muss man aber wissen, dass die norwegische Mannschaft aufgrund eines krankheitsbedingten Totalausfalls nicht beim Teambewerb starten konnte. Magnus Moan schaffte es dennoch, die verbleibende Chance zu nützen und auf seine Bronzemedaille im ersten Wettkampf mit einer Silbermedaille heute im Sprintbewerb zu antworten.
Für mich ist es die insgesamt sechste Siegerehrung bei Olympischen Spielen. Die Spiele 1994 in Lillehammer (NOR) und die Spiele in Nagano (JPN) 1998 nützte ich, um zu lernen und zum Sammeln wertvoller Erfahrungen. 2002 in Salt Lake City (USA) durfte ich in allen drei Bewerben an der Siegerehrung teilnehmen und gewann drei Bronzemedaillen.
Bei diesen Spielen kamen noch eine Silber- und zwei Goldmedaillen dazu.

Bilder des heutigen Wettkampftages, unterlegt mit emotionaler Musik, erscheinen seitlich der Bühne auf riesigen Großbildleinwänden. Wir konnten die Bilder hinter der Bühne mitverfolgen. Das Ganze war dramaturgisch sehr gut gemacht, durften wir doch erst nach Ablauf der Bilder, die auch ich zum ersten Mal sah, auf die Bühne. Ich sah Entschlossenheit in meinen Augen, die mich schon den ganzen Tag begleitete. Ich sah einen unbändigen Willen im Schlussanstieg und die Erlösung bei der Überquerung der Ziellinie.
Ich hatte Gänsehaut am ganzen Körper. Unsere Namen werden aufgerufen und wir gehen auf die Bühne. Der Hauptplatz in Turin ist voller Menschen, die uns zujubeln.
*Ob die wohl alle nur wegen uns Sportlern da waren oder schon auch wegen der Konzerte?* Tatsache ist, dass Sport und Musik zumindest eine Gemeinsamkeit haben, und das ist die Fähigkeit, Menschen über Emotionen zu begeistern. Sowohl bei einem guten Konzert als auch bei einem guten Wettkampf werden die Zuschauer, die Anhänger, die Fans Teil des Erlebten und können sich mit dem Spiel und den Spielern, mit dem Wettkampf und den Wettkämpfern identifizieren, sie können mitleiden und mitjubeln und nach dem Wettkampf entweder Sieger oder Verlierer sein.
Wir nehmen unsere Plätze ein. Die Chance, mich dabei zu verhauen, ist relativ gering, auch wenn ich das erste Mal ganz alleine den Platz in der Mitte einnehmen darf.
Ich habe etwas mehr Zeit, bis mein Name an der Reihe ist. Aber die paar Augenblicke warte ich sehr gerne länger als die Burschen links und rechts von mir.
Eine Stimme sagt die fünf Wörter, die für jeden Sportler das Höchste sind: „Olympic Champion and Gold Medalist." Mein Name hallte gleich im Anschluss durch die Lautsprecher, und als Draufgabe ertönt, ins Englische transformiert, der Name unseres Landes: „Austria." Ich steige aufs Podium.
Ich bekomme meine zweite olympische Goldmedaille überreicht – die erste in einem Einzelbewerb. Im Anschluss wird die „National Anthem", die Österreichische Bundeshymne, gespielt. Heute wird

mein Land repräsentiert. Ein Land, das für mich immer ein besonderes Land sein wird. Nicht nur deshalb, weil es mein Heimatland ist, sondern auch deshalb, weil ich der Meinung bin, irgendwann sehr viel richtig gemacht zu haben, um auf diesem Fleck der Erde geboren worden zu sein.

## Wollen

Es war eine sehr schöne Siegerehrung. Die Emotionen, die ich während dieser Ehrung hatte, waren aber nicht mit jenem Moment vergleichbar, in dem ich in der Loipe das Gefühl hatte, mein Ziel erreichen zu können und dieses schlussendlich auch tatsächlich erreicht habe. Das sind die Momente und die Emotionen, die ganz tief in meinem Herzen sitzen. Für Momente dieser Art lohnt es sich für kommende Zielsetzungen wieder die gleiche Begeisterung an den Tag zu legen.
Die Siegerehrung war inszeniert. Mein Rennen war echt und sein Ausgang war von meinem Willen abhängig. Ich bin davon überzeugt, dass ich heute von allen teilnehmenden Athleten am meisten Olympiasieger werden wollte. Dieses Heute bezieht sich auf jedes einzelne Heute, das zwischen der konkreten Zielsetzung, nämlich Olympiasieger zu werden, und seiner Umsetzung, nämlich Olympiasieger geworden zu sein, lag. Mit dem Mehr-Wollen steht auch ein Mehr-dafür-Tun in Verbindung.
Neben der physischen Arbeit, die ich als normal ansehe und die auch Voraussetzung für jeden sportlichen Erfolg ist, macht vor allem die Arbeit mit sich selbst den Unterschied aus, ob man erfolgreich sein wird. Wie man diese Arbeit nennt, ist egal. Früher sagte man autogenes Training dazu. Als ich damit begann, nannten wir es Qi Gong, später sagte ich Evolutionsübungen und heute nenne ich es leben. Würde die rein physische Erledigung gewisser Aufgabenstellungen reichen, um erfolgreich zu sein, dann wäre heute wohl jeder einzelne Athlet Olympiasieger geworden.

Der Jubel nach der Bundeshymne ist groß. Den Rosenstrauß werfe ich nicht in das Publikum, weiß ich doch jemanden, der ihn sich redlich verdient hat. Es ist Alexandra. Als kleines Dankeschön dafür, dass sie mich so mag wie ich bin.

## Gesammelte Werke

Im Anschluss hatten die Fotographen die Möglichkeit, ihre Bilder zu machen. Fotos von allen Medaillengewinnern, Fotos von jedem Einzelnen. Fotos mit der Goldmedaille und ab dem Zeitpunkt, an dem ich auch meine beiden anderen Medaillen aus der Jackentasche holte, zählte natürlich nur noch dieses Motiv mit meinen drei olympischen Medaillen. Dabei legte ich großen Wert darauf, dass meine erste Medaille, die silberne, nicht total neben den beiden goldenen verblasste. Das war zugegebenermaßen nicht ganz einfach, aber für mich wird dieser zweite Platz im ersten Rennen immer in bester Erinnerung bleiben. Nachdem alle Fotographen zufriedengestellt waren, folgten noch diverse Interviews.

## Gedanken an ein Wienerschnitzel

Während ich meine Eindrücke der soeben erlebten Siegerehrung noch den unterschiedlichen Medienvertretern mitteilte und ihnen eine Frage nach der anderen beantworte, verbrachte Erich nach wie vor die meiste Zeit damit, um zu telefonieren. Ich hörte heraus, dass wir uns so schnell wie möglich wieder auf den Weg nach Sestriere machen sollten. Mir konnte es nur recht sein, angesichts meines knurrenden Magens. Ich habe mittlerweile einen Bärenhunger und vor meinem geistigen Auge entsteht das Bild einer traditionell österreichischen kulinarischen Köstlichkeit: ein Schnitzel mit viel Pommes und mindestens einem Bier. Das habe ich schon lange nicht mehr gegessen. Heute soll es aber wieder so weit sein. Etwas

werde ich mich aber wohl noch gedulden müssen, trennte uns doch noch die Retourfahrt und ein kurzer Zwischenstopp, während dem ich mich nach einem langen Arbeitstag im olympischen Dorf duschen wollte.
Ich habe ja immer noch die offizielle Überhose und den Anorak an – einen Skianzug im klassischen Sinn also – möglicherweise nicht ganz das Richtige für die lauen Nächte hier in Turin.
Nachdem alles erledigt war, machte Erich noch einige Fotos, welche sich für einen Hobbyfotographen durchaus sehen lassen konnten. Er entschied sich natürlich ebenfalls für die gesammelten Werke und ich positionierte selbstverständlich die Silbermedaille wieder ordnungsgemäß in der Mitte, war sie doch die erste Medaille dieser für Österreich erfolgreichsten Olympischen Spiele aller Zeiten. Insgesamt gewannen österreichs Athleten 23 Medaillen, davon neun in Gold und jeweils sieben in Silber und Bronze.
Wir machen uns auf den Weg. Der Parkplatz ist nicht weit entfernt und ich sehe Wolfgang Becker schon von weitem. Er freute sich mit mir über meinen Olympiasieg wie sich ein kleiner Bub auf Weihnachten freut, und zusammen freuten wir uns vor allem darauf, wieder einmal gemeinsam ein Bier trinken zu können. Bevor wir uns wieder auf die Reise nach Sestriere machten, bat ich meine Mitfahrkollegen und den Fahrer noch um etwas Geduld. Ich schnappte mir meinen Rucksack aus dem Kofferraum, kramte nach den geeigneten Sachen und zog mich an Ort und Stelle um. Aus der Skihose endlich herauszukommen, war mir in diesem Augenblick das größte Bedürfnis.

## Endlich duschen

Wir hatten beim Hinauffahren wirklich einen Spaß. Wir philosophierten dahin, redeten über alte Zeiten und Erich informierte mich über alle Termine, die mich heute und morgen vor der Abreise noch erwarten würden. Ich bat ihn bei allem Trubel, mich

sicherheitshalber rechtzeitig an die morgen noch anstehende Dopingkontrolle zu erinnern. Ich nahm mir fest vor, den heutigen Tag, obwohl ich noch viel zu tun hatte, entspannt ausklingen zu lassen. Ich wollte natürlich in aller Ruhe feiern. Dass das dann meist anders kommt als geplant, ist auch klar.
Jetzt freute ich mich erst einmal auf eine Dusche und der Rest wird sich schon ergeben. Bei der Einfahrt ins olympische Dorf stellte ich mir das erste Mal die Frage, wo Wolfgang wohl heute schlafen würde? Irgendwo oder eben gar nicht, war die einzig mögliche Antwort. Zur Not würden wir ihn schon irgendwie zu uns ins olympische Dorf schleusen können. Aber noch ist es ja nicht so weit. Ich ging mit meinem Rucksack durch die Sicherheitskontrollen und zeigte den Kontrolleuren meine Ausbeute, nachdem sie meine Medaillen auf den Monitoren entdeckt hatten.
Es sollte keine ausgiebige Dusche werden, aber immerhin fühlte ich mich wieder richtig frisch und war froh, in frischen Klamotten zu stecken. Beim Hinausgehen schnappte ich mir wieder meinen Anorak und kontrollierte noch schnell, ob ich auch die Medaillen dabei hatte. Sie jetzt zu vergessen, würde im Österreicher-Haus vermutlich keine große Begeisterung auslösen.
Auf dem Rückweg zum Shuttle telefonierte ich noch kurz mit Alexandra. Bei diesem Telefonat musste ich kein Luchs sein um festzustellen, dass sie, ihre Familie und ihre Freunde im Hintergrund bereits eindeutig mehr Zeit zum Feiern hatten als ich. Es ging ihr gut, das war das Wichtigste, und wir freuten uns schon sehr auf morgen. Das Schönste am Wegfahren ist immer wieder das Heimkommen.
Wir lagen ganz gut in der Zeit und fuhren die paar Meter zum Österreicher-Haus. Ich genoss nochmals die Ruhe im Auto und mein Magen erinnerte mich in regelmäßigen Abständen an mein Schnitzel, dazu kamen jetzt noch Bilder von köstlichen Nachspeisen wie Kaiserschmarrn oder Palatschinken.

## Und essen

Als ich aus dem Auto ausstieg, war es vorbei mit der Ruhe. Jubel, Trubel, Heiterkeit. Der Empfang im Österreicher-Haus war sehr herzlich. Wir stießen mit Champagner an – ein Bier wäre mir zwar lieber gewesen, aber mich fragte ja keiner. Der erste Weg führte mich ins Olympiastudio des ORF, dort war es ein wenig stressig, weil sie gleich live auf Sendung gingen. Es ging sich aber alles aus. Die Fragen des Reporters beantwortete ich wie damals vor 14 Jahren bei meinem ersten Interview, als ich noch ein Pimpf bei meinem ersten Weltcuprennen war. Heute bin ich Doppelolympiasieger, aber das ist kein Grund irgendwie anders zu sein. Ich habe mich entwickelt und bin gewachsen – gewiss. Ich kann und will aber immer nur der sein, der ich bin.

Die Sendung ging vorüber, Fotos und Interviews waren weitgehend gemacht. Die Zeit für mein Schnitzel war gekommen und ich setzte mich an einen gemütlichen Tisch. Wir waren eine nette Runde, die Voraussetzungen, dass mir mein Schnitzel und mein Bier schmecken würden, hätten nicht besser sein können. Das Schnitzel wurde mir mit Bratkartoffeln und Preiselbeermarmelade serviert, dazu bekam ich einen knackigen grünen Salat. Pommes bestellte ich noch extra dazu. Es war ein ausgezeichnetes Menü.

Kein Essen der Welt hätte mir zu diesem Zeitpunkt besser schmecken können. Schnitzel bekam ich als Kind immer sonntags. Dann später als Sportler, vor allem im Winter, gab es selten bis nie Schnitzel. Es war wichtiger, die Kohlehydratspeicher zu füllen. Damals wie heute durfte aber etwas Süßes zum Nachtisch nicht fehlen.

Es kam dann also doch noch dazu, dass ich mein Abend- oder besser gesagt Nachtessen in Ruhe genießen konnte.

Wir feierten und tranken natürlich noch ein paar Bier. Früher, als junger Sportler, machte es mir nichts aus, manchmal einen über den Durst zu trinken und am nächsten Morgen trotzdem aufzustehen und trainieren zu gehen. Das wurde aber mit jedem Trainings-

jahr mühsamer, und so genoss ich es im Laufe der Jahre immer mehr am Morgen ausgeschlafen zu sein und topfit aufzustehen.
Nach einigen Stunden im Österreicher-Haus und einem kurzen Discobesuch machte ich mich mit Wolfgang irgendwann auf den Heimweg. Das olympische Dorf war eindeutig näher als sein Zimmer in Turin und so gab ich ihm einfach meine Akkreditierung. Er kam problemlos durch die Sicherheitskontrolle. Anstelle meiner Akkreditierung sollten mir meine drei Medaillen reichen – dachte ich. Die Chancen standen also ganz gut, dass wir beide in Kürze im ersehnten Bett landen würden.
Wolfgang marschierte in das Dorf, als ob er schon die vierte Woche hier wohnen würde. Ich konnte die Verfolgung nicht aufnehmen und musste Herrn Becker ziehen lassen. Meine Medaillen machten zwar wieder mächtig Eindruck auf das Sicherheitspersonal, als Akkreditierung wurden sie jedoch nicht akzeptiert. So musste ich noch am letzten Tag meine Akkreditierung als gestohlen melden und mir ein Duplikat ausstellen lassen. Das Ganze dauerte selbstverständlich seine Zeit, und ich war wirklich schon hundemüde. Nachdem ich auch diese Hürde geschafft hatte, blieb mir noch genau eine Stunde bis zum ersten Termin. Eine Stunde, die ich zum Schlafen nutzen wollte. Wollte ich doch zumindest wissen, wie es ist, erstmals als Doppel-Olympiasieger aufzuwachen.

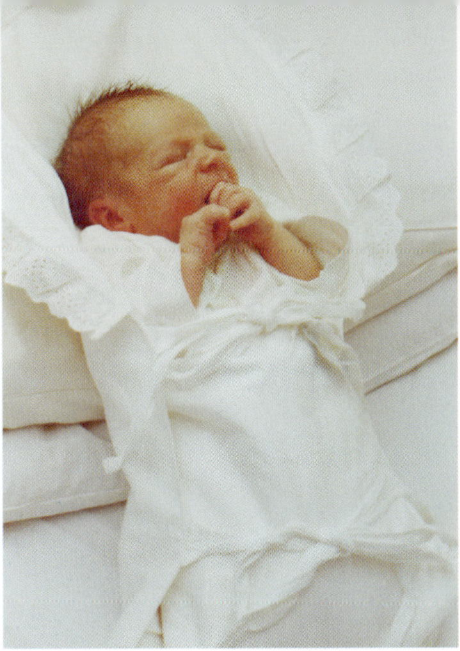

Mein erster Tag

Schwester Eva passte schon immer gut auf ihren kleinen Bruder auf

Wir hatten zum Glück immer was zu lachen

Für meinen Geschmack etwas kurze Stecken

Ein zu gut verstecktes Talent,
um entdeckt zu werden

Familie Gottwald: Felix sen., Eleonore,
Eva und Felix jun.

Erster Wettkampfsprung auf der Heimschanze in Saalfelden
1989

Landesmeisterschaften in der Nordischen Kombination in St. Veit im Pongau 1989 –
die Stecken wurden länger und die Anstiege steiler

Meine ersten Mattensprünge
im Sommer 1989

Der Zeitpunkt, von dem an es
langsam aber stetig bergauf ging

Im Sommer 1991 begann die
Aufholjagd

... und gleichzeitig die Schinderei

Mein erster Weltcup am 24. Jänner 1993 in Saalfelden –
im Hintergund zwei Zuschauer: Mama und Papa Gottwald

Als mir das Herz bei den Olympischen Spielen in Lillehammer 1994
in die Hose rutschte

Bei dieser Kulisse wurde für Mario Stecher und mich jedes Training und Aufwärmen
zu einem Rennen

Georg Riedlsperger, mein Lehrmeister in Sachen Konsequenz,
am Tag vor dem Teamwettkampf bei den Olympischen Spielen in Lillehammer 1994

Mario Stecher, Hannu Manninen und ich als Medaillengewinner
bei den Junioren-Weltmeisterschaften 1995 in Gällivare (SWE) (von links)

Morgendliches Qi Gong

Mein erster Stockerlplatz im Weltcup im Jänner 1998 in Ramsau;
Mario Stecher, Bjarte Engen Vik und ich (von links)

Bittere aber wichtige Erfahrungen bei der Heimweltmeisterschaft
1999 in Ramsau

Andreas Felder blieb stets geduldig

Günther Chromecek (Jacky) begleitet mich auf die letzte Runde zu meinem ersten Sieg am Holmenkollen

Sieg im Gesamtweltcup
2000/2001

Auf dem Weg zu meiner ersten olympischen Medaille 2002 in Salt Lake City – Bronze im Gundersen-Bewerb

Mit gleicher Startnummer zu meiner dritten Bronzemedaille bei den Spielen 2002 in Salt Lake City

Weltmeisterschaft 2003 im italienischen Predazzo –
als Sprunganzüge noch Drachen waren

Duell Ackermann/Gottwald im Rennen um Mannschaftsgold bei der Weltmeisterschaft 2003 in Predazzo

Duell Lajunen/Gottwald bei der Weltmeisterschaft 2003 in Predazzo im Kampf um die Medaillen

Im Ziel als Mannschaftsweltmeister 2003:
Michael Gruber, Christoph Bieler, Willi Denifl und ich (von links)

Langlauftraining am Myrdalsjökull in Island
2004

Ein Weltcuprennen im finnischen Kuusamo bei minus 27 Grad im
November 2005

… danach im Ziel

Vorstartzustand in der ungewöhnlichen Rolle des Gejagten beim vorolympischen Weltcup in Pragelato 2005

Vorzielzustand …

… bei meinem härtesten Sieg

Gemeinsam mit Andreas Schifferer und Albert Precht inmitten der Dachstein-Südwand im September 2005 (von links)

Auszeit im Frühjahr 2005 für Felix und den Alligator

In der Ruhe liegt die Kraft – nach getaner Arbeit beim Trainingskurs mit den Wohnmobilen im Sommer 2005 in Finnland

Eindrücke von einer einsamen Streckenbesichtigung des entscheidenden Schlussanstiegs in Pragelato im Herbst 2005

Das Langlaufstadion
mit dem Ziel vor Augen

Ein wichtiger Sieg im Weltcup
im Jänner 2006

Alexandra an meiner Seite
beim Weltcup in Seefeld im Jänner 2006

Nationalmannschaft Nordische Kombination 2006 im Jänner vor den Olympischen Spielen:
Jeder Einzelne ist bereit für die kommenden Aufgaben:
Günther Chromecek, Christoph Eugen, Andreas Felder, Christoph Bieler, Mario Stecher,
Felix Gottwald, Willi Denifl, Michael Gruber, Fritz Egger und Toni Innauer (von links stehend);
Gaber Lah, David Kreiner, Bernhard Gruber und Georg Reisenauer (von links hockend)

Michael Grossegger, Fritz Egger und Franz Neuländtner (von links) –
sie halfen mir Medaillen zu gewinnen; Silber sollte erst der Beginn sein …

Olympiasieger im Team 2006:
Mario Stecher, Michael Gruber, Christoph Bieler und ich (von links)

Der alles entscheidende Sprung im Sprintbewerb
bei den Olympischen Spielen in Turin 2006

Der gleiche Sprung von der Seite

Mit tief gebücktem Oberkörper
auf den ersten Metern

Als Führender
in die letzte Runde

Mein Wille …

meine Zuversicht …

meine Begeisterung …

und Dankbarkeit …

… begleiteten mich auch auf den letzten Metern
zum Olympiasieg

Wolfgang Becker mit mir und meiner Sammlung nach der Siegerehrung in Turin

Gesammelte Werke von
1997–2006

Als Belohnung verwirklichte ich mir einen weiteren Traum, Kamtschatka im Juni 2006 – ein etwas anderes Skigebiet

Morgensport – am anderen Ende der Welt –
durfte dabei natürlich nicht fehlen

Nicht nur ich hinterließ Spuren
im Land der Bären …

Schwester Eva, Mama Eleonore und Alexandra waren bei meinem letzten Weltcupstart im März 2007 in Oslo dabei

… wie auch viele Freunde aus meiner Heimat

Mein letzter Sprung im März 2007 in Oslo

## Bildnachweis

Ich bedanke mich für die Bereitstellung des Bildmaterials
bei folgenden Personen:

Alois Furtner: Bilder auf den Seiten 250, 251, 252, 253, 254 unten,
256, 259 oben, 260, 261 unten, 262, 263, 264, 265, 266 und 267
Foto Faistauer: Bilder auf den Seiten 241 und 242 unten
Gepa-pictures: Bilder auf den Seiten 249, 255 und 272
Daniel Krug: Bild auf Seite 245
Hans Simonlehner: Bild auf Seite 268 unten

Restliche Bilder: privat